アスペルガー症候群の人の
就労・職場定着
ガイドブック

適切な
ニーズアセスメント
による
コーチング

バーバラ・ビソネット 著
梅永雄二 監修　石川ミカ 訳

明石書店

HELPING ADULTS WITH ASPERGER'S SYNDROME
GET & STAY HIRED
by Barbara Bissonnette

Copyright © Barbara Bissonnette 2015

First published in the UK in 2015 by Jessica Kingsley
Publishers, Ltd.
73 Collier Street, London N1 9BE, UK
www.jkp.com

All Rights Reserved

Printed in Japan

Japanese translation published by arrangement with
Jessica Kingsley Publishers, Ltd. through
The English Agency (Japan) Ltd.

感謝をこめて

夫、マイケルへ
本書の内容に関する思慮深いコメントと提案、
そして、執筆中のあなたの忍耐に感謝します。

多くの献身的な専門家の皆様へ
長年にわたり、その専門知識とリソースを、
私と共有してくださったことに感謝します。

クライアントの皆様へ
その才能と努力をたたえ、皆様の成功をお祈りしています。

アスペルガー症候群の人の就労・職場定着ガイドブック　目次

はじめに **7**

   私の仕事と立場 7
   アスペルガー症候群と自閉症 12
   今後もアスペルガー症候群と言うのか？ 14
   本書が対象とする読者 16
   読者への注意事項 19

第Ⅰ部
アスペルガー症候群の人の考え方入門

第1章　職場でよくある問題 **22**

   人とのかかわりとコミュニケーション 25
   コミュニケーションの問題は就労にどのような影響を与えるか .. 34
   習慣、特別な興味と頑固さ 37
   感覚処理 46
   実行機能 50

第2章　不安、怒りなどの感情 **60**

第3章　職場で強みを活用するには **76**

   ソーシャル・エンタープライズという優れたビジネス 80

第II部

就職と職場定着のためのコーチングの方略

第4章　アスペルガー症候群の人に対するコーチング 92

コーチングの発展 92

コーチングモデルの適応 99

コーチングを受ける準備ができているか、評価すること 103

コーチングモデル 106

アスペルガー症候群の人と働く秘訣 111

それは抵抗なのか、それとも、

アスペルガー症候群だからなのか？ 120

第5章　自分に合った仕事を見つけるには 123

アスペルガー症候群の人にふさわしい仕事 125

職業研究 153

まとめ：自分に合った仕事／職業を見つけるための

キーポイント 165

第6章　仕事を得るには 168

職探しの秘訣 171

面接 183

面接準備の秘訣 189

二重の地雷：就労前の性格検査と行動面接の質問 191

第7章　職場への定着. **199**

　職場での問題への対処. 207
　コミュニケーションを向上させる方法. 220
　実行機能を向上させる方法. 240

第8章　カミングアウトと職場での配慮. **267**

　解決策を重視したカミングアウト. 269
　秘訣とアドバイス. 273

最後に伝えたいこと **277**

監修者あとがき. 281

参考文献. 285

著者紹介・監修者略歴・訳者略歴. 290

監修者によるキーワード解説

中枢性統合（Central Coherence）……32

実行機能（Executive Function）……51

ワーキングメモリ（Working Memory）……51

構造化（Structured）……109

はじめに

私の仕事と立場

アスペルガー症候群との出会いは、偶然に訪れました。2006年春、私はマサチューセッツ臨床心理大学院（MSPP）で、管理職向けのコーチングについて学ぶ修士課程を終えようとしていました。その4年前、出版社のマーケティング・販売担当副社長の仕事を辞した私は、コーチング専門家としての仕事を模索しつつ、非常勤コンサルタントを務めていたのです。

コーチングの世界には、「ときには、あなたに合った仕事が、あなたを見つけてくれる」という言葉があります。多くの新規参入者と同様、適切な顧客基盤を見出すまで、私も試行錯誤を繰り返しました。まず、2003年にインスティテュート・フォー・プロフェッショナル・エクセレンス・イン・コーチング（iPEC）で資格を取得し、新進起業家や個人事業主を相手に活動を開始。コーチになろうと考えたのは、20年あまりのビジネス経験を、それが本当に役に立つ人に還元したいという願いからです。

MSPPが管理職向けのコーチングを学ぶプログラムを実施していることを知ると、私ははやる気持ちで応募しました。中小企業の管理職を対象としたコーチングに狙いを定めたわけです。

けれども、ある日、MSPPの生涯教育講座一覧をパラパラとめくっていたとき、アスペルガー症候群の人に対するコーチングのワークショップに目がとまりました。それまで、アスペルガー症候群については、あちこちで断片的に読んだことがあったので、とても興味深いテーマだと感じました。そこで、ワークショップに参加するため、金曜日に休みを取ることにしたのです。

　ワークショップ当日、運命がいたずらをしたようです。ワークショップは渋滞の時間をとうに過ぎた頃に始まるので、私は交通情報をチェックせずに家を出るつもりでいました。しかし、突然、道がすいていることをインターネットで確認せずにはいられなくなったのです。

　案の定、ボストン大都市圏は大規模な渋滞に飲み込まれていました。ほとんどすべての主要道路が影響を受けていたのです。車の中で何時間も身動きがとれなくなっている人もいました。

　普段の私なら、家にいることにして、80キロのドライブを避けたでしょう。でも私は**どうしても**そのワークショップに参加したかったのです。そこで、地図を調べ、迂回路を見つけて、プログラムが始まる時間ぎりぎりに到着しました。

　その後の4時間の大半を、私は文字通り身を乗り出して過ごしました。アスペルガー症候群について学んだ内容は、実に興味深いものでした。社会的不適応というプロフィールには聞き覚えがあります。**絶対に、私はアスペルガー症候群の人と仕事をしたことがあるわ**。数週間後、ニューイングランド・アスペルガー協会の常任理事が、すべてを変える質問を私に投げかけてきました。「アスペルガー症候群の人のコーチングについて、考えたことはありますか?」

　私はこのテーマに没頭しました。今思えば、アスペルガー症候群の人のような熱情を傾けて。手に入るあらゆる本を読み、ワークショップと会議に参加し、教育関係者、支援者、心理療法士や神経心理学者と話をしました。アスペルガー症候群の成人を対象としたキャリア開発コーチングというアイディアは、コンタクトしたすべての専門家から、大いに歓迎されました。「誰もそういうことをしていませんよ」と。ついに、私のビジネス経験を活かせる相手が見つかったのです。

2006年以来、私は何百人ものアスペルガー症候群の人にコーチングを行ってきました。クライアントには、非言語性学習障害（NLD）や脳梁欠損症、水頭症、注意欠如・多動症（ADHD）などの症状のある人もいます。しかし、ほとんどは、自分がアスペルガー症候群だと知っている人か、その疑いがある人です。

　クライアントの年齢は17歳から63歳までと幅があります。当初は、クライアントの方が、マサチューセッツ州にある私のオフィスを訪ねてくれました。ですが、今ではインターネットを利用したテレビ会議のおかげで、アメリカ合衆国全土、さらにはカナダやヨーロッパにもクライアントがいます。このため、アスペルガー症候群が就労に与える影響について、広範な視点を得ることができています。

　クライアントは、2つの理由からコンタクトしてきます。自分に合った仕事を見つけたい、あるいは、今の仕事の遂行能力の問題に対処したいという理由です。

　過去2年間に私がかかわってきた相手は、仕事を探している若者が圧倒的多数を占めていました。多くの場合、彼らは大学の学位を持っており、中には一流大学出身者もいます。それでも、自分に合った職種を見つけるのに苦労したり、職探しの方法がわからなかったりするのです。一方、年齢が高く、経験も積んだ求職者もいます。彼らはさまざまな職を試してきたのですが、うまくいかなかったようです。一時解雇で失業した人もいますが、大半は、生産性要件を満たせなかった人や、上司が変わるなどの変化に適応できなかった人たちです。彼らは自分が対処できる仕事を見つけたいと考えているのです。

　既に働いている人も、職務遂行能力の問題を抱えています。これらは通常、人とのコミュニケーションにかかわる問題ですが、生産性に関連している場合もあります。彼らが変わりたいと思うきっかけは、低い勤務評定や懲戒処分、あるいは、改善を求める正式な通告です。また、何とかして職務を果たそうとしたり、同僚とうまくやろうとしたりすることに、本人が膨大なストレスを感じているからかもしれません。雇用主にアスペルガー症候群だと打ち明け、障害のあるアメリカ人法（ADA）に基づく配慮を求める方法について、相談したいと考えているのかもし

はじめに

れません。

　私のクライアントは、ほぼ全員が、保護的就労や援助付き就労ではなく一般就労です。これは、相場の賃金を支払われる定職に就いているということです。アスペルガー症候群であることを公表している人もいれば、していない人もいます。そして、かなりの割合が、履歴書と高度な面接スキルが必要な職業に就いています（第3章では、アスペルガー症候群の人の知性と独自の能力を活用した援助付き就労を提供している革新的な組織について取り上げます）。

　クライアントは、ADA に基づく配慮や、自分がうまくやっていけるようにするための改善点について、雇用主と話をするために私を雇います。また、コーチングサービスにかかった費用を、従業員に払い戻してくれる会社もあります。ときには、会社側が従業員のコーチングのために私を雇うこともあります。このような契約には、通常、部長や所長を務めている従業員とその上司との活動が含まれます。また、人事部長もかかわってきます。しかし、私は新人研修を目的とした現場でのジョブコーチは行っていません。この種のサービスは、一般に非営利機関や州の職業リハビリテーション機関が提供しています。

　私のクライアントの大多数は「高機能」と言われる人たちですが、にもかかわらず、仕事を見つけ、続けていく際に、重大な問題に直面しています。

　おそらく読者は、親、あるいは、より多くの支援を必要とする人を支援している専門家でしょう。本書は、そのような読者にとって大いに価値があるものです。私は新入社員レベルで苦労している人だけでなく、管理職や専門職に就き、10万ドルを超える年収を得ている人のコーチングも行っています。両者には明らかに同一の**パターン**が認められます。面接や、雇用主の期待を理解すること、ほかの人たちとうまくつきあい、時間や資源を管理することが苦手なのです。

　アスペルガー症候群の人は、実に不均質な集団です。その能力も支援のニーズも、人によって大きく異なっています。すべての人のニーズに対応する単一のアプローチやプログラムはありません。アスペルガー症候群が、ある特定の人物にどのような影響を及ぼしているかに基づいて、

方略と支援を選択しなければならないのです。

　コーチングでは、業務を自力でやり遂げられる人に役立つ1対1の個別支援を提供します。職業リハビリテーションの専門家が行う現場でのジョブコーチングや訓練は、実地での支援を必要としている人に役に立ちます。一方、援助付き就労は、競争の激しい一般労働市場での仕事には就けない人が、社会に貢献し、何らかの自立手段を得られるようにするものです。

　私はまた、就労実績を改善するには、雇用主に対するさらなる教育と彼らの関与を増やすことが必要だと信じています。自閉スペクトラム症〔訳注：アスペルガー症候群は自閉スペクトラム症の一種〕の人の失業率と不完全雇用〔訳注：フルタイムでの雇用を望みながらパートタイムで勤務する状態など〕率が高いことは間違いありません。就労している自閉症の若年成人の約半数は、時給が7ドル25セント未満で、1週間の労働時間は20時間にもなりません。2009年には、障害のあるすべての若年成人の59パーセントが仕事に就いていたのに対して、自閉症の若年成人の場合は33パーセントでした（Standifer 2011, p.5）。アスペルガー症候群の人の雇用率に関する研究、つまり、自分の知的能力よりも低い仕事に就いている人の割合については把握していませんが、この数字も高いことは明らかです。

　はっきりしているのは、最も聡明で、最高の教育を受けた人でさえ、定型発達者が多い職場で職務を果たすことに苦労しているということです。アスペルガー症候群の人に、臨機応変にならなければならないと教えることは、私には皮肉に思えます。私たち自身は、彼らに対してどれだけ柔軟に対応しているでしょうか？　現在、アスペルガー症候群の人の方が何もかも調整するよう求められていますが、それこそまさに、彼らにとって最も難しい分野なのです。

　明るい話題として、事例証拠によれば、アスペルガー症候群に対する認識がビジネスの世界でもようやく広まりつつあることがあげられます。これは自閉スペクトラム症と診断される人が急増したためです。疾病予防管理センターの推定によれば、アメリカ合衆国の子ども68人に1人が自閉スペクトラム症と確認されています（2014）。これほど数字が大き

はじめに

いために、親や専門家、ビジネスリーダーは、自閉スペクトラム症の人の才能を活用する道を見出すことに、ますます焦点を絞り、創造性を発揮せざるをえないのです。

アスペルガー症候群と自閉症

アスペルガー症候群は1944年にオーストリアの医師、ハンス・アスペルガーによって初めて認められました。彼は、友人を作るのが苦手で、奇妙な口調とリズムが目立つもったいぶった話し方をし、特に興味のある話題に身を焦がすほど没頭するなど、珍しい特徴を持つ一群の子どもについて記しました (Attwood 2007, p.11)。アスペルガーの研究は、彼の母国語であるドイツ語で書かれていたため、1991年に英国の研究者、ウタ・フリス博士によって英語に翻訳されるまで、ほとんど知られていませんでした。

皮肉にも、1943年にはアメリカ合衆国在住のオーストリア人医師レオ・カナーが、「古典的」あるいはカナー型自閉症として知られるようになった人々について説明しています。この重度の障害を持つ子どもたちは、人とかかわらず、言葉が少ないか、まったく出ず、認知障害がありました (Attwood 2007, p.35)。アスペルガーもカナーも、「自閉症 (autism)」という言葉を用いましたが、これはギリシャ語で「自己」を意味するautosに由来しています。英国の精神科医ローナ・ウィングは、カナーの説明と一致しない自閉症の人を言い表すために、1981年に初めてアスペルガー症候群という言葉を使用しました (Attwood 2007, p.35)。

自閉症は『精神疾患の分類と診断の手引』第3版 (DSM-III 1980) の診断カテゴリーに含まれていました。DSM™は臨床家による精神障害の診断に使用されています。1994年には、アスペルガー障害〔原文ママ〕がDSM-IVの広汎性発達障害のカテゴリーに登場しました (Attwood 2007, p.36)。軽度の自閉症と見なされたのです。アスペルガー症候群と診断された人には、言語の遅れも認知障害もありませんでした。

多くの議論が交わされる中、アメリカ精神医学会は、2013年に公表されたDSM第5版からアスペルガー障害を削除しました。アスペル

ガーならびに特定不能の広汎性発達障害（PDD-NOS）は、自閉スペクトラム症（ASD）という広義のカテゴリーに組み込まれたのです。

DSM-5 では、自閉スペクトラム症は神経発達症として分類されています。その2つの基本的な診断基準は、コミュニケーションおよび対人的相互反応における欠陥と、限定された反復的な行動や興味です（American Psychiatric Association（APA）2013, p.50）。大人になると反復的な行動をしなくなる人もおり、このことが、新たなガイドラインの下では自閉スペクトラム症と認められなくなるのではないかという懸念を引き起こしています。しかし、DSM-5 によれば、「行動、興味、または活動の限定された反復的な様式が現時点では症状を認めなくなっていても、小児期または過去のある時期において明らかに存在していた場合、〔ASDの〕診断基準を満たすことがある」のです（APA 2013, p.54）。

社会的（語用論的）コミュニケーション症は、DSM-5 で新たに加えられたもので、社会的状況における言語的および非言語的なコミュニケーションの使用に重大な困難が見られる人に適用されます。これは、行動、興味、および活動の限定された／反復的な様式が存在しないことで、ASD とは区別されます（APA 2013, p.49）。

非言語性学習障害（NLD）は DSM に含まれていません。これは、非言語的コミュニケーションと語用論の困難、視空間処理の障害および精神運動機能の問題を特徴とし（Thompson 1997, p.11）、右脳に対する損傷が原因と考えられています（Thompson 1997, p.11）。

私のクライアントの約25パーセントは NLD を持っています。中には、NLD が自閉スペクトラム症の一部だと考えている人もいますが、私はそうは思いません。一部の症状は自閉スペクトラム症と重複していますが、それらは同一ではないのです。例えば、NLD の人は変化を好まないことで知られています。しかし、彼らが変化を嫌うのは、視空間処理の苦手さによるものです（Thompson 2007, p.12）。彼らは自分が目にしたことを理解し、思い出すことに苦労します。新しい環境を避けるのは、それに慣れるために多くの気力が必要となるからです。これは、自閉スペクトラム症に見られる、習慣を厳格に守るということとは異なります。

はじめに

これらのクライアントの間では、コミュニケーションの問題の性質に著しい違いが認められます。NLDの人の心の理論は正常です。彼らは、人が自分とは違う考えを持っていることを理解しています。非言語的な手がかりの処理にまつわる問題から誤解されることはありますが、なぜ衝突や誤解が起きたのかは理解できるのです。アスペルガー症候群の人は、通常、他者の考え方を理解することに苦労します。

さらに、NLDの人は聴覚を通じて学びます。彼らはさまざまな状況について自分自身に言い聞かせるように説明し、(実に) 多くの質問を投げかけます。これに対して、自閉スペクトラム症の人は、聴覚情報の処理が苦手なことが多く、視覚を通じて学んでいきます。

もう1つの重要な違いは、NLDの人の場合、行動、興味、または活動の限定された反復的な様式が見られないことです (Mamen 2007, p.80)。

自閉スペクトラム症とNLDの違いについて詳細に説明することは、本書の範囲を超えています。さらに学びたいと思われる読者は、マギー・マメン (2007) の *Understanding Nonverbal Learning Disabilities*およびイヴォナ・ファースト (2004) の編集による *Employment for Individuals with Asperger Syndrome or Non-Verbal Learning Disability*を参考にすることをお勧めします。

今後もアスペルガー症候群と言うのか？

DSM-5 における変更は、自閉スペクトラム症コミュニティ内で多くの意見の対立を招きました。変更は有益だと考える人もいれば、そうではないと考える人もいます。

今回の変更を支持する人たちは、単一の診断カテゴリーによって、自閉症、PDD-NOS、高機能自閉症およびアスペルガー症候群の区別における曖昧さが取り除かれると言います。自閉スペクトラム症の診断は、行動面について臨床家が下す判断に基づいています。高機能自閉症とアスペルガー症候群の境界線が、いったいどこにあると言うのでしょうか？

私は、反対の立場に身を置いています。自閉スペクトラム症ではあま

りに広範囲すぎて、非実用的ではないかと懸念しているのです。「カナー型の最たる者」は、言葉が出ず、重度の認知障害があります。「アスペルガー型の最たる者」は、博士号を持ち、結婚して家族を養っています。**自閉スペクトラム症**という言葉が示しているのは、いったい誰なのでしょうか？　DSM-5 では、臨床家が使用できる 3 段階の重症度水準、すなわち、支援を要する、十分な支援を要する、非常に十分な支援を要する、を確かに設けてはいます（American Psychiatric Association 2013, p.52）。それでもなお、障害の範囲は膨大です。

　もう 1 つの懸念が、業務部長や人事部長を含む一般の人の大半が、自閉スペクトラム症についてほとんど何も知らないということです。通説や固定観念があふれています。アスペルガー症候群は、通常、ハイテク業界やエンジニアリング業界で働くエキセントリックな天才を連想させます。一方、自閉症は、映画『レインマン』でダスティン・ホフマンが演じた役と結びつけられます。

　障害があることを公表し、配慮を求める従業員は、ほとんどの場合、医学的診断という証拠を提出しなければなりません。デイブは、企業で働く私のクライアントの典型的な例で、「雇用主に自閉スペクトラム症だと話したら、キャリアが台無しになるでしょう」と語りました。

　さらに問題を複雑にしているのが、アスペルガー症候群が『疾病及び関連保健問題の国際統計分類』（ICD-10）に掲載されていることです。ICD-10 は世界保健機関によって発表されました。本書執筆の時点で、アメリカ合衆国の臨床家は、2015 年 10 月から ICD-10 の診断コードを使用することが義務づけられています（American Medical Association 2014）。

　本書の題名と各ページで、クライアントをどう呼ぶかという難題に、私は直面しました。彼らは明らかに高機能で、自閉スペクトラム症の人の中で占める割合はわずかです。混乱を避けるために、出版社と私は、アスペルガー症候群（自閉スペクトラム症）という、どちらかといえば扱いにくい言葉を使うことにしました。

　広範な自閉症連続体のカナー型の最たる者とアスペルガー型の最たる者とを区別するために、アスペルガー症候群という言葉が今後も非公式

はじめに

に使用されるものと信じています。

本書が対象とする読者

本書は、さまざまな読者を想定して書かれました。

第一の読者は、大学や職業訓練校の、あるいは、個人で開業している、キャリアカウンセラーやジョブコーチです。アスペルガー症候群の学生は、最も学力の高い人でさえも、自分の能力に見合った職業を見つけるのに苦労していることが多いのが現実です。本書にある情報は、読者がこれらの学生とその親を、有給雇用の可能性を最大限に高める学位取得プログラムや職業訓練プログラムへと導く助けとなるでしょう。

また、職業リハビリテーション専門家、職場開拓者、非営利のソーシャルワーカーをはじめとする専門家は、求職者をより手厚く支援する方法を学び、彼らの就職後は職場への定着に手を貸せるようになるでしょう。さらに、第3章では、自閉スペクトラム症の強みを活かした仕事を創出している革新的な組織について知るでしょう。本書は、新入社員レベルの仕事であれ、企業の役職や専門職であれ、アスペルガーの成人が直面する問題への洞察を示すものです。読者はまた、雇用主の期待にうまく応えられるようにするための、低コストの、あるいは、コストのかからない配慮についても学ぶでしょう。

読者がもし雇用主や人事部の職員なら、本書にあるクライアントの話のいくつかに聞き覚えがあるかもしれません。第I部の内容からは、アスペルガー症候群の人の情報処理の方法について、理解を深めることができるでしょう。彼らの問題を知ることに加えて、この教養とスキルを兼ね備えた予備労働力の才能を、企業がどのように利用しているかを理解するでしょう。また、第II部では、職場でよくある問題に対処するためのテクニックが見つかるでしょう。

最後に、本書はアスペルガー症候群の人の親や家族のために書かれました。何百人もコーチングをしてきた私の経験に基づく実践的なアイディアに加えて、読者は私以外の人の経験からも多くを学ぶはずです。第3章のソーシャル・エンタープライズの話は、読者のコミュニティに

おける同様なイニシアティブのアイディアがひらめくきっかけとなるか
もしれません。

　本書をアスペルガー症候群について漏れなく記した参考書にするつも
りはありません。私が意図しているのは、過去8年以上にわたる経験
を基にした「現場からのメモ」を、きちんとまとめて示すことです。私
は、光栄にもコーチングをさせていただいた方々との取り組みから、最
高の学びを得ました。私が最もやりがいを感じる褒め言葉は、「あなた
は本当によくわかっていますね」というアスペルガー症候群の人たちの
言葉です。

　本書は2部8章から構成されています。第I部は、アスペルガー症候
群の人の考え方を紹介する入門編です。親や家族、あるいは、このよう
な人を対象としている専門家には、なじみのある情報かもしれませんが、
クライアントから得られた多くの事例は、診断基準が職場で現実の人々
にどのような影響を与えているか、洞察をもたらすものです。

　コーチングを行ったクライアントの事例は、本書のいたる所で見つけ
ることができます。これらの中には、クライアントの人物像を描写する
形で、アスペルガー症候群のある特定の側面が、求職中の人や既に働い
ている人に与える影響について、詳細な例を示したものもあります。ク
ライアントの身元とプライバシーを保護するために、すべての人名と個
人情報は変更されており、多くの場合、複数の情報の組み合わせが使用
されています。

　第1章では、アスペルガー症候群の人が、人とのかかわりとコミュニ
ケーション、感覚処理と実行機能の領域で経験する、職場でよくある問
題を紹介します。また、習慣への過度な依存、柔軟性に欠ける思考と興
味のある分野への執着が、適切な職業を選択することや職場の期待に応
えることをいかに妨げうるかについても説明します。

　第2章では、感情の理解、表現、コントロールに関する問題が、職
場に与える影響を検討します。不安が引き起こす問題に加えて、衝動性
と怒りや不満の不適切な表現が与える影響も取り上げます。

　第3章では、アスペルガー症候群の人の強みを、職場でどのように利
用できるかを検討します。読者は、いくつかの革新的な組織が、自閉ス

ペクトラム症の人の才能と能力を活かした就労の機会をいかに創出しているかを知るでしょう。

　本書の第II部では、コーチングの方略と、アスペルガー症候群の人が自分に合った職業を見つけ、職場に定着できるよう支援するために、それらの方略を適用する方法について述べます。

　第4章では、コーチングとは何か、また、アスペルガー症候群の人のために、私がコーチングモデルをどのように改善しているかを説明します。コーチでなくても、学生や求職者、従業員を支援するために、このテクニックを使用することができます。

　自分に合った仕事を見つけることが、第5章の焦点です。この章では、アスペルガー症候群の人が職業面で成功するために不可欠だと私が考える4つの要素を取り上げます。また、職業をただ興味のみに基づいて決定することが、なぜ間違っているのかも説明し、能力評価に関する具体的な提案をします。

　第6章は職探しがテーマです。アスペルガー症候群の人は、職探しの過程で途方に暮れてしまうことが多々あります。現実的な求職計画の作成と、面接に向けた準備に関するアドバイスを多数紹介します。

　アスペルガー症候群のコミュニティでは、アスペルガー症候群の人にとって本当の仕事は、職場への定着だとよく言われます。第7章では、私がコーチングを実践する中で出会った、アスペルガー症候群の人の就労をめぐる最も一般的な問題を取り上げます。また、クライアントがコミュニケーションと実行機能の問題に対処できるよう支援し、成果を上げた具体的な方法を紹介します。

　第8章では、障害のあるアメリカ人法について、そしてこの法律（および他国における同様な法律）がアスペルガー症候群の人をどのように保護しているかを論じます。合理的配慮、就労のサイクルのさまざまな段階におけるカミングアウトの賛否、カミングアウトの方略の立て方などがテーマとなります。

　最後に、私が考える、多くのアスペルガー症候群の人にとってのより明るい未来について手短に述べ、本書の締めくくりとします。

読者への注意事項

　一貫性を維持し、また、ジェンダーによる偏見を連想させる言及を避けるために、本書では全体を通じて「彼」という言葉を使用しています。

第Ⅰ部
アスペルガー症候群の人の
考え方入門

第1章

職場でよくある問題

「さっき（4時間37分前）、自分がアスペルガー症候群だとわかったので、自分に合った仕事を見つけるために、コーチングを受けたいと思います」

「知らない人とかかわらなくてもよい静かな環境では、うまくいきます」

「興味があるのは、文章を書くことと、天文学、クレヨン、それからキラキラ光っているものを見ることです」

数年前、アスペルガー症候群の成人にコーチングをしていると話したとき、ほとんどの人はいぶかしげな顔をしました。でも今では、アスペルガー症候群について、雑誌の記事で読んだり、テレビ番組で見たりしたことが少しもないという人は、まず見つけられません。

アスペルガー症候群に対する**認識**は非常に高まりましたが、その一方で、自閉スペクトラム症に対する**理解**はそうでもありません。これは特に、職場の大人たちに当てはまります。本書執筆時の2014年でさえ、アスペルガー症候群の人は皆、ハイテクやエンジニアリングに携わる天才、人嫌いの一匹狼で、アスペルガー症候群とは人格の問題であり、ア

スペルガー症候群なら視線を合わせることができず、ソーシャルスキルが乏しい（そして、おそらくは礼儀作法に関するレッスンが必要だ）と信じている人がいるのです。

　アスペルガー症候群を理解する鍵は、それが脳の配線の根本的な違いだと理解することにあると私は考えます。親や専門家向けにワークショップや研修を行うとき、私は2枚の写真を見せます。1枚はオフィスで会話をしている少人数のグループの写真で、もう1枚は、コンピューターのプログラミングに使われる2進コードを表した、数字の0と1から成る文字列の模様です。

　私は、定型発達者がいかに自然に人に注意を向けるかを説明します。私たちの脳は、周囲にいる人に気づくように配線されているのです。例えば、私が集団の前で話しているときには、聴衆をはっきりと意識しています。参加者が友好的な笑みを浮かべているのを認識するわけです。そして、部屋の中の感情の「鼓動」を観察します。聴衆は積極的に関心を示しているだろうか？　メモを取っているか？　もし聴衆が退屈しているように見えたら、別の話題に移ります。

　これが、定型発達者が生まれながらに持つ「社会意識」の例です。意識していなくても、私たちはある特定の状況で期待されていることに合わせて、自己表現や行動を調整しているのです。

　読者が職場研修に参加していると想像してみてください。読者は反射的に、短パンとビーチサンダルではなく、ビジネススーツを着るべきだとわかるでしょう。ほかの参加者との会話は、仕事や研修内容に関するものですし、ひょっとしたら、その日の素晴らしい天気のことかもしれません。配偶者との喧嘩や、自分の病状についての詳しい話はしないでしょう。その態度は、週末、家でくつろいでいるときとは違うのです。

　これらの調整は、ほとんど無意識に行われます。定型発達者であれば、仕事関係の集まりでどのように行動したらよいかを意識して考えるために、気力を費やす必要はありません。

　次に、私は聴衆の注意を2進コードの写真へと促します。そして、自閉スペクトラム症の人が、いかに自然に事実と物理的環境に注意を向けるかを説明します。会議室に入ると、アスペルガー症候群の人は、

第Ⅰ章　職場でよくある問題

23

カーペットの面白い模様に注目したり、天井のタイルの数を数え始めたりすることがあります。ほかの参加者の横を通り過ぎるとき、その顔は笑っていないし、その視線は床か、まっすぐ前に固定されています。部屋の向こう側に知った顔を見ると、思わず親しげな挨拶の言葉を叫びますが、ほかの参加者たちの驚いた顔には気づきません。

　席に着いても、アスペルガー症候群の人が会話を始めることはおそらくないでしょう。何を言ったらよいのか、わからないからです。隣に座った人がコメントや質問をすれば、おそらく彼は、2語か3語、あるいは、聞いている人が疲れてしまうような独り言で答えるでしょう。知らない人がすぐ近くにいるということが、彼をとても居心地悪くさせ、ぎこちない姿勢や不安そうな表情で、彼は無意識のうちにこれを伝えるでしょう。

　話を続ける中で、私は聴衆に、アスペルガー症候群の人はほかの人と**かかわりを持ちたい**のだということを強調します。でも、そのやり方を知らないのだ、と。定型発達者の内なる社会意識を持っていないので、人とのかかわりのルールを頭で覚えなければならないのです。

　これは容易ではありません。**相手の目を見て、でもあまり長いこと見るのはだめだ、じっと見つめていることになるから…今、表情が変わった。何か怒っているのだろうか？　わからない…聞いていることを示すために、うなずいて…前回のように怒らせてしまわないように、言葉には気をつけること**…と考えながら、上司と話すことを想像してみてください。

　彼らにとって、人とやりとりをしている間中ずっとこのように考え続けるのは、神経をすり減らし、疲労困憊してしまうことなのです。

　自閉スペクトラム症の公式な診断基準には、コミュニケーションおよび対人的相互反応における顕著な障害と、「行動、興味、または活動の限定された反復的な様式」（APA 2013, p.50）が含まれています。DSM-5では初めて、さまざまな感覚刺激（音、臭いおよび触覚刺激など）に対する感覚鈍麻や感覚過敏の存在が、診断基準の一部となりました。

　さらに、アスペルガー症候群の人は実行機能の問題を経験することが珍しくありません。ただし、これは診断基準の一部ではありません。実

行機能は、計画、時間と資源の管理、問題解決の能力に関連しています。

　アスペルガー症候群の人の能力、問題、支援のニーズは、人によって大きく異なります。1人の人がすべての症状を示すわけではなく、また、症状の程度も同じではありません。例えば、人とのかかわりが苦手で、視線を合わせたり、笑顔を向けたりすることをせず、話し声が大きすぎたり、小さすぎたり、速すぎたりする人もいれば、魅力的でおしゃべりなのに、あまりに多くの質問をする人や、奇抜な行動のせいで孤立してしまう人もいます。

　以下の各セクションでは、人とのかかわりとコミュニケーション、習慣と特別な興味へのこだわり、感覚処理と実行機能に関して、アスペルガーの成人が直面するおもな問題を紹介します。

人とのかかわりとコミュニケーション

　人とのかかわりとコミュニケーションの困難は、求職中の人にも、また、既に働いている人にも影響を与えます。採用の決定は、その人がどの程度うまく、既存の職場文化に「なじむ」ことができるかに基づいて下されます。集団内で役割を果たすことができない従業員は―どんなに知能が高くても―キャリアの選択肢が限定され、何度も失業する可能性があります。

　アスペルガー症候群の人は、一般に「ソーシャルスキルが乏しい」と言われます。これは、彼らが礼儀知らずだということを暗に意味しています。対人コミュニケーションの問題は、それよりもはるかに深刻です。

　同僚と交わす、スポーツのイベントや人気テレビ番組、あるいは、ニュース記事に関するごく普通の世間話について考えてみましょう。アスペルガー症候群の人は、このようなちょっとしたおしゃべりを関係作りの手段とは考えません。このようなやりとりは、ばかげていて、無意味で、まったくもって時間の無駄のように思えるのです。私のニュースレターの読者は、次のようなジレンマについて書き送ってきました。

　　同僚たちは、服とかお化粧とか、「女の子っぽい」ことについて、

しきりに話す傾向がありますが、私は興味がありません。ものすごく気が散るし、自分の仕事に集中するのが難しくなります。このレベルの雑音には、どうしたらうまく対処できるでしょうか？

　この読者が、同僚たちとつきあう方法を見つけることではなく、雑音を何とかしてほしいと考えていることは、多くを物語っています。
　人とのかかわりの相互性は、アスペルガー症候群の人にとって理解しがたいことが多いのです。アスペルガー症候群の人は、情報交換のためにコミュニケーションをとります。これには、多くの場合、彼らが興味を持っているテーマに関する詳細な事実が含まれます。他者に関する情報を探し求めることや、感情体験を共有することには、通常、ほとんど関心がありません。定型発達者は、社内旅行での同僚との仲間意識を懐かしく思い出すでしょうが、アスペルガー症候群の人は、出された食べ物や、参加することができた活動について思い出すでしょう。アスペルガー症候群の人は、人とかかわりたいと思っており、深い絆を結ぶこともできます。しかし、かかわりの**性質**が異なるのです。
　情報技術関連企業に新たに採用された33歳のロバートは、同僚とよい関係を築こうと決意しました。そして、会話の始め方についての本を買い、いくつかのテクニックを昼休みに試そうと決心したのです。けれども、その努力が実を結ばなかったとき、彼は混乱してしまいました。
　「何について話しましたか？」
　「えーと、同僚のデイブに、この会社に勤めてどのくらいか聞きました」と、ロバートは答えました。「それから、どこの学校に行っていたのか聞きました。で、結婚しているか聞いたのです。あとそれから、どこに住んでいるのか聞きました」
　最後の質問ののち、デイブはロバートに「君は質問が多すぎるよ」と言い、ランチルームから出て行ってしまいました。
　ロバートは同僚に関心を示すという賞賛に値する仕事をやってのけました。しかし、次から次へと脈絡のない質問をしたことで、会話は尋問と化したのです。ロバートは、誰かを知ることには、行きつ戻りつするやりとりが伴うことを、直観的に理解していなかったわけです。会話の

第Ⅰ部　アスペルガー症候群の人の考え方入門

相手から自分自身について質問を受けることも予期しておくべきだと説明すると、彼は驚いていました。

私は、何年間も同じ同僚と一緒に働いているのに、彼らについて何も知らないクライアントのコーチングをしています。これらのクライアントは「チームプレイが下手な人」というレッテルを貼られています。彼らはまた、上司が本当に優先したいこと、実際に決定を下しているのは誰か、生産性を高めるための手っ取り早い方法の利用など、従業員マニュアルにはない重要な情報を見落としてしまいます。

社会とのかかわり方のルールを知っているアスペルガー症候群の人でさえ、それらを現実の場面で適用することには苦労しています。

作業スペースの中での人生、というエリックの話には衝撃を受けました。彼は、同僚が自分のスペースに予告なく入ってくるのではないかと、ひどくおじけつき、廊下に響く足音を過剰に警戒するようになってしまったのです。誰かが近づいてくると、いつも手が震え、心臓が激しく打ち始めます。1日の勤務が終わる頃には、心も体も疲れきっていた、というのも無理はありません。

コミュニケーションが職場で不可欠なスキルであることに同意しない人はいないでしょう。しかし、夫によく言われるのですが、それは単なるおしゃべりにとどまりません。アイディアや情報、思考や感情のやりとりには、いくつもの複雑なスキルが必要なのです。

その1つが、語用論にかかわる能力です。**語用論**とは、社会的文脈の中での言葉の使い方です (Fogle 2013, p.12)。語用論的能力が高い人は、場面の文脈と聞き手のニーズに基づいて、コミュニケーションの内容やスタイルを決めます。彼らは、会社のCEOに「やあ、最近どう？」というカジュアルな言葉をかけ、背中を叩いて挨拶をすることはしません。面接官に、「あなたは誰に指示を仰ぎますか？」と尋ねられたら、「アリス・ジョンソン」ではなく、「マーケティング部長です」と答えます。

語用論的能力は、非言語的な合図を正確に解読できるかどうかで決まります。人の内面の状態は、ほとんどすべて、顔の表情、口調、姿勢、しぐさによって伝えられます。

集団を前に話をするとき、腕組みをし、床を見つめ、抑揚のない単調

な声で、「アスペルガー症候群について皆さんに話をするために、ここに来ることができて、とても嬉しいです。皆さん、来てくださって、どうもありがとうございました」と言うことによって、私はこのことを印象づけます。その後、私が言ったことを誰か信じるかどうか、聴衆に尋ねるのです。思った通り、皆「いいえ」と答えます。彼らは、私のメッセージの意味が、言葉では伝わらなかったことを理解します。それは、私の**話し方**で伝わったのです。

アルバート・マレービアン博士の有名な研究では、人が自分の感情や態度について伝えることのうち、言葉によって伝達されるのは、わずか7パーセントにすぎないことが明らかにされました。実に38パーセントが話し方で、55パーセントが顔の表情で伝達されるのです（Mehrabian 1981）。

自閉スペクトラム症の人は、語用論的能力が不足しています。このため、彼らは言葉を文字通りに受け取り、隠喩、ユーモア、皮肉、裏の意味に気づかないことがあります（Fein 2011, p.128）。28歳のディーンは、よく理解していなかった表現を使って、トラブルに巻き込まれました。彼は家族の1人（女性）に、大人っぽくて、教養があると評価しているものと思いながら、「どう見ても経験豊富だ」〔訳注：性的な経験が豊富だという意味〕と言ってしまいました。彼はこの問題に気づき、「お尻に噛みついて〔訳注：nip in the buttの訳。正しくはnip in the bud（つぼみのうちに芽を摘んで）〕未然に防ぐ」ことを決意した、と私に語りました。

アスペルガー症候群の人は、非言語的な手がかりに気づかなかったり、それを解釈できなかったりすることがよくあります。「あの報告書はどうなった？」上司が腕時計を見ながら緊迫した口調で問いかけたとしましょう。アスペルガー症候群の人は、「大丈夫ですよ」と答え、自分の仕事を続けます。上司の苦虫をかみつぶしたような口調や、時間を気にかけている様子に気づかず、急いでいるのでもっと早く仕事をしてもらいたい、という真のメッセージが「聞こえ」ないのです。

アスペルガー症候群の人は、**自分自身が**発している非言語的なメッセージにも、ほとんど気づかないことがあります。次のような同僚に、読者はどう反応するでしょうか？

第Ⅰ部　アスペルガー症候群の人の考え方入門

・自分の作業スペースへと、誰にも挨拶せずに、まっすぐ歩いていく人
・丸1日、ヘッドフォンをつけて仕事をしている人
・会議中、オフィスの外で、無言で立っている人
・オフィスの反対側の端にいる同僚に、大声で挨拶をする人

　アダムは高等数学の修士号を取得したのち、保険会社に雇われました。彼は、スタッフ会議のときには人の話をきちんと聞かなければならない、という上司からのフィードバックに混乱してしまいました。
　「発言をすべてメモしているのです」とアダムは説明してくれました。
　アスペルガー症候群の人のことをよく知っている私には、ピンと来ました。
　「会議に参加している間中ずっとメモを取っているのですか？」
　会議が始まるとすぐにアダムが書き始めることがわかりました。会議中ずっと、彼のまなざしはメモ帳に向けられたままだったのです。これが、ほかの人たちには話を聞いていないように見えたのだと知って、彼は驚いていました。アダムは、自分が話を聞いているということを伝えるために、話しているのが誰であれ、メモから顔を上げてその人を見るという解決策があると知って、安心しました。
　語用論的能力が低い求職者は、面接のとき、面接官が混乱していたり、違うテーマに移りたいと考えていたりするのに気づかずに、長々としゃべり続けることがあります。単調な口調で話す人は、熱意のなさや気力の低さを伝えることになります。大きなトートバッグを重そうに提げている人や、角が折れた履歴書や仕事のサンプルが詰め込まれた書類かばんを持って現れる人が、自信に満ちたプロフェッショナルの印象を与えることなど、とてもできません。
　時間さえも、コミュニケーションの手段になります。クライアントは、面接がうまくいったかどうかわからないことがあります。そこで私は、面接時間はどのくらいだったか尋ねます。もし「10分くらい」という答えが返ってくれば、採用候補とは考えられていないとわかります。
　他者の精神状態について推論する能力は、また別の重要なコミュニ

第1章　職場でよくある問題

ケーションスキルです（Fein 2011, p.105）。定型発達者は、人がどう感じ
ているか、何を考えているのかについて結論を引き出すために、状況に
関するさまざまな情報を利用します（Frith 2003, p.77）。この、いわゆる
「心の理論」といわれる能力によって、人が自分自身とは異なる思考や
信念、感情、意図、そして希望を持っているのだと認識できるのです
（Attwood 2007, p.112）。私たちが他者の行動を、ほどほどの確信をもって
理解し、予測できるのはこのためです（Frith 2003, p.80）。

　定型発達者は、心の理論の能力を子どもの頃に自然に身につけます
（Frith 2003, p.79）。けれども、自閉スペクトラム症の人は違います。

　数年前、ボストンに住むアスペルガー症候群のクライアントが、私の
オフィスへの行き方の確認をするため電話してきました。「ジップカー
を借りて車で行くつもりです」とジェフは説明しました。

　「わかりました。で、ジップカーとは、何ですか？」

　「ジップカーが何か知らないなんて、信じられないな」彼はそう言う
と、当時新しくできた、都市に住む人が時間単位で車を借りられるサー
ビスについて、説明し始めました。

　コーチングセッションに参加するためにやってきたとき、ジェフは再
び、私がジップカーについてよくわかっていないことに驚きを見せまし
た。「知らないなんて、信じられないな」

　ジェフの言葉には、何の批判もありませんでした。彼は自分が知って
いることを私が知らないということに、純粋に戸惑っていたのです。
ジェフは、私が自分の車を運転して郊外のオフィスに行くので、ジップ
カーについて詳しく知らないのかもしれないと察することはありません
でした。

　自閉スペクトラム症の人の心の理論にかかわる能力は、人によってさ
まざまです。

　スティーブンは大手企業に採用され、プレゼンテーションスキルを高
めるためにコーチングを受け始めました。上司は、特に経営陣との会議
の席で、彼の説明があまりに細かすぎて、戦略に十分焦点が絞られてい
ないと不満を訴えていました。私たちは数週間かけて、組織のさまざま
な部署に所属する同僚たちのニーズを明らかにしていきました。これは

スティーブンにとって、かなり難度の高い課題でした。なぜ、販売・マーケティング部門の部長たちのニーズを知るよう求められなければならないのか？　なぜ重役たちは、彼の仕事のこなし方の優れている点に関心がないのか？

　スティーブンは、聞き手の視点から考えていたのではなく、プロジェクトの面で考えていたのです。彼は、それぞれのグループに関係がありそうなことを、必死で見極めようとしていました。そして、あるとき、いらだたしげにこう叫んだのです。「人が何を求めているかなんて、どうしてわかるんです？　なぜ、何もかも与えてやって、相手に決めさせてはいけないのですか？」

　人とのコミュニケーションに影響を与える、自閉スペクトラム症のもう1つの特徴として、中枢性統合の弱さがあげられます。これは、状況の要旨を理解する能力が低いということです。

　ジェフが採用されたとき、上司は「質問があったら、すぐに私に聞きに来なさい」と言いました。

　数週間して、言われた通りに上司のオフィスに行き、指示に関して助けを求めたとき、ジェフはすっかり驚いてしまいました。上司が厳しい声で、「今はだめだ、ジェフ、わかるな？」と言ったからです。

　自分の作業スペースに戻ると、ジェフは戸惑い、怒りを覚えました。**言われた通りにして、質問があったから尋ねたのに、と彼は思いました。もうあいつは頭が狂っている。何て横柄な奴だ！　二度と助けなんか求めないぞ。**

　この出来事を同僚に話したところ、ジェフの頭はさらに混乱してしまいました。

　「まさか本当に今日、そう聞きに行ったんじゃないだろうな？」と、信じられない様子で尋ねてきたからです。

　上司のオフィスの扉は、その前の週、ほとんど閉ざされていました。扉が開いているとき、ジェフと同僚たちには、机の上に高く積まれた書類が見えました。無謀にも部屋の中に立ち入れば、上司はコンピューター画面から目を動かさずに「何だ？」と尋ね、来訪者に気づいていることを知らせたでしょう。夕方、ジェフたちが帰宅の準備をしていると

KEYWORD

中枢性統合 (Central Coherence)

中枢性統合とは全体を把握できる能力のことを言います。

「木を見て森を見ず」ということわざがありますが、同時に複数の情報が把握できない場合に中枢性統合が弱いと言います。

ASDの場合、公園で多くの子どもたちが遊んでいる絵を見たとしても、滑り台の一部を見ていたり、1つのことに集中してしまうことがあります。俗にシングルフォーカスとかトンネルビジョンと言われる状況です。

つまり、多くの情報をまとめることができないので、一部のみに焦点を当ててしまうため、詳細なことにこだわるという側面も示されます。

きに、上司が宅配ピザの配達人に支払いをしているのを何度も目にしていました。

ジェフの同僚たちは、上司が年に1度の監査の準備をしているので、緊張し、ストレスをためていることを知っていました。彼らは上司の行動を文脈に照らして理解したのです。閉ざされた扉、積み重ねられた書類、張り詰めた「何だ？」という言葉、テイクアウトのデリバリー、そして1年のこの時期。それらはすべて、年次監査につながります。この視点から見れば、上司の行動は理解できます。同僚たちは、緊急事態でない限り、邪魔をしてはいけないとわかっていました。

同僚たちは、中枢性統合が強かったのです。彼らは、さまざまな出来事を文脈の中に置くことによって、その意味を見出しました（Frith 2003, p.152）。中枢性統合という言葉を考え出した自閉症研究者のウタ・フリスは、次のように説明しています。

　　　全体的統合力〔訳注：中枢性統合のこと〕が正常に働くなら、私たち人間は、意味を理解することを否応なく最優先させます。このため、私たちは無意味なデータから意味ある成分を容易に選び出せるのです。（中略）あるメッセージを憶える努力をしても、私たちが憶えるのはその要旨で、一言一句というわけではありません。さらにその

第Ⅰ部　アスペルガー症候群の人の考え方入門

32

要旨も、より大きな文脈に組み込まれると、より以上に憶えやすくなります。（Frith 2003, p.160）

ジェフは、フリスが言う中枢性統合の弱さを示したのです。彼は「文脈を無視する独特の能力」を持ち（2003, p.154）、そのために全体像を見失ってしまったのでした。文脈外で受け取ったので、上司の「今はだめだ、ジェフ、わかるな？」という素っ気無い言葉が、矛盾した、不当なものに思われたのです。

詳細には気づくが、全体像には気づかない傾向は、アスペルガー症候群の人が木を見て森を見ない場合があることを意味しています。あるいは、ピーター・フェルミューレンが *Autism as Context Blindness* に書いているように、「ときには、木すら見えていないのに、樹皮や葉、あるいは葉脈までもが、よく見えていることがある」のです（Vermeulen 2012, p.308）。全体像を見るには、どの細部が重要かを把握していなければならず、これは場面の文脈によって決まります（Vermeulen 2012, pp.312, 314）。

中枢性統合の弱さによって、極めて教養のある人にさえ見られるコミュニケーションの困難のほとんどが説明できます。コミュニケーションの基本的なルールが理解できても、その場の文脈に照らして素早く正確にやりとりができなければ、適切な対応にはならないのです。私のクライアントが、事が起こったあとで状況についてじっくりと考える機会を得たときに、自分がどう対応すべきだったのか気づくのは、珍しいことではありません。

フェルミューレンは、アスペルガー症候群の人には、可能であれば、場面の文脈について理解するための助け舟を出してやるべきだと提案しています（2012, p.309）。これがどのようにうまくいくか、例をあげましょう。

エイミーは、面接での質問に対して、うまい回答を用意することと嘘をつくことの違いがわかりませんでした。最近の面接で自分の弱点について聞かれたとき、ほかの人と一緒に仕事をするのは好きではない、と彼女は答えました。「本当のことですから」

「確かに本当のことですが」と私は応えました。「でも、就職面接という文脈の中では、あなたが同僚とうまくやっていく能力に対して、疑問を抱かせますよ。面接の目的は、雇用主をあなたの能力に注目させることなのです」

私たちはこのようにして、自分の回答を編集することが、就職希望者になぜ求められるのか話し合いました。エイミーは最終的に、質問にはいくつかの真実の回答が考えられるが、面接という文脈により適しているものがある、ということに同意してくれました。

コミュニケーションの問題は
就労にどのような影響を与えるか

職場での多種多様なかかわりをうまくこなしていく複雑さを、軽視することはできません。例えば、同僚への挨拶という単純な行為を考えてみましょう。

ピーターは同僚たちによい印象を与えたいと心から願っていました。

「職場に着いたら」と、ピーターは切り出しました。「1人ひとりの机の所に行って、『おはようございます』と言うべきでしょうか？」

「いいえ。廊下や、自分の作業スペースに向かう途中で会う人には『おはようございます』と言います」と私は答えました。「もし、あなたの作業スペースの近くに、親しくしている同僚がいるなら、立ち寄って『おはようございます』と言ってもいいですよ。その人たちが電話中でなければね」

「職場に着いて、誰かに『おはようございます』と言って」と、ピーターはいぶかしげに続けました。「その後、廊下でその人に会ったら、また『おはようございます』と言わなければならないのですか？」

「いいえ、『おはようございます』と繰り返すことはしません。でも、お互いに気づいたら、笑顔を見せたり、『やあ』とか『調子は

第Ⅰ部　アスペルガー症候群の人の考え方入門

34

どう？』とか言ったりして、気づいたことを知らせてもいいですね」こう説明しました。

　メモを取り終えると、ピーターはまた尋ねました。「もし、廊下で上司に会って、それがその日初めて会ったときだとしたら、どうですか？『おはようございます』と言うべきですか？」

　これらは正真正銘、修士号を取得した30代の男性からの質問です。この会話は、直観的な社会的理解が欠けている人にとって、人とのかかわりがいかに混乱を招くものであるかを、具体的に示しています。ピーターにとって、この単純な行為は、意識的な思考と計画が必要なことだったのです。

　テリーの場合、同僚と一緒にカフェテリアで昼食をとったらどうか、という上司の提案に悩まされていました。彼女はいつも、自分の車の中でサンドイッチを食べていたのです。「お昼休みは、1日のうちで唯一リラックスできるチャンスなのです」と彼女は語りました。「昼食のときに人と話す内容を、きちんと計画する暇はありません」

　上司から「仲よくなりなさい」というプレッシャーを受けて、テリーは私に、同僚と何を話したらいいか、考えるのを手伝ってほしいと求めてきました。ピーター同様、彼女は私と話し合ったことを覚えていられるようにメモを取りました。

　社会的な視点に立つのが苦手なために、職探しが行き詰まることもあります。

　職探しを始めてわずか3週間後、ブルースは憤慨し、落胆していました。「雇用主に、僕が面接を受けられるかどうか教えてくれる礼儀すらないなんて、信じられませんよ」ブルースは、一言ごとに声を荒げながら叫びました。

　「ほとんどの雇用主は、インターネットを通じてとてもたくさんの履歴書を受け取るので、いちいち返事を書いている時間はありませんよ」と私は説明しました。「面接をしたいと思う相手にだけ、連絡をするのです」

　「もしそうなら、もう職探しなんてするものか！」ブルースはノート

第１章　職場でよくある問題

35

をピシャリと閉じ、唾を飛ばしながら早口で言い捨てました。

アスペルガー症候群の求職者、ジャスティンは、3次面接に呼ばれましたが、これが採用を真剣に検討されているという意味だとは気づきませんでした。既に過去の面接で答えた質問をされることに、彼はうんざりしていました。これまで会ったことのない人に、自分の強みを説明するよう言われ、ジャスティンは、「その質問には、もう3回も完璧に答えましたよ！　人事部長と購買部長、それから事務所長が、私が話したことをあなたに教えられます」と答えてしまいました。言うまでもなく、これでジャスティンは候補からはずされました。

アスペルガー症候群の人の、人とのかかわりやコミュニケーションの能力は、人によって大きく異なります。障害がごく軽く、自閉スペクトラム症だとはわからない人もいます。けれども、かえってこのせいで、いくつかの点で状況がより困難なものになってしまいます。人づきあいでの失敗が、障害が原因ではなく、意図的だと思われてしまうからです。

よく見られる、人とのコミュニケーションに関する問題として、以下があげられます。

- **言葉を文字通りに解釈する**：職務内容や面接での質問、雇用主の期待やフィードバックを誤解する。
- **社会的フィルタリングが苦手**：場面の文脈に基づいてコミュニケーションを調整することができない。最初に思いついたことを衝動的に口にする。あまりに正直で直接的な返答で、相手を怒らせる。極めて個人的な情報を共有する。不適切な服装または不衛生。
- **非言語的コミュニケーションが苦手**：不適切なアイコンタクトをしたり、笑顔を見せることを忘れたりし、親しみにくく、無関心または不誠実に見える。凝視して相手を威圧する。怒っていないのに怒っているように見える。奇妙なしぐさや閉鎖的な印象を与える姿勢で不安を伝える。立つとき相手に近づきすぎる。
- **同僚とかかわらない**：よそよそしく、信頼できない、あるいは、親しみやすくないと思われる。いじめのターゲットになる。職場

の暗黙のルールを知らない。

・一方的な関係：自分が興味のあるテーマしか話さないので相手を
いらだたせる。会話を支配する。助けを求めるが自分からは助け
ない。同僚や同僚の仕事について知ろうとしない。さまざまな仕
事が全体としてどう収まるのかがわからない。

・話をさえぎる：相手が話していることに興味がないことを伝える。

・あまりに形式ばった話し方やもったいぶった話し方：人を見下し
ているように見えたり、横柄に見えたり、無礼に見えたりする。

・奇妙なリズムの話し方や口調：わかりにくい。あまりにも大きな
声で話し、同僚の邪魔をする。単調な口調は、気力、自信、熱意
の低さを伝える。

・混乱を招く話：詳しい内容が少なすぎたり、多すぎたりする。出
来事について順不同で話す。相手が自分と視点や理解を共有して
いると思い込んでいる。

・他者の動機、意図および行動を誤解する：他者を不当に責めたり、
非難したりする。悪意のない行為に怒りを表したり、傷ついたり
する。信用できない人を信じる。

・不適切な感情反応：職場には適さないレベルの怒り、不安または
不快感を表す。未熟で精神的に不安定、あるいは、人に脅威を与
えると思われている。

習慣、 特別な興味と頑固さ

　対人的相互反応とコミュニケーションの障害に加えて、自閉スペクト
ラム症の診断基準には、「行動、興味、または活動の限定された反復的
な様式」も含まれますが、これは「習慣への頑ななこだわり」、変化を
嫌うこと、柔軟性に欠ける思考、「強度または対象において異常なほど、
きわめて限定され執着する興味」から成ると言えます（APA 2013, p.50）。
　クライアントたちは、ある特定の習慣的な行動の助けを借りて、スト
レスに対処しているのだと説明してくれました。ある男性は、途方に暮
れたときには、両手をひらひらさせるためにトイレにこもります。ある

第 I 章　職場でよくある問題

37

若い女性は、1日中同僚たちと過ごしたあとには、寝室で1人になり、静かに体を前後に揺らす時間を必要としています。

　概して、自閉スペクトラム症の人は変化を好まず、習慣にかなり執着する可能性があります。予測がつかず、ややこしく見える世界で、習慣が安らぎをもたらすのだと私は考えています。この考えは、ベストセラー作家で自身がアスペルガー症候群のデビッド・フィンチの著書、*The Journal of Best Practices, A Memoir of Marriage, Asperger Syndrome, and One Man's Quest to Be a Better Husband* でも述べられています。彼は次のように記しています。

　　いつも晩にしていることの準備をしながら、僕は奇妙な安らぎを感じた。毎晩8時半、子どもたちを寝かしつけたあとで、1階を反時計回りにめぐる。まずはキッチンで、中庭に続く扉の鍵が閉まっていることを確認。それからまたキッチンに戻り、大抵はそこでぐるぐると歩き回る…

　　さらに食堂と居間を進むと、次は玄関だ。いつも正面の窓から、しばらくじっと外を眺める。見えるのは、きちんと並んだ近所の家の屋根だ（並び方はいつも変わらない。それが僕にはとても嬉しくて、肩の力が抜け、一瞬、頭がすっきりし、考えがまとまるのだ）。

（Finch 2012, pp.2, 3）

　習慣が中断されると、とても不安になることがあります。私のワークショップのある参加者は、途中退席したことを謝ってきました。「あなたのお話は楽しくて、たくさんのことを学びました」と彼女は言いました。「でも、夕食を7時半に食べるので、終わる前に失礼しなければならなかったのです」

　アスペルガー症候群の人は、変化を拒むことがあります。たとえ現状が大きなストレスをもたらしていても。

　テレサは管理職として要求されることに、ほとんど対処できていませんでした。雇用主は、彼女の家に近い地域事務所での負担の少ない仕事を提案してくれました。テレサも、その方がよいと同意しました。しか

し、彼女は断ることに決めたのです。

　私は今の仕事のマイナス面をまとめました。上司とのぎくしゃくした関係、同時に進めなければならない仕事があまりに多いこと、長い通勤時間と、オフィスの物理的環境が嫌いであることなど。その後、新しい仕事に関するプラス面をすべてリストアップしました。

　「驚いてしまうわ」と私は告げました。「新しい仕事を受けたくないだなんて。今あなたは、改めるようにと正式に警告されていて、しかも、与えられた仕事をすべてこなすことはできないと、自分でも繰り返し言っているのに」

　「おっしゃる通りです」テレサはこう答えると、しばらく沈黙しました。「別の仕事の方がずっといいでしょうね。問題は、私がただ変化を好まないということです」

　テレサは新しい仕事を覚え、新しい同僚とつきあい、勤務時間を調整し、別のオフィスに通勤することに不安を抱いていたのです。最終的には、新しい仕事を受けると決心を固め、その後うまくやっていると報告してくれました。

　「限定された」という言葉は、何らかの点で限られている興味を指します。例えば、おもちゃの車を受け取った自閉スペクトラム症の子どもは、その物全体ではなく、特定の部分に注目することがあります。車を「走らせて」冒険に出るかわりに、片方の車輪をただひたすら回すのです。

　大人の場合、ある職業への限定的な興味から、その仕事が現実にはどういうものか、間違ったイメージを抱くようになる可能性があります。デニスは看護師になりたがっていました。なぜこの職業に関心があるのかと尋ねると、「人を助けたいからです」と答えます。しかし、デニスは、勤務中、人とのかかわりは最小限にしたいとはっきり口にしていました。私が指摘するまで、彼女はその矛盾に気づきませんでした（限定された興味と職業選択について、さらに詳しくは、第5章を参照）。

　特別な興味（DSMの専門用語では「執着する興味」）は、アスペルガー症候群の人の、すべてとは言わないが、多くに共通していることです。これは、趣味とは明確に区別されます。特別な興味は、強迫観念に似た激

第1章　職場でよくある問題

39

しさをもって追求されます。ごく幼い子どもでさえ、自分が選んだ極めてまれと言ってよいテーマ（洗濯機や蒸気機関を思い浮かべてください）について、百科事典並みの知識を身につけることがあるのです。自分の特別な興味に没頭することは、楽しいし、リラックスできるのだと、アスペルガー症候群の人は報告しています。

　マイケル・バーリの話は、特別な興味をいかに仕事に結びつけられるかを示す、興味深い例です。バーリはアスペルガー症候群で、医師からヘッジファンドマネージャーに転身しました。マイケル・ルイスによって書かれた、*The Big Short: Inside the Doomsday Machine*（邦訳『世紀の空売り　世界経済の破綻に賭けた男たち』東江一紀訳　文藝春秋　2010年）の2007年経済危機に関する話の中で、彼のことが取り上げられています。

　2004年、バーリは債権市場に強い関心を抱くようになりました。「アメリカの金銭貸借の仕組みについて、できるかぎりの知識を頭に詰め込んだ。債券市場に新たにとりつかれていることを、バーリは誰にも話さなかった。ひとり（中略）事務所にこもり、本や、新聞・雑誌の記事や、金融関係の書類を読みあさった。とりわけ知りたかったのは、サブプライム・モーゲージ債の仕組みだ」（Lewis 2011, p.26）。

　バーリの研究は徹底していました。「どのモーゲージ債にも、血の気が失せるほど退屈な百三十ページの目論見書が添付されていた。そこに書かれた細かい文字を読むと、それぞれが独自の小さな法人になっていることがわかる。バーリは、二〇〇四年末から二〇〇五年初めにかけて、何百通もの目論見書を通読し、何十通かを精読した。（中略）それをここまでちゃんと読み込んだ人間は、本文を起草した弁護士たちを除けば、おそらくバーリただひとりだろう」（Lewis 2011, p.27）。

　35歳のとき、バーリはアスペルガー症候群と診断されました。「バーリが営んでいる仕事やその営みかたの、ずいぶん多くの部分に説明がついた。例えば、確かな事実を手に入れる執念や、論理へのこだわりや、財務諸表の山を猛スピードで崩して均す能力……。アスペルガー症候群を抱える人間は、自分が何に興味を持つかを自分で制御することができない。バーリの特別な興味が、芝刈り機のカタログ収集などではなく、金融市場に向けられたのは、もっけの幸いというべきだった」（Lewis

2011, p.183)。バーリは「サブプライム・モーゲージ債の目論見書をちゃんと読むことができるのは、アスペルガー症候群の人間くらいのものでしょう」(p.183) と語ったと伝えられています。

マイケル・バーリは、サブプライム危機の2年前、ほかの誰もその到来を察知していなかったときに、これを予測しました。そして、空売りをしてサブプライム問題の爆縮から利益を得る方法を見つけたのです。2007年だけでも、バーリは顧客の投資家たちのために7億5千万ドルを稼いだと報じられています (2011, p.184)。

しかし、アスペルガー症候群の特別な興味が、常に実行可能な職業につながるわけではありません。第5章で取り上げますが、実際の仕事にどのような職務が含まれるのか、また、それに自分が対処できるのかを調べることが重要です。

頭の固さは、よく知られている自閉スペクトラム症の特徴です。アスペルガー症候群の人は、物事をある特定の状態にしておくことや、特定の方法で実行することを主張し、考え方に極めて柔軟性が欠けている場合があります。**絶対**に残業したくないために、仕事やすべての職業を拒否したクライアントもいます。変化を望まないので、迷惑行動をしつこく続けるのだと言う人もいます。同僚の1人は私に、仕事を探しているが、勤務中に靴を履きたくないという男性について話してくれました。

柔軟性に欠ける思考のせいで、新しい状況に対処することや、選択肢を見つけることが難しくなる場合があります。それは問題解決の妨げになると言えます。

クライアントの人物像

床には漂白剤が入ったバケツが7個

デボラは45歳のエンジニアで、与えられた仕事量をこなすことと、所属課の再編への対応に苦労していました。そしていつも、1日12時間働いているせいで、自分は燃え尽き、疲れきっており、もう限界で今にも倒れそうだと話していました。デボラは1人暮らしで、友だちもなく、家族とも疎遠でした。私が知る限り、

第1章 職場でよくある問題

彼女が職場以外でつきあいのある相手は、私自身を除けば心理療法士だけでした。

デボラは自分が解決したい状況について、とても正確に、詳しく説明してくれました。口を挟もうとすると、腹を立てます。彼女はこの方法でさまざまな出来事を説明しなければならないのだと、私は受け入れました。彼女の話も、その仕事のスタイルを感じさせるものでした。すべてのプロジェクトが同じ重要性を持つように思えるのです。ちょっとした仕事にも、重要な業務にも、同じ労力が払われていることに、私は気づきました。彼女は、同僚たちが時間を節約するために、仕事によっては放置していることを認めました。しかし、自分がそれをしたら面倒なことになると確信していたのです。そして、何年も前、実際にそういうことが起きたときの2つの出来事について説明してくれました。

仕事量について、私たちは何度も長い時間をかけて話し合いました。私が何を提案しても、デボラはそれがうまくいかない理由を思いつきます。仕事のあとは疲れきっているからと、別の仕事を探すのを渋りますし、週末は休息とたまっている家事や用事を片づけるのに使っていると言います。

特にストレスをためていたある時期に、自分が背負っているプレッシャーについて語りながら、デボラは目に涙をいっぱいためました。

「家に帰りつくと、へとへとで、料理を終えたら、ただ眠るだけ」と、彼女は訴えました。「やらなければならないことがあまりにたくさんあるのに、時間がなくて」

仕事面については打開策がないため、私生活でのストレスをいくらか減らしたらいいのではないか、と私は提案しました。彼女は同意し、まずは晩の自由な時間を増やす方法を考えたいと言いました。デボラは、食事の支度におもに時間を取られていると気づきました。そこで、ブレインストーミングをして、解決策を探し始めました。

レストランで食べるのはお金がかかりすぎる。冷凍食品はおい

しくないので問題外だ。テイクアウトはどうか？　彼女は自分が住む地域にある３つのレストランについて、それぞれ何を注文できるか語りました。すぐに問題点が浮かび上がります。レストランまで車を運転していくのに時間がかかる。家に帰る途中で、食事は冷めてしまうだろう。オーブンで温めなければならなくなる。汚れた皿を洗わなければならなくなる。

　よろしい、それなら、調理済みの質の高い食事を届けてくれるサービスはどうか？　私たちは矢継ぎ早に疑問を口にし始めました。

　彼女が住んでいる地域には、おそらくそのような会社はないだろう。
　　→素早くGoogle検索したところ、２件見つかりました。

そういう食事はたぶんとても高価だろう。
　　→妥当な価格のメニューがあります。

そういう料理は油っぽく見える。
　　→この、ベジタリアン向けのはそうではありません。

　残業したら、デリバリーを受け取る人が家に誰もいないことになる。
　　→客が１週間の配達スケジュールを立てられるので大丈夫。

　それでも、自分で料理するより高くつくだろう。
　　→その通りですが、自由時間の多くを料理に費やしたくありません。

　今度は**私の方が**へとへとになり、ストレスがたまってしまいました！　私はデボラに、会社の１つに連絡して、食事の配達とお試し期間について尋ねることを同意させました。

第１章　職場でよくある問題

次の週、デボラは、思わぬ問題が生じたと打ち明けてきました。彼女は週末に食事宅配サービスの会社に連絡していませんでした。洗濯をするので忙しすぎたと言うのです。

「信じられませんでしたよ」と彼女は語りました。「でも、今週仕事に着ていく清潔な服を用意しようと、土曜日にブラウスを洗ったら、7時間かかったのです」

「それはすごいですね」と私。「ブラウスを洗うにしては長いこと」

「水と漂白剤を入れたバケツの中に浸さなければならないのです」とデボラ。「居間のあちこちにバケツを置いて！」

さらに彼女は、衣類を浸し、歯ブラシを使ってしみの部分をこすり、ブラウスをすすいで、浴室に干して乾かすという長ったらしい作業過程について説明し続けました。翌日には、ブラウスにアイロンをかけた、と。

「これが私の問題なのです」と彼女は興奮した様子で語りました。「アパートはぐちゃぐちゃで、支払いは遅れているし、週末はほとんどすべてブラウスを洗うことに費やしたし」

「洗濯機に入れたらどうですか？」私は思い切って尋ねてみました。

「しみが全部は取れないのです。仕事のときに緊張して、たくさん汗をかくし。ブラウスは白いし」と、着ていたブラウスを指して、デボラは説明します。「しみが全部見えてしまうのです」

「ドライクリーニングしてもらったらいかがですか？」と無謀にも私は提案しました。

「1度試してみました。ドライクリーニングでも、全部のしみを取り除くことはできませんでした」

「別のクリーニング店を試して見るのもいいかもしれませんね」

この先どういう話になるのかわかるわ、と私は思いました。

「そうしたら、どんないいことがあるのですか？」デボラは反論してきました。「前回うまくいかなかったのに」

「ドライクリーニングして、それでも脇の下に薄いしみがあっ

第Ⅰ部　アスペルガー症候群の人の考え方入門

たと考えてみましょうよ。どれだけ目立つかしら？」

「しみのあるシャツを着て仕事に行くことはできません」デボラは言い張ります。

ここまで来たら、やめるわけにはいかないわ。私は自分に言い聞かせました。

「色つきか、柄もののブラウスを買ったらいいかもしれませんね」と提案します。「それなら、しみが隠れるでしょうから」

「買い物に行く時間も元気もありません」

デボラが1点獲得、私は0点。

「前にも話し合ったことがあるような気がするのだけれど、デボラ」と私は告げました。「やり方を変えようという気がなければ、あなたの人生は何も変わりませんよ」

「自分が抵抗してばかりいる人間だということは、わかっています」

デボラと私は、彼女がクライアントだった16ヶ月の間に、何度も似たようなやりとりを交わしました。コーチングセッションで、彼女はほぼ毎回、これ以上仕事のストレスに対処することはできないと断言するのです。それでも、別の仕事を探すことはしませんでしたし、食事の宅配サービスを試すこともありませんでしたし、清潔さを保ちやすい服を買うこともしませんでした。

デボラの心理療法士と話をして、私の疑念は確かなものとなりました。うつ状態が、抵抗してばかりいる彼女の行動を一部引き起こしたのは確かですが、考え方の面でも、彼女は並はずれて柔軟性に欠けていたのです。

柔軟性のなさと狭い興味が就労に与える影響

アスペルガー症候群の人について、次のようなことが言えます。

・職業について、あまりに数少ない、あるいは、間違っている些細なことに注目し、自分には資格がなかったり、適さなかったりす

第1章　職場でよくある問題

る仕事や、就労の機会が限られている仕事を追い求める。

・ある特定の仕事や会社に固執し、ほかの選択肢を検討することを拒む。

・たった1つの嫌な仕事をしたくないなど、間違った理由から、ある職業を拒む。

・職探しなどの重要な活動を軽視し、特別な興味を追求することに、あまりに多くの時間を費やす。

・新しいシステムについて学んだり、新しいツールを使ったりすることを渋る。いかなる変化への適応にも苦労する。物事を自己流にやることを主張する。

・人前で、手をひらひらさせたり、体を揺らしたりするなど、反復行動や自己刺激行動をし、悪い意味で同僚から注目される。

感覚処理

　感覚情報の処理にかかわる問題は、自閉スペクトラム症の人によく見られます（Fein 2011, p.215）。私の所に相談に来る成人のクライアントは、ほとんどの場合、視覚、聴覚、嗅覚および触覚刺激に対する感覚過敏を訴えます。

　アンの同僚の1人は喫煙者でした。彼が煙草で一服して帰ってくるたび、その服についた煙草の煙の臭いに、アンは吐き気を催しました。従業員がたった4人の会社の、とても小さなオフィスで働いていたため、作業場を別の場所に移すことはできません。彼女は仕事を辞めることを選びました。

　ジョンはレタスの歯ざわりや、噛んだときの音に耐えられません。そのため、近く予定されている同僚たちとの休日のランチについて心配していました。「サラダを出されたら」と彼は尋ねてきました。「食べなければいけないでしょうか？」

　数年前、私のオフィスはあるオフィスビルに入っていました。コーチングセッションの最中、クライアントのキムが突然叫びました。「掃除をしている人たちに、掃除機のスイッチを切るように言ってもらえませ

んか？　集中できません！」

　その言葉を聞いて、遠く離れた廊下から聞こえる掃除機のブーンという小さな音に気づきました。そのときまで、私はまったくその音に気づいていませんでした。しかし、聴覚刺激に対して感覚過敏なキムは、すっかり気が散ってしまうのは、掃除機の音のせいだと考えたのです。

　蛍光灯の照明は、多くのアスペルガー症候群の人にとってわずらわしいもので、電球が点滅しているのが見えるとか、聞こえるとか言います。ある男性は、蛍光灯の色に強く反応しました。職場で毎日、彼は刺激感を必死に無視しようとしました。自分がアスペルガー症候群だと打ち明け、配慮を求めることには不安を感じていたからです。ある日、同僚たちには面白がられたのですが、光をさえぎれば違うかどうかを検証するために、彼は頭の上にタオルを置きました。確かにそれは効果的で、その後彼は、蛍光灯の光をフィルター処理する光学レンズを探し始めました。

　上司から励ましの意味で肩を叩かれるなど、軽く触れられても、不快感を抱いたり苦痛を感じたりする可能性があります。アスペルガー症候群の人は、反射的に離れたり、身をこわばらせたりすることがあるのです。大人に抱きしめられるのに耐えられないある女性は、子どもに抱きつかれると喜んで応じました。彼女はデイケアセンターで働いており、「大人は何も言わずに抱きしめてきますが、子どもなら、どんなときにやってくるのか、何をしてほしいのか、いつだってわかりますから」と語りました。

　固有感覚受容システムが正しく機能していないとき、身体のある部分がどこにあるのか、また、それがどのように動いているのかがわからなくなります（Myles *et al.* 2000, p.5）。そして、動きがうまく調整されなくなってしまいます。椅子を見ずに座ることができなかったり、ペンをどのくらいの力で握ればいいのか、扉を閉めるにはどの程度の力で押せばいいのかがわからなかったりするのです（p.31）。ベンジャミンは、空中で自分の頭がどちらに向いているのかがわかりませんでした。そのため、面接中、目は合わせているけれど、顔は面接官から背けてしまっているのではないかと心配していました。

第 I 章　職場でよくある問題

聴覚処理の問題は、聞いた内容を認識したり解釈したりする能力を妨げる可能性があります（Attwood 2007, p.221）。また、誰かの話し声を、背景の騒音と区別することができない場合もあります。複数の人が同時に話している声が、わけのわからない言葉に聞こえてしまうのです。早口で話されると、意味が理解できないこともあります。自閉スペクトラム症の人は、多くの場合、言語的コミュニケーションよりも文字によるコミュニケーションの方を好みます。

感覚処理異常の影響は、必ずしもすぐには明らかになりません。

アダムと私は就職面接対策に取り組んでいました。私はアイコンタクトの重要性について説明を始めました。「これは、あなたがちゃんと聞いているということを伝え…」

「それはわかっています！」とアダムはさえぎりました。「でも、できないのです」

「視線を合わせることが？」

「いいえ、聞いていることが」

一瞬、私は考えました。

「つまり、相手を見ながら、同時に相手が言っていることを聞くことができないという意味ですか？」

「そうです」とアダムは答えました。「だから、誰かが話しているときは、机や壁を見るのです」

同時処理に問題があるほかのクライアントたちの話を聞かせると、アダムは安心したように見えました。私は、聞きながら同時に書くことができない女性の話をしました。そして、相手の眉間の辺りを見ることによって、おおよそ視線を合わせる方法を教えました。

「ありがとうございます」とアダムは言いました。「僕の言うことを信じてくれて」

職場では、感覚過敏はアスペルガー症候群の人の好き嫌いとして片づけられてしまう可能性があります。定型発達者は通常、そのような問題が存在すること、あるいは、感覚に負荷がかかりすぎるとシャットダウンしてしまう場合があるということに、まったく気づいていません。

シンディは、年に１度、休日に開かれる社内パーティーは「拷問」だ

と表現しました。人ごみ、大音量の音楽、点滅する光、香水と食べ物の入り混じった臭いで、体の具合が悪くなってしまうのです。上司は、彼女がアスペルガー症候群だと知っているのに、あまりに大げさだと言って、このイベントを欠席することを許しませんでした。そこで、あらん限りの力を振り絞って、数分間参加しました。それなのに、翌日上司は、彼女がその場にいたくないように見えたと非難したのです！

　一部のアスペルガー症候群の人は、普通の人よりも感覚情報の処理に時間がかかります。数年前、ある同業者の女性と私がイベントで展示発表をしました。私たちのテーブルは、たまたま隣り合わせだったのです。1人の男性が彼女のテーブルに歩み寄り、2人は温かい挨拶を交わしました。その後、男性は彼女の手首に巻かれた包帯に気づきました。

　「その手はどうしたのですか？」

　「氷の上で転んで、手首をひねってしまったのです」

　「ああ」と言って、彼は立ち去りました。

　私たちはおかしくて顔を見合わせてしまいました。

　「**本当に、処理が遅いのね**」と彼女は言いました。

　3、4分してから、男性は彼女のテーブルに戻ってきました。

　「手首のことですけど、大変ですね」と彼は言いました。「痛みますか？」

感覚の問題は就労にどのような影響を与えるか

　感覚情報の処理の問題は、以下を引き起こす可能性があります。

- ・ある特定の物理的環境を避けたり、静かな作業場や自然光などの配慮を受けたりしなければならない。
- ・見**ながら**聞くこと、見**ながら**書くことなどができないために起こる生産性の問題。求職者は、面接時にこのような問題について説明する必要があるだろう。
- ・言語による指示があまりに多すぎるなど、感覚刺激が多すぎて途方に暮れてしまい、シャットダウンする。
- ・支援技術を利用しなければ、集団内での会話についていくことが

できなかったり、集団での話し合いに参加できなかったりする。ある特定の職業を避ける必要があるかもしれない。

・微細運動と粗大運動の筋肉制御に障害があるため、不器用であったり、事故に遭遇したりする。手書きの字が読みにくかったり、会議中、書くのがあまりに遅すぎて、メモを取れなかったりする。組み立てや、その他の精密な手作業は避けなければならないだろう。

・不快感の予測や経験から来る不安。

実行機能

実行機能の障害は、自閉スペクトラム症の診断基準の一部ではありません。また、それは自閉スペクトラム症に特有のものでもありません。しかし、それによってこのような人々に見られるいくつかの重要な特徴、すなわち、反復行動や衝動性、柔軟性に欠ける思考、衝動性抑制の困難が説明できます（Frith 2008, p.94）。

人とのコミュニケーションの問題は多くの注目を集めていますが、実行機能の障害も、あらゆる点で同様に有害だと言えます。クライアントの中には、職場での人とのかかわりには何も問題がないのに、実行機能に対する要求に対処できない人がいます。

実行機能とは、一般に、計画、柔軟な思考、反応抑制、ワーキングメモリおよび流暢さに必要な認知プロセスと定義されます（Fein 2011, p.186）。これらの機能は、脳の前頭葉によってコントロールされています（Frith 2008, p.95）。大まかに言えば、実行機能のおかげで、人は物事をやり終えるための時間と資源を効率よく管理できるのです。

実行機能を説明する例としてよく使われるのが、多忙な重役の話です。重役の仕事は、さまざまな事業計画を立ち上げ、指示し、監督することです。彼は関係者たちの優先事項に基づいて目標を設定します。そして、それらの目標を達成するために計画を立てます。計画は、販売データ、景気予測、競争相手の動きなど、事業にかかわる情報の綿密な分析に基づいたものです。

第Ⅰ部　アスペルガー症候群の人の考え方入門

> **KEYWORD**
>
> ## 実行機能 (Executive Function)
>
> いつ、どこで、何を、どのような手順で行うかを把握できる能力のことを言います。つまり、先の見通しを持って行う能力のことであり、この機能に障害があると、衝動的に行動したり、刺激に敏感に反応してしまうことがあります。
>
> ASDの場合は、衝動性があったり、問題解決がスムーズにできないのは、この実行機能の弱さから生じていると言われています。
>
> そのため、ちょっとした刺激に、思考や判断が入らず衝動的に反応してしまうことがあります。
>
> よって、何をどのように行うかをASDの人にわかりやすく示す必要があります。

> **KEYWORD**
>
> ## ワーキングメモリ (Working Memory)
>
> 以前は短期記憶という呼び方をされていましたが、脳に情報を一時的に保存し、それに基づいて処理する能力のことを言います。作動記憶、作業記憶とも呼ばれていますが、近年は原語のままワーキングメモリと呼ばれることが多いようです。
>
> ワーキングメモリには、数や単語、文章などを記憶する言語的短期記憶に基づいて処理できるものと絵やイメージ、位置などを記憶する視空間的短期記憶に基づいて処理するものがあります。
>
> ASDだけではなく、LDやADHDの人もこのワーキングメモリに課題を抱えているため、実行機能がうまく働かなくなります。

重役は、1人孤立して働くことはなく、従業員の貢献を当てにしています。そして、目標を明確に伝え、従業員が常に意欲を持ち、大局に集中できるようにします。従業員の取り組みをうまく調整するわけです。優れたリーダーは、結果をチェックし、必要に応じて方略と計画を変更します。プランAがうまくいっていなくても、パニックに陥ったり、衝動的に対応したり、同じことをし続けたりすることはありません。過去の同様な状況から学んだことについて考えるのです。彼には柔軟性が

第1章 職場でよくある問題

あり、プランBに決定する前に、さまざまな選択肢を比較検討します。

　そんな重役は、たとえ弱気になったり不安を感じたりしていても、外見は自信に満ちているように見えます。自分の行動が周囲に影響を与えること、そして、感情が人から人へと伝わることを知っているのです。もし、彼自身が集中し全力を傾けることをしていなければ、従業員もそうはしないでしょう。

　本章の冒頭で述べたように、アスペルガー症候群の人は状況の要旨を理解するのに苦労します。デビッド・フィンチは回想記 *The Journal of Best Practices* の中で、全体像を犠牲にし、細部に過集中するアスペルガー症候群の人の傾向について雄弁に語っています。

　　　達成したいことはすべて、軍事作戦の正確さで実行される…僕にとって、仕事とは、正しく並べなければならない百万の小さなピースからなるパズルだ。僕は大抵、気がつくと結果そのものよりも手順の方を高く評価している。一方〔妻は〕、プロセスは目的を達成するための手段にすぎないと考えている。つまり、僕は木を見ていて、〔妻は〕森を見ているのだ。(Finch 2012, p.98)

　フィンチはまた、こっけいなまでの冷静さをもって、アスペルガー症候群の人に特徴的な頑固さと変化への抵抗を語っています。彼は、出張の準備をするために、まず車を借りる手配をしなければなりません。ですが、どの車でもいいというわけではありません。トヨタのカムリです。レンタカー会社が特定の車種を保証することはないと、もうわかっているにもかかわらず、フィンチはこだわります。いらだった予約係が、なぜその車種であることがそんなに重要なのかと尋ねると、彼はこう説明します。

　　　「トヨタのカムリを運転するのが好きなだけですよ。どんなふうに動くかわかっているし、ミラーの調節をどこでするかも知っているし、ただ…トヨタのカムリが必要なのです」心臓が激しく波打っていたが、僕は何度も繰り返した。「トヨタのカムリが要るのです」

第1部　アスペルガー症候群の人の考え方入門

…どのレンタカー会社の受付でもこうだった…出張しなければならないときには、いつだってこうなるのだ。(2012, pp.150-151)

ホテルの予約も、同様に神経をすり減らすことでした。

　　ホテルには4時前に電話しなければならないとわかっていた。そのときならジェニファーと話せる可能性が一番高いからだ。フロントで僕の要求を受け入れようと骨を折ってくれる唯一の人物と。(「かしこまりました、フィンチ様、一晩のご宿泊の準備はすべて整っております…トヨタのカムリでご到着予定と申し上げましたが、こちらにつきましても、繰り返しになりますが、私どもの方は問題ございません…スタンダードルーム、キングサイズのベッド、禁煙、低反発枕、モーニングコールを2回、ほかのお客様からはできるだけ離れたお部屋をご用意いたしました」)(2012, p.153)

　保続傾向(引き金となった出来事のずっとあとで、ある行動や思考を繰り返すこと)は、思考の柔軟性の低さに関係しています(Fein 2011, p.187)。マークは何ヶ月もの間、彼には不正確と思われる勤務評定に保続反応を示していました。いくつかの能力基準を満たすことはできませんでしたが、上司は酌量すべき事情を考慮していないと思い込んでいたのです。その1つが、自分の「卓越性の基準」を満たす作品を作りたいというマークの主張でした。彼には、自分の仕事では正確性よりもスピードが要求されるということが、なかなか理解できなかったのです。

　改めて評定をしてほしいと上司に何度か頼んだものの、失敗に終わり、マークは正式に苦情を申し立てました。この問題は、今や上司を監督する部門の副社長の手に委ねられました。一連の面談と勤務評定の分析ののち、副社長は決定を下しました。最初に書かれた評定のままとする、と。

　それでもあきらめられず、マークはこの決定に対して上訴しました。けれども、強い口調で、この審議は終了だと告げられてしまいました。

　最初の評定から4ヶ月後、マークは私とともに、能力向上のための方略を学ぶことに表面上は取り組み始めました。しかし、すぐに、彼が本

第1章　職場でよくある問題

当に求めているのは、評定のやり直しだと判明しました。数週間かけて、私たちはマイナスの評価をもたらした出来事について、細部にわたって入念に検討しました。マークは上司の指示に従っていなかったことを認めました。私たちは上司から改善する必要があると言われた能力のさまざまな側面について、細かく分析しました。マークは、それらが現実的で達成可能だという点に同意しました。それでもなお、彼はもっとよい評定を求めていたのです。

「この副社長からのメールによると、彼女も、あなたの上司も、評定について話し合うつもりはありませんね」と私は伝えました。「次回、よい評価を得られるように、能力の問題を解決する計画を立ててはいかがですか？」

「私はね、『期待に応えられなかった』という評価には値しないんですよ」とマークは怒りをあらわにしました。「お客様に常に満足していただくために、質の面では水準を**上回る**仕事をしていましたからね」

「私が心配しているのは、マーク、あなたが評定に執拗にこだわり続けていることです。この問題は終わりだと言われたのですよね。それを今後も指摘し続ければ、仕事が危うくなる可能性がありますよ」

セッションが終わったとき、マークは明らかに動揺していました。そして翌日、コーチングは継続しないとメールで伝えてきたのです。1年後、あるビジネスネットワークのウェブサイトで、マークが別の会社で働いているということを、私は偶然知りました。

保続は、気力を消耗させ、本当に優先させなければならないことから注意をそらします。求職者の場合、非現実的な仕事や、ある特定の会社で働くことしか考えられなくなってしまう場合があります。管理者養成プログラムに参加したある男性は、IBMで働くことにこだわっていました。彼は、要件を1つも満たしていなかったにもかかわらず、この目標を繰り返し口にしました。

自閉スペクトラム症の人は、目標に到達するために必要な手順の計画に苦労することがよくあります（Fein 2011, p.194）。履歴書の記入など、ある特定の課題は、いくつかの具体的な活動に系統立てて分けなければなりません。最初の手順が明確でなければ、自閉スペクトラム症の人は

第Ⅰ部　アスペルガー症候群の人の考え方入門

その課題を試みることすらしない可能性が高いのです。私はクライアントのこのような姿を常に目にしてきたので、今ではこう尋ねるのが習慣になってしまいました。「あなたが最初にしなければならないことは何ですか？」

時間の**概念**は、ほとんど理解されていないようです（Meltzer 2010, p.71）。クライアントの多くは、仕事にどれだけの時間がかかるのか、あるいは、一定の期間内にやり遂げられるかどうかを、正確に推定することができません。

スティーブンは大学で3年目を迎える準備をしていました。彼は、研究課題、特に学期末レポートの予定を立てる能力を高めたいと考えていたのです。そこで、スマートフォンに視覚と聴覚に訴えるリマインダーを設定しました。しかし、結局、相変わらず締め切りを守るために徹夜で作業することになってしまいました。

「レポートの予定を立てるとき、何をしているのか、具体的に教えてください」

すると、スティーブンは**研究課題**の提出期限をカレンダーに入力していただけであることが判明しました。調査や編集などのさまざまな手順を計画し、時間配分することはしていなかったのです。道理で、何日も徹夜していたわけです！　私たちはコーチングセッションの残りの時間を、学期末レポートを書くことに関連のある作業をすべて明らかにし、それぞれにどのくらいの時間が必要かを推定することに費やしました。私は彼に、研究課題の予定を立てるために、最終期限から逆算していく方法を示しました。

抑制とは、ある思考や行動を適切な時点でやめられるようにする実行機能です。これによって、関係のないことは無視する一方で、関係のあることに注意を集中させることができるのです（Fein 2011, p.189）。従業員は、差し迫った問題に注意を向けるために、興味深いプロジェクトへの取り組みを中断しなければならないことがあります。あるいは、晩に予定しているデートではなく、業務の方に集中しなければならないということもあるでしょう。

アスペルガー症候群の人によく見られる実行機能の障害は、衝動性制

御の苦手さです。アスペルガー症候群の人は、頭に浮かんだ最初の考えを、それが適切かどうかを考えずに、思わず口走ってしまうことがよくあります。また、自分の行動の影響をよく考えずに、衝動的に反応してしまいます（Barkley 2011, p.43）。感情のコントロールの苦手さ（Frith 2008, p.94）も、就労を危うくする可能性があります。

　抑制、衝動性制御、感情のコントロールの苦手さの影響が現れた典型的な例がサマンサです。彼女は、仕事中、5分間休憩しようと計画していましたが、その後、20分間ネットサーフィンをしてしまったことに気づきます。また、仕事とは無関係の面白い話に没頭してしまい、期限を守れないことがたびたびありました。

　同僚たちはサマンサについて、子どもっぽいと考えていました。彼女は、容易に答えが見つけられるような質問を衝動的にするからです。また、新たに与えられる仕事をすべて緊急として扱っていました。サマンサは、自分がそれまでしていた仕事をやめて、ぶつぶつ言い出すのです。「こんなの絶対に終わらないわ！」いらだつと、悪態をついたり、泣き始めたりします。

　サマンサは、休憩中、自分が近づくと同僚たちがおしゃべりをやめることに気づきました。「なぜ私を無視しているの？」と尋ねると、彼らは非を認めず、机に戻っていきました。サマンサには、自分がランチに1度も誘われない理由がわかりませんでした。

　スタッフ会議の最中に、チームワークというテーマが取り上げられました。サマンサは思わず口走りました。「冗談でしょう？　この会社にチームワークなんてないのに！」

　ワーキングメモリは最も重要な実行機能と考えられています（Meltzer 2010, p.112）。それは、注意の転換、抑制、知的努力に関する指示など、ほかの認知プロセスに指示を与える「中央実行系」としての役割を果たします（2010, p.113）。

　ワーキングメモリによって、人は課題を完成する間、短時間情報を保持し、操作することができます（Gathercole and Alloway 2008, p.2）。ワーキングメモリに保持することができるデータの量は限られています。平均的な成人は、7つまで情報を覚えておくことができます（2008, pp.3-4）。

第Ⅰ部　アスペルガー症候群の人の考え方入門

暗算や友人の電話番号を思い出すことが、ワーキングメモリを使用しなければならない課題の例です。

　職場では、多くの職務の遂行にワーキングメモリが欠かせません。

- ・やり方の手順、仕事の特定の側面、言語による指示を覚えておくこと
- ・資料の意味を理解するために、関連項目を思い出すこと
- ・正しく単語をつづることを含めた文章の作成、文中で使う単語を思い出し、段落をまとめること
- ・複数の手順がある計算の際に、合計を覚えておくなど、暗算
- ・メモを取る際に、重要な情報を思い出すこと
- ・指示を覚えること　　　　　　　　　　　　　　　　（Meltzer 2010, p.114）

　自閉スペクトラム症の人は定型発達者よりもワーキングメモリが弱いのです（Gaus 2011, p.49）。これは、彼らが1度に複数の仕事をこなすのに苦労することを説明づけます。仕事中に中断されると、元の仕事に戻るのに苦労しますが、おそらくは最初にやっていた仕事を思い出すことさえ大変でしょう。あるクライアントが、「どこまでやったかわからなくなって、全部最初からやり直さなければなりません」と説明したように。

　強力な実行機能は、思考の柔軟性や選択肢を見出す能力を特徴とします。これらの能力は問題解決に特に重要です。**流暢さ**とは、あるカテゴリーの中で複数の例を生み出す能力を言います。例えば、言語の流暢さは、"b" という文字で始まる言葉を一定時間内にできるだけ多くあげるよう求めることでテストできます（Fein 2011, p.194）。問題に対する複数の対応を考えつくのは、複雑なタイプの流暢さです。

　自閉スペクトラム症の人は、選択肢を見出したり、問題の新たな解決策を生み出したりするのに苦労します（Frith 2008, p.98）。習慣となっている一連の行動で結果が出せないと、対処できない人もいます（p.99）。店のレジが動かなかったときでも、アスペルガー症候群の店員は、業務を遂行しようとし続けました。彼はいらだつ客の列が長くなっていくの

第1章　職場でよくある問題

に気づきませんでした。店長に助けを求めようとは思いつかなかったのです。

　アンドリューの上司は、受領書を照合しようとしているときに彼が犯すミスにいらだっていました。上司は、正確性を高めなければ、仕事を失うだろうと告げました。

　「問題は、手順を忘れてしまったり、間違えた順番でやってしまったりして、数字が合わなくなることです」アンドリューはこう言って、さらに例をあげました。

　「記憶に頼っているけれど、その記憶が当てにならないようですね」と私は指摘しました。「すべての手順を、正しい順番で思い出せるようにするには、どうしたらいいでしょう？」

　アンドリューは途方に暮れてしまいました。「覚えていられるように、できる限りのことをしていますよ」

　「チェックリストを作ってみたらどうですか？」私はそれとなく提案してみました。

　アンドリューは、いい考えだと同意してくれました。私たちは手順を1つ終えるたびにチェックできる欄を設けたリストを作成しました。この変更を実行に移して3週間もしないうちに、アンドリューの上司は彼の正確性を褒めてくれました。

　マーティンは、ハイテク業界で働いていた13年間で、6回失業しました。手早く仕事ができず、期限を守れなかったのです。しかし、彼は同じタイプの仕事を求め続けました。そのスキルをもっとプレッシャーの少ない職業で活用することを考えてみたくはないか、と私は尋ねました。マーティンは愕然としていました。「そんなこと、これまで1度も思いつきませんでした！」彼はそう叫ぶと、私の洞察力に対して何度も礼を言ってきました。

実行機能の問題は就労にどのような影響を与えるか

　実行機能の障害は、求職中の人と既に働いている人、どちらの生産性も損ないます。よくある問題として、以下があげられます。

第Ⅰ部　アスペルガー症候群の人の考え方入門

- **新しい仕事を覚えるのが困難**：段取りややり方を、十分に素早く覚えることができない。個別の手順が覚えられない。生産性の要件を満たすことができない（あまりに仕事が遅い）。ほかの人には明白と思われる、仕事のさまざまな側面が理解できない。

- **時間の概念の乏しさ**：仕事にどのくらいの時間がかかるか、正確に推定できない。ある特定の時間内に何をやり遂げられるかが、はっきりとわからない。どのくらい時間が経ったか、わからなくなる。期限を守れないことや約束に遅れることが多い。

- **イニシアティブがないように見える**：必要なことが推測できない。仕事を終えると次の指示を待っている。最初の手順が明確でなければ課題を始めない。期待されていることを明らかにしようとして、質問しすぎる。自力で答えを探そうとしない。

- **優先順位づけと同時処理作業の問題**：重要ではない仕事に時間を費やす。手っ取り早い方法や代替策を求めない。聞き手やエンドユーザーのニーズに基づいて内容を調整することをしない。中断されると、プロジェクトをどこまで進めたかわからなくなる。約束したことを忘れる。1度に複数の活動をこなそうとして、混乱したり途方に暮れたりする。

- **計画と組織化の困難**：効果的な職探しや仕事のプロジェクトの計画を立てられない。細かいことを実行しながら絶えず全体像に気を配るということができない。完成品がどのようなものになるのかわからない。非効率的な情報記録システム。

- **効果のない問題解決**：うまくいかないことを繰り返す。過去の失敗から学ばない。既にあるものを再発明し、無駄な労力を費やす。衝動的に反応したり、少なすぎる情報に頼ったりする。助けを求めない。どんな行動をとるべきかわからないとき、何もしない。

- **感情のコントロールの苦手さ**：出来事に不釣合いな反応。選択肢や影響をよく考えずに行動する。面白味のない仕事をやり遂げる意欲がほとんどない。

第 I 章　職場でよくある問題

第**2**章

不安、怒りなどの感情

　アスペルガー症候群の人の感情の理解、表現、コントロールにかかわ
る困難（Attwood 2007, p.129）は、職場で広範囲にわたる影響を与えます。
怒りや欲求不満、悲哀の不適切な表現は、同僚を不快にさせ、解雇の原
因となる可能性もあります。同僚の悪意のない行動を敵意と誤解すると、
アスペルガー症候群の人は仕事仲間から距離を置くという危険を冒しま
す。不安から衝動的な行動に走り、最終的に仕事を失うこともあるかも
しれません。

　感情の理解と処理に苦労するということは、アスペルガー症候群の人
には、次のような可能性があるということです。

・相手が動揺しているかどうか、また、自分に対して腹を立ててい
　るかどうかがわからない。あるいは、相手がそのような状態のと
　きに気づかない。
・相手が動揺していることはわかるが、なぜなのか、また、どのよ
　うに対応したらよいのかがわからない。
・明らかにそうではないのに、相手が苦しんでいるのは自分が原因
　だと思い込む。
・相手の心の状態を誤解したり、間違ったレッテル貼りをしたりす
　る。

第Ⅰ部　アスペルガー症候群の人の考え方入門

・些細な出来事に大げさに反応し、子どもっぽい行動をしたり、相手を威嚇または脅迫したりする。

　定型発達者が個人的な体験を語るとき、通常、自分がどう感じたかを基に話を組み立てます。これに対して、アスペルガー症候群の人は、感情よりも事実を語る傾向があります。このため、アスペルガー症候群の人には感情がないように見えることがあるのです。また、動揺するような出来事が、事務的に、無表情で語られることもあります。これを、彼には強い感情がないという意味に解釈するべきではありません。彼は自分の感情を明らかにし、表現するのに苦労しているのかもしれないからで、この症状は、**無感情症**として知られています（Attwood 2007, p.130）。さもなければ、普通とは違う方法で感情表現しているのかもしれません。ケイトは厄介な出来事について説明するときに、椅子に腰かけ、顔がひざにほとんどつきそうなほど前かがみになり、それからパッと起き上がります。カイルは、嬉しくなるとスキップを始めます――34歳の人がオフィスでする行動としては異常です。

　キャシーは有名な研究図書館での初級レベルの仕事に採用されなかったと知って失望しました。その数ヶ月前、31歳の彼女は図書館学の修士号を取得し、就職したがっていたのです。

　アスペルガー症候群という診断は、彼女が高校の頃に下されました。それによって、同級生との気まずさやむらのある成績の説明がつきました。特に、国語と社会の授業に苦労していたのです。フィクションを読むことは「悪夢」でした。（想像に任されている部分が多すぎて）話の筋がたどれず、登場人物の心の動きが読み取れなかったからです。物語がまったく意味を成さなかったのです。

　しかし、キャシーは情報を分類し、整理することは大好きでした。「私の脳は、白黒はっきりしているのです」と彼女は説明してくれました。「だから、ルールが好きなのです」

　特別な個別指導を受け、キャシー自身も大いに努力した結果、高校を卒業し、その後5年間で学士号を取得しました。大学図書館でボランティア活動をし、それがとても楽しかったので、図書館学の修士号取得

第2章　不安、怒りなどの感情

を目指そうと決心したのでした。

　キャシーは、弟が既に就職し、自立していたため、職探しに特に神経質になっていました。弟が最近昇進したのだと彼女は語り、涙を浮かべたのです。「家族の中で自分が出来損ないのように感じるのです」と彼女はすすり泣きました。

　私はキャシーが成し遂げたことへと話を換え、修士号を取得するような人は誰も出来損ないではないということを思い出させました。そして、翌週までの宿題を与えました。過去に成功したことを10個リストにしてくるという宿題です。

　「あの修士号を取るために私がどんな苦労をしたか、誰も知りませんよ」

　「あなたが話してくれたことから想像するに、大変だったのですね」と私はねぎらいました。「それをもう1つの宿題にしたらどうかしら。修士号を取るために必要だったことを書いてくるというのを」

　私の提案に、「わかりました！」と彼女は顔を輝かせました。

　翌週、キャシーはコーチングセッションに戻ってきました。私たちは彼女が達成したことのリストを振り返りましたが、それには3年生のときに受賞した最優秀ボランティア賞という栄誉も含まれていました。その後、今度は大学院の学位に向けての旅を振り返りました。キャシーはノートを開き、読み始めました。

　一瞬、私は面食らってしまいました。それから気を取り直し、こう考えました。**当然よ！　彼女はアスペルガー症候群なのだから。**

　私は、キャシーの個人的な苦労や困難についての胸が痛むような話を聞くことになると身構えていたのです。そのかわりに彼女は、修士号を取得するために、確かに必要だったことを、事務的に読み上げたのでした。試験での配慮について教授と話すこと、論文の要点を書くこと、フィードバックを受け、要点を書き直すこと、目録システムについて記憶すること、クラスで発表すること。整った字で書かれた2ページにわたる箇条書きの中に、感情にかかわる回想は1つとしてありませんでした！

　アスペルガー症候群の人は、多くの場合、繊細な心の状態に気づき、

それについて説明する能力が限られています（Attwood 2007, p.144）。そのため、人とのかかわりが、誤解されたり、誤った報告をされたりするのです。

　アスペルガー症候群の人を相手にコーチングを始めたとき、上司が「怒鳴ったり、叫んだりしてくる」と訴えるクライアントが何と多いことかと驚きました。このような劇的な反応は、彼らが語る場面には似つかわしくありませんでした。上司が怒鳴ったり叫んだりしているとき、いったい何が起こっていたのか、もっとよく理解しようと、私は探りを入れました。上司はどんなことを言うのか？　その声は大きいか？　顔は赤いか？　するといつも、アスペルガー症候群の人は何らかのフィードバックを受けていたのであって、上司は実際には声を荒げてなどいなかったとわかるのです。

　私は、リックという若い男性と、図書館で自習室の予約をしようとしていました。受付には誰もいません。近くの事務室に電話で話をしている女性がいるのに私たちは気づきました。事務室の扉にある大きな窓ガラスを通して、彼女の姿が見えたのです。彼女が電話を終えて対応しに出てくるまで、私たちは5分ほど受付で待っていました。

　自習室の鍵を手に、私たちはリックの母親に会うために図書館の中を通り抜けていきました。彼女もコーチングセッションに一部参加してくれることになっていたのです。なぜ鍵をもらうのにこんなに時間がかかったのか、と母親は尋ねました。するとリックは、「女の人が電話で誰かに叫んでいたんだ」と答えたのです。

　その司書が何と言っていたのか私たちには聞こえませんでしたが、彼女のボディランゲージから、言い合いをしていたのではないことは明らかでした。私たちはこの出来事を、非言語的コミュニケーションのレッスンとして利用しましたが、司書が叫んでいる、とリックが考えた理由を突き止めることはできませんでした。

　このような人たちと携わる親や専門家は、「パニック」や「かんしゃく」という言葉になじみがあります。これは、自閉スペクトラム症の人にはよく見られる、深刻な感情的反応のことです。パニックは通常子どもに見られるものですが、大人でも、感情のコントロールを失うことが

第2章　不安、怒りなどの感情

あります。これは突然起こる可能性があります。機嫌がよいかと思っていると、次の瞬間、怒りと不満をぶちまけるのです。

　研究によれば、扁桃体の構造的・機能的異常によって、アスペルガー症候群の人の感情のコントロールの困難が説明できるかもしれないとのことです。トニー・アトウッドの *The Complete Guide to Asperger's Syndrome* には、次のように記されています。

> 　これによって、なぜ子どもや大人が、感情面のストレスの高まりを意識的に自覚しているようには見えないのか、また、その思考と行動が気持ちの落ち込みを示すものではないのか、説明がつく。最終的には感情やストレスがどうしようもないほど膨らんでしまうのだが、もはや認知によって、つまり、思考によって、感情をコントロールできる段階ではなくなってしまうのだろう。ほかの人が気づいて気持ちを立て直してやれるような、感情のパニックを目に見える行動で早めに知らせるシグナルも、アスペルガー症候群の人が自制心を働かせることができるような、意識的な思考への警告シグナルもなかった。(2007, p.145)

　感情のコントロールの苦手さと関連のある、過敏性、激情的な爆発、頻繁な気分変動 (Gaus 2007, p.32) は、職場での生産性を損なう可能性があります。同僚との対立や、がっかりするような知らせに、どのように対処すればよいのかわからないことがあるのです。祭日と重なる週末に有給休暇を取ることを拒まれ、大げさに反応したために、職を失ったクライアントも何人かいます。私の見る所では、感情のコントロールに関して深刻な問題を抱えているクライアントは、大抵、人との頻繁な、かつ、スマートなかかわりが必要な仕事に就いています。

　もちろん、アスペルガー症候群の人でも、自分の感情的反応をコントロールすることができるようになれます。第7章では、効果的だとわかった方法を紹介します。ときには、ストレスの少ない職業を見つけることが解決策となります。認知行動療法 (CBT) は、アスペルガー症候群の人に見られる気分障害の治療に効果的であることがわかっています

（Attwood 2007, p.151）。当然のことですが、気分障害の治療には医師の診療が必要です。

　アスペルガー症候群の人は共感ができず、この特性のせいで、人を傷つけ、侮辱するのだと言われます。しかし、彼らは自分が親切で、繊細で、他者のことを気にかけていると主張し、しかも、それが全面的に正しいのです。私は、アスペルガー症候群の人は共感ができないとは考えていません。彼らは頭で共感するのだと理解しています。

　数年前、アスペルガー症候群の素敵な男性と「共感の問題」について話し合いました。彼は、「誰かが動揺している理由をじっくり考える時間が、いつも数分間必要なのです。そうしたら、共感できるのです」と説明してくれました。

　自閉症研究者のサイモン・バロン＝コーエンはこれを、情動的共感と認知的共感の違いと言っています。バロン＝コーエンによれば、自閉スペクトラム症の人の情動的共感は健全です。彼らは人の気持ちを理解すれば、感情表現としては適切な方法で反応できるのです。問題は認知的共感で、これには相手の気持ちを特定する能力が必要です。認知的共感ができなければ、**本能的に**相手の苦悩に反応することはできません（Baron-Cohen 2011, p.3）。

　他者の思考、感情、視点の理解にかかわる問題（第1章の心の理論を参照）が大きければ大きいほど、適切な方法で状況に対応することに一層苦労します。実際は逆なのに、冷淡、あるいは、思いやりがないという印象を与えてしまうかもしれません。

　ナタリーは重度の身体障害のある子どものための施設で、看護助手として働いていました。12月に数名の子どもが休日のショーを楽しみに劇場に出かけました。休憩中、ナタリーは子ども1人をトイレに連れて行きました。その7歳の少女は、歩くことも、自分で食べることも、話すこともできませんでした。

　ナタリーが子どもの手を洗ってやっていると、案内係が尋ねてきました。「赤ちゃんのお世話に、お手伝いが必要ですか？」

　ナタリーは激怒しました。「この子は赤ちゃんじゃ**ありませんよ！**」そして、障害のある人に、そんな失礼な態度で接するべきではない理由

第2章　不安、怒りなどの感情

を、案内係に説き始めたのです。

　そこに居合わせなかった私でも、それほど重度の身体障害を持つ幼い子どもは、おそらくかなり小柄だったのだろうと想像できました。車椅子に乗っていたその子どもは、ある特定のアングルで部屋の反対側から見たら、2歳以下に見えたかもしれません。案内係が失礼な態度をとるつもりではなかったことは明らかです。

　ナタリーの憤りは、この話を私にしているときでさえ、はっきりと見てとれました。案内係は、援助の申し出に対するナタリーの反応に混乱し、傷ついたに違いありません。さまざまな見え方があることを、ナタリーが目で見てわかるように、その場面を絵にしましたが、彼女が状況を違った目で見ることには役立ちませんでした。

　視点取得の苦手さのせいで、ボブは、まさに初出勤の日に、非常勤の仕事を失うことになりました。上司はボブを作業スペースに案内し、使用するコンピューターのスイッチを入れました。コンピューターが立ち上がるまでの間、上司はボブに電話の使い方を教えてくれました。

　再び注意をコンピューターに戻した上司は、「いつもは、これよりも早く起動しますからね」と言いました。

　「私のせいじゃありませんよ！」ボブは叫びました。

　「あなたのせいだとは誰も言っていませんよ」

　「たった今言ったじゃないですか！」ボブは言い張ります。

　上司はボブに、態度が気に入らないと告げ、彼はその場から連れ出されました。

　この出来事についての報告を検討していたとき、ボブはこう説明してくれました。「あまりにもたくさんの人が私のことを無能だと考えているので、上司もコンピューターが動かないのは私のせいだと責めているのだと思い込んでしまったのです」

　アスペルガー症候群の人は、ほかの人たちが自分の意見や理想、職務の達成方法について同意してくれない場合、とても動揺することがあります。エヴァンは連邦政府の職員でいることにすっかり幻滅してしまいました。秩序と構造と「明確な行動基準」を切望していた彼は、政府のために働いている者なら皆、彼と同じ愛国主義的な情熱を共有している

第Ⅰ部　アスペルガー症候群の人の考え方入門

66

ものと思い込んでいたのです。しかし、同僚たちが民主主義に関する議論に関心を示さなかったので、彼は愕然としました。

「どうしたら、政府のために働いているのに、そういうことを気にかけずにいられるのでしょうか？」と、彼は信じられない様子で尋ねてきました。彼が繰り返し、熱心に、自分の興味のあることにほかの人を引き込もうとすると、数人が人事部に苦情を訴えました。エヴァンにとって、これは良心に照らして受け入れがたいことでした。このような了見の狭さに耐えられず、その後まもなく彼は辞職しました。

アトウッドは、アスペルガー症候群の人が「人は同時に2つの感情を持つことができるということの理解に関して、普通とは違う、あるいは、子どもっぽいとらえ方をすることがある」とも述べています（2007, p.134)。これにより、他者の意図の理解がさらに難しくなると言えます。上司が、部下のある行動には腹を立てているが、それでもなお、部下はよい仕事をしていると考えているということが、理解できない場合があるのです。

ジョセフと私は、ボディランゲージ、特に、より明白なシグナルに気づき、それを正確に解釈する能力を高めようと取り組んでいました。練習のために、私たちはYou Tubeで短い映像を、音声を消して視聴しました。ジョセフに、何が起こっているのか、登場人物がどのように感じているのかを、彼らのボディランゲージと文脈を手がかりに当てさせるのです。連続ドラマから取った短い映像は、私たちの取り組みにふさわしい、わかりやすい感情のドラマを、数多く提供してくれました。

ある場面では、喧嘩をした若い夫婦が登場しました。ジョセフは若い男女がお互いに腹を立てていることを正確に言い当てました。女性が相手について、何か気持ちが乱れるようなことを発見したのだということが、彼にはわかったのです。その後、妻か夫の両親の前で、若い男性が許しを請うていました。

私は、ジョセフの非言語的な側面に対する洞察力をたたえ、彼が正確に解釈してみせたシグナルをすべて再検討しました。

「ボディランゲージに気づくことで、人がどのように感じているのか、本当にたくさんのことがわかるのですね」とジョセフはコメントしました。

第2章 不安、怒りなどの感情

「ええ、驚いてしまいますよね」と私は同意し、こう付け加えました。「それに、同じ状況でも、人が変われば違う反応をすることがあるのは、面白いと思いませんか？」

私は、映像の中の、若い女性の両親として登場した老夫婦に言及したつもりでした。母親は若夫婦に仲直りするよう積極的に働きかけていました。一方、父親は、ただ2、3回新聞から目を上げただけで、喧嘩がよくあることだということを暗に示していました。

これは33歳のジョセフにとって、目新しい情報でした。「そんなことは考えもしませんでした」

エリンの話は、誤解に対する感情的反応が、求職者の努力をいかに台無しにしうるかを示すものです。

一流大学で3年生を終えたのち、エリンは、誰もが望むある投資銀行でのサマーインターンシップを獲得しました。彼女と同僚のインターンたちは、従業員が参加する年に1度のピクニックに招待されました。当初エリンは参加するつもりではありませんでした。集団の中では居心地が悪く、会話を始めるのも困ってしまうからです。「おわかりだと思いますが、アスペルガー症候群なので、人を理解するのが難しいのです」

彼女の両親は、2人とも専門職として成功を収めており、そのピクニックは人脈作りの素晴らしい機会になるだろう、とエリンを説得しました。「父は、私の部門を担当している副頭取に自己紹介するべきだと言っています」と彼女は言いました。「そうすれば、あとで履歴書を送れるから、と」

感心なことに、エリンは不安を押しのけ、ピクニックに参加しました。ほぼすぐに、彼女は副頭取の秘書をしているミーガンを見つけました。ミーガンがインターンに招待状を送ってくれたのです。エリンはメールのやりとりの中で、副頭取に引き合わせてくれないかとミーガンに依頼していました。ミーガンは、何か機会を設けるようにすると返答してくれました。

エリンはミーガンの所に行き、自己紹介しました。

「あれはあなたの上司ではないですか？」と、軽食が置かれたテーブルの近くにいる男性を指しながら、彼女は尋ねました。

第Ⅰ部　アスペルガー症候群の人の考え方入門

68

ミーガンはそちらを向いて人ごみを一瞥し、答えました。「今は忙し
くしていますね。彼が暇になったら、声をかけてみます」そして同僚た
ちとの会話に戻りました。

　ピクニックが続く中、エリンはどんどん不安になっていきました。そ
して、ミーガンを見つけると、もう1度、副頭取に紹介してもらうこと
について尋ねました。

　「彼がどこにいるのかわからないので」と、ミーガンは答えました。
明らかに迷惑がっています。「もし見つけたら、あなたが話したがって
いると知らせますね」

　エリンは怒ってしまいました。

　「信じられませんでした」と彼女は語りました。「ミーガンは、副頭取
に会うことは私にとって重要だと、**知っていたのですよ**。それなのに全
然、紹介の場を設けることすらしてくれませんでした。ミーガンは私に
謝罪するべきです！」

　ピクニックについて分析しながら、エリンはメモを取っていました。
何が起こったのかを理解するのに、彼女が苦労していることが私にはわ
かりました。

　「あなたがピクニックに行ったのは、副頭取に会うためだったのです
ね」と、私は指摘しました。「でも、ミーガンにとって、それは社交的
なイベントで、同僚と楽しむ機会だったのです。きっと、彼女はあなた
を助けようと努力してくれたのだと思いますよ。でも、あなたのために
責任を持って紹介の場を用意してくれると期待するのは、よくないで
しょう」

　「あなたにできるのは」と私は続けました。「彼女にピクニックに招待
してくれたお礼をメールで伝えて、インターンシップが終わる前に、副
頭取との短い面談を手配してくれないか、と依頼することです」

　エリンはそうすることに同意してくれましたが、彼女が私の提案の背
後にある論理的な考え方を完全に理解したとは思いません。彼女はイン
ターンの監督をしていた女性からのフィードバックについても話し合い
たいと希望しました。監督者はエリンに、チームワークのスキルを高め
る必要があると言ったのです。

第2章　不安、怒りなどの感情

「新しい仕事をもらうと、いらいらしてしまうのです」とエリンは言いました。「私の場合、1つずつ取り組んでいかなければなりません。だから、別のプロジェクトを処理できるかどうか、考える時間が必要なのです」

「あなたが躊躇したり、いらいらしているような口調で話したりしたら、あなたにその仕事をしてほしいと思っている人に対して、どんなメッセージを伝えることになりますか？」

私が質問すると、エリンはしばらく考えました。そして、「私がやりたくないと思っていること、それから、私がチームプレーヤーではないということ」と答えました。「仕事は**したいと思っています**。ただ、できるかどうか、考えなければならないだけです」

私たちはエリンのために別のやり方を編み出しました。仕事に関してはすぐに承諾する。その後、処理できるかどうかよく考え、問題があれば、上司に相談する、と。そして、プロジェクトを引き受けるときに、いらだちではなく熱意があるように聞こえる返答を練習するために、何度かロールプレイをしました。

アスペルガー症候群の人に非常によく見られる高レベルの不安は、明らかに、求職中の人と既に職に就いている人に困難な問題をもたらします。不安がアスペルガー症候群の特徴なのか、あるいは、定型発達者の世界で何とかやっていこうとしている結果なのかは、わかっていません。私の考えでは、おもに後者でしょう。

パティは小売店でパートの仕事をしていますが、知らない人とのかかわりを避けるために、ときどき客から身を隠してしまいます。マットは上司に仕事上のちょっとしたミスを訂正され、今、自分は解雇されるのだと確信しています。ジルは電話で話すと緊張するので、履歴書を見て返事をくれた、将来雇ってくれる可能性がある相手に、折り返しの電話をしません。

習慣の変更は、不安の引き金となる可能性があります（Attwood 2007, p.136）。アレックスは仕事に関する両価感情を認めました。自分のスキルを活用してお金を稼ぎたいのですが、いつもの日課が狂ってしまうことを心配していたのです。既に働いている人の場合は、新しい予定やプ

ロセスあるいは上司に、パニックを起こすかもしれません。

アスペルガー症候群の人は、実際には何も問題がないのに、問題を想像してしまうことがあります。マットはその典型です。彼は 3 年以上も同じ会社で働いており、とてもよい勤務評定を得ていたにもかかわらず、たった 1 つのちょっとしたミスのせいで、仕事を失ってしまうと恐れていたのです。

社会的な場面は、明らかに不安の引き金となります。よくあるのは、何を言ったらいいのかわからない、あるいは、間違ったことを言ったりしたりすることへの恐怖です。あるクライアントは、同僚とのかかわりに関する不安をこうまとめてくれました。「仕事に行くことは、戦場に足を踏み入れるようなものです」

完全主義的な傾向から、間違いを犯す可能性に取り乱してしまう人もいます。間違いを恐れて、意思決定に大きな不安を抱くことがあるのです。

さらにもう 1 つの不安の原因が、感覚過敏です。騒音、臭い、その他の苦痛な、あるいは不快な刺激に遭遇する可能性に思い悩むことがあります（Attwood 2007, p.136）。ときには、ほかの人たちに取り囲まれるだけで、とても落ち着かなくなります。

クライアントの人物像

パニックと被害妄想

ウェスリーは、仕事を失いそうだという「パニックと被害妄想」に陥り、私に連絡してきました。引き金となった出来事は、近く予定されている勤務評定でした。

「上司は、私が無能だと気づくに違いありません」と彼は言いました。「それに、私がここ何年もずっと、それをごまかしてきたということにも」

ウェスリーは電子工学系の技術者です。もともと、家庭用電化製品に強い興味があったので、この職業に魅力を感じたのです。四半世紀近く、彼は新技術の開発や複雑な電気システムの設計に携わってきました。現在の雇用主の下では 12 年間働いています。

第 2 章　不安、怒りなどの感情

ウェスリーによれば、ここ10年ほど、仕事に飽きてしまって
いたそうです。この6ヶ月間は、仕事に興味があると「見せかけ
る」ことに、今まで以上に苦労していました。

　「ずっと最新のスキルを身につけていませんし」と彼は打ち明
けてくれました。「ほとんどの場合、自分が何をしているのかわ
からないのです。私の肩書は、シニア・エレクトロニクス・エン
ジニアですが、本当は、ジュニア・エンジニアなのです」

　最近、同僚の1人が、ウェスリーがあまりに多くの質問をしす
ぎると不満を漏らしています。「資料で答えを調べろと言われま
した」とウェスリーは話してくれました。「でも、パニックに
なってしまって、読むことに集中できませんでした。今では、同
僚が上司に、私が無能だと話すのではないかと心配しています」

　ウェスリーは、同僚とかかわることは、たとえメールでも緊張
すると言います。何年も同じ仕事をしているにもかかわらず、社
内に友人はいません。「1人にしておいてほしいだけです」ウェ
スリーは、忙しくないときには、クビになるのではないかと心配
し、プロジェクトに取りかかっているときには、職務を完全に遂
行していないのではないかと恐れていました。

　「10年近く同じ上司で」と私は確認しました。「しかも、彼は
あなたの生産性について、不満を言ったことは1度もないのです
よね」

　「職務遂行能力に関するプレッシャーは、私が自分で作り出し
ていると上司は言っています」とウェスリーは認めました。「上
司は、ちゃんとやっていると言ってくれるのですが、私は信じて
いません」

　あるとき、ウェスリーは、大人として自立した生活ができる気
がしないと口にしました。彼が25年間1人暮らしをしているこ
とを指摘すると、驚いた様子でした。「自分が大人だという**気が
しない**のです」

　彼はさらに、仕事の処理の仕方がわからないと、いつもパニッ
クになると説明しました。「何をしたらいいのか、教えてもらわ

第1部　アスペルガー症候群の人の考え方入門

なければなりません」と言うのです。「いくつかのコンピューターアプリケーションについて、あまりよく知らないので」

「スキルを更新すれば、仕事のストレスはずいぶんなくせるように聞こえますね」と私は指摘しました。「必要な研修は、どうしたら受けられますか？」

「コースを受講すればいいのですが、もう勉強することに興味がないのです」とウェスリーは答えました。「本当に望んでいるのは、何の期待もされない仕事です」彼はためらい、そして笑いました。「現実的でないとは思いますが」

心理療法士は、ウェスリーの特性を本人に教えてくれました。

「アスペルガー症候群のせいで、私の考え方は黒か白かなのだと言われました」とウェスリーは語りました。「それから、私は悲観的すぎるとも」

「全か無かという考え方については、よく聞きます」と私も同意しました。「それに、あなたは否定的な面に固執するようですね。あと、うまくいきそうにないことにも」

数週間かけて、私たちはウェスリーが解雇されそうだという証拠を探しましたが、何も見つかりませんでした。前回の勤務評定は大部分が肯定的でした。また、同僚がウェスリーの上司に、彼があまりに質問しすぎることについて何か話したようには見えませんでした。ウェスリーのプロジェクトは期限までに完成しましたし、品質に関するクレームもありませんでした。

本人の不安にもかかわらず、ウェスリーの最新の勤務評価はやはり肯定的で、彼は昇進しました。上司は確かに、もっと同僚とかかわってほしいとコメントしていました。「毎年そう言われるのです」

勤務評定の件は、あと１年考えずにすむことになり、ウェスリーはストレスの少ない別の仕事を見つけようと決心しました。ここでもまた、ウェスリーは次から次へと問題を見つけていきました。自分が興味のあること（アニメとギリシャ神話）は、給料の高い仕事にはつながらない。さらに４年間かけて学位を得るには

第2章　不安、怒りなどの感情

十分な資金がない。疲れきってしまって、夜間の職業訓練プログラムには通えない。少なくとも今の給料と同じ額を稼げなければ、どの仕事もだめ、と。

　私は、別の職業が本当にウェスリーの悩みの解決策なのか、と疑問を口にしました。最終的には、彼の不安に対処する方法を見つけることが最優先だという点で、私たちは同意しました。私は彼を、自閉スペクトラム症の人の治療を専門としている心理療法士に紹介しました。

　推定では、アスペルガー症候群の3人に1人が、臨床的にうつ状態と言われています（Attwood 2007, p.140）。彼らの生活におけるストレス量を考えれば、これは私にとって驚くことではありません。多くの人が、同級生たちに非難され、からかわれ、仲間はずれにされ、つらい子ども時代を送ってきたのです。中には大人になっても同じ扱いを受けている人もいます。

　これらの成人も、社会による支援制度が不十分なために、孤独と孤立に苦しんでいるのです。ある人の人生で一番に秘密を打ち明けられる相手は、心理療法士以外では私なのだということが、はっきりとわかる瞬間があります。

　デビッドと私は面接スキルの向上に取り組んでいました。彼は意欲が高く、外交的で話好きでした。翌週までの宿題のリストを作り終えたのち、私はデビッドに、誰が練習を手伝ってくれそうか尋ねました。

　「ロールプレイを一緒にやってくれる友だちはいますか？」

　突然、デビッドの顔がこわばりました。そして自分のメモ帳に視線を落としたのです。私は彼のまぶたが震えているのに気づきました。発作かもしれないと思い、30秒ほど私は黙っていました。

　「大丈夫ですか？」

　やさしく尋ねると、デビッドはうなずきました。

　「どうしたのですか？」

　「私には友達がいないのです」とデビッドは答えました。「そのことで、

泣き出してしまうのは嫌なので」

その日から、私はそのような質問の仕方を変えました。今ではこう尋ねます。「手伝ってくれそうな人を、誰か知っていますか？」

長引く職探しで自尊心がそぎ取られていき、その結果、うつ状態に陥る可能性があります。自分の知性を活かせない仕事も、同様です。たび重なる失業は、経済面のストレスだけでなく、羞恥心やうしろめたさをももたらします。シジフォス〔訳注：ギリシア神話に登場する王。巨岩を山頂に運ぶ罰を科されたが、あと少しというところで、岩はいつも転がり落ちてしまう〕のように、最善の努力をしても結果を生むことができないのです。

定型発達者は、まったくの善意から、励まそうとしたり、些細な懸念と思われることをできる限り小さく見せて、楽観的に考えるよう促したりします。当然のことですが、これによってアスペルガー症候群の人は、さらにつらい気持ちになります。

仕事を求めているものの、9時から5時まで働くことに不安を抱いていた、真面目な若い男性のことを思い出します。このスケジュールでは、いつもの時間に夕食が食べられないことになるのです。事情を知らない人なら、彼には意欲がなく、職探しに真剣ではないと結論づけるでしょう。そのどちらも真実ではありません。彼にとっては、予測可能な習慣はとても重要だったのです。

私はこれを取るに足りない問題としては扱いませんでした。そのかわり、彼の不安を受け入れ、いつもの時間に夕食をとりたいという彼の希望を正当なものとして認めました。その後、問題解決モードに入りました。幸いにも、メリットとデメリットを検討したところ、この男性は、働くことの利益の方が、新しい食事時間を採用することへの不安感よりも重要だと判断してくれました。

私のコーチングを受けている人の約半数は、不安、うつ、その他のメンタルヘルスの問題に対処するために、医師にもかかっています。ウェスリーのように、メンタルヘルスの症状の解決が、コーチングに先立って必要となる人もいます。治療を求めることは重要です。数人のクライアントが、抗不安薬の服用を開始して初めて、人と一緒にいられるようになり、就職を考えられるようになったと語っています。

第2章　不安、怒りなどの感情

第 **3** 章

職場で強みを活用するには

　ここまで、自閉スペクトラム症の人の情報処理の方法に見られる違い
と、これによって職場で生じる問題について説明してきました。しかし、
これらの違いは、その人に合った仕事に就き、適切な支援を受けられれ
ば、強みにもなるのです。

　アスペルガー症候群の人の能力が活用できる職業は数多くあります。
定型発達者とアスペルガー症候群の人は、職場で互いに異なる、また、
補い合う役割を果たすと私は考えます。定型発達者は同時に複数の仕事
をこなせるジェネラリストで、アスペルガー症候群の人はスペシャリス
トであり、技術者であり、熟練者なのです。

　定型発達者は幅広いスキルを備えており、多種多様な仕事をこなすこ
とができます。一方、アスペルガー症候群の人は、より範囲の狭い分野
の専門知識や技能を身につけます。前者はアイディアを売ることや集団
内でのコミュニケーションに長けています。後者は細かいことの処理や
独立した仕事に関して頼りになります。

　デビッドは小さなキッチン・バス用品販売代理店で10年間働いてき
ました。この間、彼は自社とその製品に関する百科事典並みの知識を身
につけました。彼の部品番号を思い出す能力と、棚卸しの正確さ、数年
前に起きた出来事を記憶していることに、社長は驚嘆しています。「彼
がいなくなったらと思うと不安だわ」と彼女は言います。「だって、と

第Ⅰ部　アスペルガー症候群の人の考え方入門

てもよくわかっているんですもの」

　フランクは、ホームセンターに勤めて3年間、1日も仕事を休んだことがありません。どんな商品でも、店内の陳列場所へと、記憶を頼りに客を案内できます。

　キャラは、自社の購入手続きについて驚くほど深い知識を持っているおかげで、問題解決の達人です。複雑な手続きをそらで言えるので、従業員は、効率の悪さを指摘する彼女の才能を、「伝説に残る」と評しています。

　どの人にも独自の特徴がありますが、自閉症的な思考と認知のスタイルにかかわる、ある種の強みも存在します。このようなパターンは、クライアントの仕事や所得水準にかかわらず認められます。

　アスペルガー症候群の人は、論理力と分析力に優れていることでよく知られています。これらは自閉スペクトラム症の人に特徴的な（しかし、限定的ではない）ボトムアップ処理スタイルに起因しています（Frith 2003, p.163）。

　ボトムアップ処理はデータ駆動型です。この場合、人は五感から得た情報を、それ自体の価値に基づき分析します。さまざまなデータの断片がつなぎあわされ、1つの結論が引き出されます（Fritscher 2014）。トップダウン処理は、概念駆動型です。文脈、知識、記憶、過去の経験を基に、意味が導き出されるのです（Cherry 2014a）。定型発達者はトップダウン処理を好む傾向があります。

　交差点まで1キロメートル運転せよ、という指示を受けたと考えてみましょう。エクソンのガソリンスタンドがある信号を右に曲がるのです。あなたは出発して、走行距離計が1キロメートル進んだことを示す頃、交差点に到着し、赤信号で止まりました。唯一見えるガソリンスタンドは、モービルです。さて、どうしますか？

　もし読者が定型発達者なら、おそらくモービルのガソリンスタンドの所を右に曲がるでしょう。その決断は、以下に基づきます。

　　・1キロメートル走ってから右に曲がるよう求められていること
　　・交差点、信号、そして、**何らかの**ガソリンスタンドが見えること

第3章　職場で強みを活用するには

77

・エクソンもモービルも、ガソリンスタンドであるという知識
・コンビニエンスストアの名前を混同したことがあるという過去の
経験

これが、大局的なトップダウン処理です。

アスペルガー症候群の人なら、走り続けてエクソンの看板を探す可能
性が高いでしょう。彼は特定の細かな条件、すなわち、走行距離、信号、
右折、エクソンのガソリンスタンドを、すべて満たそうとするのです。
そしてこう考えます。「いったい誰がエクソンとモービルを間違えるっ
ていうんだ？」これはデータ駆動型の、ボトムアップ処理です。

ローレント・モットロン博士は、自閉スペクトラム症の認知神経科学
を専門としているカナダの医師で研究者です。*Nature*誌に掲載された
論文、"The Power of Autism" の中で、彼は科学研究などある特定の
仕事における「自閉症の優位性」について説明しています。

モットロン博士は自閉スペクトラム症の人数名とかかわりがあります
が、そのうちの1人は、彼の十数件もの論文の共同執筆者です。自閉ス
ペクトラム症の人の多くは、プロセスへの興味、パターンを見出す能力、
強い集中力から、科学に向いていると彼は語っています。彼の共同執筆
者は、ほぼ独学ですが「博士号に値する」とのことです（Mottron 2011,
p.33）。

共同執筆者のボトムアップスタイルがもたらすメリットの1つとして、
「アイディアが、入手可能な事実から、ただそれらの事実のみから生み
出されること」があげられます。この結果、極めて正確な論文ができあ
がるわけです。モットロン博士はこれを、彼自身のトップダウン処理ス
タイルと対比させています。博士自身は、まず仮説を立て、それを支持
あるいは否定する事実を探すのです。「同じ研究グループにおいて、2
つのタイプの脳を組み合わせることは、驚くほど高い生産性をもたらし
ます」（2011, p.35）。

自閉スペクトラム症の人は、このボトムアップ処理スタイルのゆえに、
細部重視型と言われます。これにより、彼らは複雑なパターンを認識し、
データを公平に分析することができ、さらには、ほかの人たちが見逃し

てしまう洞察や解決策を明らかにすることができるのです。また、彼らの多くが、大量のデータの中から誤りや異常を見分けるのに優れているのも、このためです。

　ほかにも自閉スペクトラム症の強みとして、長期間にわたり1つの仕事に過度に集中する能力、同じことの繰り返しや決まりきった仕事に対する高い忍耐力があげられます。これらの特性は、科学・学術研究、コンピューターのプログラミング、著述業、組み立て作業、統計分析、織物や絵画などの美術工芸品の制作、データ入力など、多くの仕事において強みとなります。これは、彼らが**決して仕事に飽きない**ということではなく、退屈の閾値が高いということを意味しているのです。

　職場では、これらの従業員は、事実や出来事に関する優れた長期記憶のおかげで、仕事に関する知識を大量に蓄積することができます。クライアントの1人は、ある手順がなぜ導入されたのか説明するよう、繰り返し求められています。しかも、20年近く前の話まで！

　アスペルガー症候群の人は、仕事が終わるまで、それにかかりきりになります。彼らの仕事のスタイルは、一般に几帳面で、仕上がりの質は高く、正確です。また、規則と手続を忠実に守ります。**彼らは、よい仕事をしたい、しかも、正しくやりたいと考えているのです。**

　アスペルガー症候群の人の正直で忠実という特性は、例外なく雇用主に高く評価されています。彼らは、自分が見たありのままの真実を、たとえそれが政治的に正しいことではなくても、あるいは、自分にとって得にはならないことでも、そのまま伝えるという点で信用できます。私は、20年間企業社会で働いてきた経験を踏まえ、王様は裸だ！と口にすることを恐れない従業員から、多くの企業が恩恵を受けると主張したいのです。

　アスペルガー症候群の人が生まれつき変化を嫌うということは、自分に合った仕事を見つければ、それをずっと続けるということを意味します。彼らに対する研修に投資する雇用主は、その後何年間も、忠実な従業員を雇うことになる可能性が高いでしょう。

　最後に、アスペルガー症候群の人は聡明です。アスペルガー症候群と自閉症を（2013年以前に）区別していた特徴の1つは、認知障害がないこ

第3章　職場で強みを活用するには

とでした。アスペルガー症候群の人の多くは、平均より上、ときには、優秀な知能を持っています。興味深いことに、自閉症の人はレーヴン漸進的マトリックス検査で、定型発達者よりも成績がよいのです。この検査では、視覚的なパターンを完成させるために、分析のスキルを使わなければなりません。ある実験では、自閉症の人の方が40パーセントも早く検査を終えました（Mottron 2011, p.34）。

　約15年間、アランは大手国際企業でプロジェクトマネージャーを務めてきました。おもな責務は、製品開発の効率的なプロセスを開発することです。この業界は、多くの規則と規制に支配されています。新製品の発売は、長い時間がかかる複雑な事業なのです。

　アランはこの業界と自社製品についてとても詳しいので、手続きをきちんと踏まなかった場合に発生する問題について、極めて正確に予測することができます。アランは自分の仕事にとても真剣に取り組んでいます。あるプロセスを新たに生み出すときには、それぞれの手順をさまざまな角度から入念に検討します。彼は自分の仕事を、可能な限り最善かつ最も効率的なシステムを作り出すことだと考えているのです。

　アランにとって、手続きを踏むということは、決して破ってはならないルールです。彼は、それに従わない人に対する怒りを隠すのが難しいと感じています。アランは外交家どころかその逆だとわかっているので、上司は今、「アランのルール」の1つを実行しなければならないときには、自分が介入することにしています。これはアスペルガー症候群の人と定型発達者が互いに補い合っている素晴らしい例です。アランの上司は彼の能力を全面的に認めており、彼が難しいと感じている、人とのかかわりの部分を引き受けているのです。

ソーシャル・エンタープライズという優れたビジネス

　現在、革新的な組織が、自閉スペクトラム症の人の特別なスキルを活かす就労の機会を創出しています。

　スペシャリスタナは、2004年に他に先駆けてこの考えを取り入れました。アスペルガー症候群の息子を持つソルキル・ゾンネによってデン

マークで設立されたこの会社では、自閉スペクトラム症の人をソフトウェア検証者として養成しています。ゾンネは、息子には問題だけでなく特別な能力もあると気づき、このアイディアを思いついたのです。ソフトウェアの検証では自閉スペクトラム症の強みを活用します。つまり、集中力、細部への注目、そして正確性です。スペシャリスタナ（デンマーク語で「スペシャリスト」の意味）は、マイクロソフトやオラクルなどの顧客に検証サービスを提供しています。

スペシャリスタナはヨーロッパで事業を拡大し、2012年にはアメリカ合衆国にも拠点を築きました。ゾンネは自閉スペクトラム症や同様な問題を持つ「スペシャリストの人々」のために、世界中で100万件の仕事を生み出すという目標を掲げ、スペシャリスト・ピープル財団を設立しました（www.specialisterne.com を参照）。

アスピリテック（www.aspiritech.org）は、2008年にブレンダ・ウェイツバーグとモッシェ・ウェイツバーグ夫妻によって設立されました。彼らにもアスペルガー症候群の息子がいます。アスピリテックでは、自閉スペクトラム症の人をソフトウェア検証者として養成し、雇用しています。そして、顧客企業からの外注を受け、検証サービスを提供しています。

アスピリテックは、毎年世界中から何百通もの応募書類を受け取ります。採用される人は、コンピューターの基礎に精通しており、シカゴ郊外にある同社のオフィスからそれほど遠くない通勤距離圏内に住みます。現場実習は約1ヶ月です。検証者はソフトウェアのバグを見つけるためのテストスクリプトの使い方を学び、その後、独自のスクリプト作成へと進みます。

無事研修を終えた人は、アスピリテックに雇用されます。ほとんど全員が非常勤です。中には、別の会社で常勤の仕事に採用される人もいます。アスピリテックは顧客企業のプロジェクトと各検証者の能力をマッチさせます。例えば、一部の検証者は顧客企業の現場を訪れ、プロジェクトについて話し合います。しかし、アスピリテックの従業員の中には、対面の会議や電話をかけることさえも、かなりのストレスになる人がいます。このため、アスピリテックでは、インターネット上で顧客とのコ

第3章　職場で強みを活用するには

ミュニケーションができる、クラウドベースのスプレッドシートを活用しています。

アスピリテックでは、口頭の指示を補うために、文字資料を検証者に提供しています。また、検証者は、プロセスを手順ごとにまとめた「虎の巻」〔訳注：アスペルガー症候群の人に理解しやすいように作成された視覚的マニュアル〕も参考にします。従業員は、疲労困憊してしまうことがないように、センサリールーム〔訳注：感覚刺激を調整したり、遮断したりして、落ち着いて過ごせるようにした静かな部屋〕を利用することができます。

アスピリテックは30近くの顧客企業と取引があり、そのほとんどがリピーターです。同社は、自閉スペクトラム症の労働者の雇用と、それらの労働者が提供する質の高いサービスという2つの使命を売りとしています。アスピリテックの自閉症スペシャリスト、マーク・レイザーによれば、顧客は検証者について、「ほかの人たちが探そうと思うことすらしないバグを見つける」とコメントしているそうです。さらに彼は、アスピリテックの顧客企業の管理職や重役は、自閉スペクトラム症の人と個人的なつながりがあることが多い、と付け加えています。

同様な組織は、アメリカ合衆国のほかの地域や、ほかの国々にも存在します。ニューヨーク市のULTRAテスティング、イスラエルのAQA、日本のKaien、英国のseeDetailなどで、今後さらに増えるのは確実です。

ザ・スペシャリスト・ギルド（http://specialistsguild.org）は、自閉スペクトラム症の人がやりがいのある仕事に就くための準備として、職業訓練とインターンシップを実施しています。2011年にサンフランシスコで設立されたザ・スペシャリスト・ギルド（TSG）は、現在、ソフトウェア検証の研修コースを設けています。10週間にわたる指導を受けたあとは、有償無償のプロジェクトを通じてスキルを磨きます。およそ1年間、TSGの有給インターンとして働くのです。インターンは、コミュニケーションをはじめとする「ソフトスキル」の指導を受けます。

インターンシップが終わると、TSGはインターンが正社員の職に就けるよう、就職活動に協力してくれます。

設立者のアンディ・アクゼルとルビー・アクゼル夫妻は、アンディが

ハイテク産業出身のため、ソフトウェアの検証に焦点を絞ることにしました。彼らは、このモデルを地元のコミュニティに合わせて改良するよう勧めています。それには3つの段階があります。

1. コミュニティ内で需要のある仕事を見つける。
2. 職業訓練が受けられるようにする。
3. インターンシッププロジェクトが実施できるように、企業と連携する。

　この場合の仕事は、当然、自閉スペクトラム症の人の能力に合ったものでなければなりません。アクゼル夫妻は4ヶ月以内で終えられる職業訓練が望ましいと言っています。彼らは国際ソフトウェアテスト資格認定委員会が定めた手続きに基づき、独自のソフトウェア検証カリキュラムを作成しました。しかし、このような事業の立ち上げに、特別なカリキュラムの開発は必ずしも必要ありません。アクゼル夫妻は、コミュニティカレッジや職業訓練校にも、短期間で就職に備えるためのプログラムがあるかもしれないと指摘しています。

　インターンシップはTSGモデルに欠かせない部分です。TSGは、大学の学位を取得した（あるいは取得見込みである）が、就職先を見つけようとしてもうまくいかなかった人を採用候補者として探しています。応募者の中には、就職の機会が限られてしまう哲学などを専攻として選んだ人もいれば、面接で自分を売り込むことができなかった人もいます。多くは、履歴書に記すことができる何らかの職業経験が1つもないまま、TSGにやってきます。インターンシップは、職業経験に加えて、自尊心や自信ももたらしてくれるのです。

　STEMフォース・テクノロジー（www.stemforcetechnology.com）の使命は、STEM関連の仕事に興味のある若者の就労実績を上げることです。STEMとは、科学（science）、技術（technology）、工学（engineering）および数学（math）の各分野を示す言葉の頭字語です。同社はアリゾナ州テンペを拠点としていますが、ここには多くの新興技術系企業の本社が置かれています。

第3章　職場で強みを活用するには

ギャレット・ウェストレイク博士は、2011年に同社を設立しました。彼は、有能で大学の成績の平均点（GPA）も高いのに就職できないアスペルガー症候群の若者の数が、増えていることに気づきました。ウェストレイク博士は、アリゾナ州立大学の副学生部長で、障害サービス課長も務めています。「若者の大学への移行支援はうまくいくようになりましたが」と彼は言っています。「彼らは必要な就職準備対策を利用できていないのです」

　ウェストレイク博士は、学生のインターンシップ受け入れ先、また、最近の卒業生の就職先として、地元の雇用主の協力を得ています。学生たちは非常に高機能で、求められているスキルも備えています。博士はまた、高校2年生と3年生を対象に、2日間のアスペルガー・リーダーシップ・アカデミーを開催しており、売りになるスキルが身につけられる専攻科目選びを支援しています。2013年、STEMフォース・テクノロジーでは、ソフトウェア検証者養成プログラムを新たに設けました。

　ウェストレイク博士はSTEMフォース・テクノロジーについて、コミュニティレベルでよりインクルーシブな職場を生み出すことに取り組んでいる「ソーシャルインパクト」企業だと説明しています。そして、親が自分の勤務先で、自閉スペクトラム症の若者のためのインターンシップや就労の機会を切り開くために、積極的な役割を担う必要性を強調しています。

　アスペルガー症候群の人が皆、ハイテクの仕事に興味や才能を持っているわけではありません。しかし、これらのモデルは、生命科学、金融、サービス業など、多種多様な分野に適応させることができます。

　グリーン・ブリッジ・グローワーズ（www.greenbridgegrowers.org）は、農業の会社で、年間を通して作物を育てるためにアクアポニックスを利用しています。インディアナ州のサウスベンドに拠点を置く同社は、自閉スペクトラム症のクリス・ティドマーシュと、彼の母親、ジャン・ピラルスキーによって設立されました。その使命は、持続可能な生産と、自閉スペクトラム症の人のための仕事の創出です。

　アクアポニックスとは、魚と植物を一緒に育てる技術です。クリスはこう説明しています。「生産性の高い、閉鎖的な循環システムです。魚

が植物に肥料を与え、植物は魚のために水を浄化します。従来の農業に比べて水の使用量が90パーセント少なく、早く収穫できて1年中栽培できるという競争面での有利さもあります」

　グリーン・ブリッジ・グローワーズは、リーン・スタートアップ・ビジネスモデルを利用して始められました。これは、アイディアを実証するために試作品を作り、その後、事業の成長とスケールアップに必要な追加資金を求める方法です。

　2013年の夏に試作が開始されました。グリーン・ブリッジ・グローワーズは、現在、最高級レストランや地元のホール・フーズ・マーケット社に農産物を販売しています。試作のための資金は、障害のある人にサービスを提供している地元の非営利団体が負担してくれました。また、地元の大学は、アドバイスと人材育成をしてくれました。ジャンが言うように、それはコミュニティに根ざしたソーシャル・エンタープライズなのです。同社は現在、大規模な商業用温室設備を建設中ですが、これはクラウドファンディングと地域の支持者からの寄付金によって賄われています。

　この投機的な事業を始めるきっかけとなったのは、クリスが従来型の職場でやっていくことの難しさでした。大学を卒業したのち、クリスは環境問題について研究し、執筆する仕事を見つけました。口頭の指示の理解や対応に苦労するので、彼は業務内容をメールでやりとりしたいと希望しました。ですが、その会社では難しいことがわかり、この仕事はうまくいかなくなりました。

　クリスは大学で科学と有機農業に興味を持つようになり、化学、環境研究とフランス語の学位を取得し、農業系のインターンシップにもいくつか参加しました。アクアポニックスなら、屋外での仕事と植物を育てることの楽しみだけでなく、彼の化学への情熱も活かすことができます。

　母親のジャンは、以前は地域のまとめ役で、著述家でもあり、プロジェクト開発も手がけ、大学職員や教師の仕事もしていました。最近になって都市型農業に注目し、クリスとともに園芸専門家の資格を得たのです。

　クリスとジャンは、アクアポニックスはSTEM産業だと強調してい

第3章　職場で強みを活用するには

85

ます。この仕事には、自閉スペクトラム症の強みである、反復的で正確性を要する作業が多数含まれます。水質のチェックをしなければなりませんし、植物の種まき、水やり、植え替え、そして収穫もしなければなりません。魚と農産物の成長も測定しなければならないのです。

　自閉スペクトラム症の従業員に研修を行うために、同社では、手順を1つひとつ文字で書いた指示やチェックリスト、栽培過程の写真など、視覚的資料を活用しています。研修マニュアルでは、作業の手順、決まったやり方、繰り返しについて、わかりやすく説明しています。また、従業員が自分のやるべきことを思い出せるように、カレンダーやアプリが使われています。

　これらのソーシャル・エンタープライズは効果的であり、必要ではありますが、自閉スペクトラム症の人の能力を活用する方法について、雇用主が教育を受けることも重要です。国際的な進取の気風あふれるソフトウェア会社、SAP AGの主導でこれが行われつつあるという、胸の躍るような証言があります。

　2013年、SAPは、2020年までに自社の労働力の1パーセントを自閉スペクトラム症の人とするという目標を立てました。SAPは、自閉スペクトラム症の人の特別なスキルを職場で活用するために、彼らを採用しています。本書執筆時の2014年春の時点で、ブラジル、ドイツ、インドおよびアイルランドで、試験的な計画が実施されています。また、現在、アメリカ合衆国とカナダでも、同様な計画が始まっています。

　アメリカ合衆国におけるこの自閉スペクトラム症イニシアティブを監督しているのが、ホセ・ヴェラスコで、彼自身、自閉スペクトラム症の若年成人2人の父親です。彼は即座に、これは慈善事業ではない、と指摘します。SAPにとって、これは、会社の前進に手を貸せる、創造力あふれる有能な、しかし、まだ利用されていない、労働者予備要員を活用する機会なのです。STEMの世界では多くの組織がそうであるように、SAPも、仕事の欠員を埋めるために要件を満たす採用候補者を見つけるのに苦労しています。ヴェラスコによれば、SAPのニーズを満たす適切な資格と能力を備えた自閉スペクトラム症の人は大勢いるそうです。

第 I 部　アスペルガー症候群の人の考え方入門

SAPはスペシャリスタナと連携しており、スペシャリスタナが自閉スペクトラム症の人に対する特別な研修を行っています。また、カリフォルニア州リハビリテーション局（DOR）から、初回研修の資金援助を受けています。SAPはDORに、自閉スペクトラム症の人の能力にマッチすると思われる仕事の欠員を伝えます。DORとスペシャリスタナは要件を満たす候補者の採用活動を協力して行い、候補者はSAPが主催するワークショップで選考されます。適切な資格を持つ人は、その後SAPのオフィスで行われる4週間の研修に招かれます。

　研修はスペシャリスタナによって行われますが、この研修が、従来の面接のかわりとなる、詳細な評価プロセスとしての役割を果たします。これにより、候補者は自分の（社会的な知識ではなく）潜在能力を実際に示し、同時に、SAPに慣れることができるのです。参加者は、自分があくまで採用候補者であること、また、雇用は保証されていないことを理解しています。

　研修では、ハードスキルに加えて、チームでの仕事の仕方、指示の聞き方と指示への従い方など、さまざまなソフトスキルも取り上げます。この間、候補者は将来上司となる可能性のある相手とかかわる機会を何度か持ちます。上司もまた、自閉スペクトラム症の人と一緒に仕事をする方法について、研修を受けるわけです。

　トランスアクセスと呼ばれる地元の非営利団体の代表が1人、スペシャリスタナの指導者に影のように付いて学びました。トランスアクセスは、障害のある人に移行・雇用サービスを提供しています。DORの認定事業者で、将来的には、SAPの採用候補者に対する研修を行うことになっています。

　新たな従業員は、さまざまな支援を受けます。彼らはスペシャリスタナの指導者に連絡をとることができます。SAPは、従業員の作業チームに所属していない、自閉スペクトラム症の人に親近感を持っているメンターを置きます。トランスアクセスは、雇用から90日間、現場でのジョブコーチを行います。

　ソフトウェアの開発と検証以外にも、SAPは、技術文書作成者やビジネスプロセス分析者として、自閉スペクトラム症の労働者を採用して

第3章　職場で強みを活用するには

います。

　これらの組織は、自閉スペクトラム症の従業員が財産になりうるという強力なメッセージを送っているのです。このような取り組みが今後も広がると、私は信じています。今ではとても多くの人が、自閉スペクトラム症の人を誰かしら知っているのですから。ある人事部長が最近私にこう話してくれました。「5年前だったら、アスペルガー症候群のことを言われても、何の話をしているのかわからなかったでしょうね。でも今は、アスペルガー症候群の人を何人かあげられますよ」

　雇用主の集まりで話をするとき、私は大規模な、企業レベルのプログラムを作る必要はないのだと強調します。地元のアスペルガー／自閉症協会と連携して、インターンシップを始めたり、仕事の欠員を埋めるために要件を満たす候補者を募集したりしている会社を、私は知っています。共通しているのは、これらの取り組みが、自閉スペクトラム症の子を持つ従業員によって始められたということです。

　アスペルガー症候群の従業員が生産性を上げ、成功を収める手助けをするために、雇用主ができることは数多くあります。

・研修を細かく分割する。
・さまざまな作業や業務が全体としてどのように収まるのか、ある特別な手順や過程がなぜ重要なのかを説明する。
・口頭による情報を補うために、書面による指示、概要およびチェックリストを与える。
・期待されることを具体的に、かつ、数値で測定できるようにする。（「1時間に30件以上入力しなければならない」など）
・曖昧で抽象的な指示（「プロジェクトを自分のものにしなさい」など）は避ける。
・いかなる職務遂行能力の問題も、わかりやすい明確な言葉で伝える。
・行動や態度の問題のように見えても、大抵はコミュニケーションの問題であることを忘れない。
・社会規範について説明をしたり、人とのかかわりを促したり、質

第Ⅰ部　アスペルガー症候群の人の考え方入門

問に答えたりしてくれる「職場のバディ」やメンターを任命する。

・可能であれば、「チームワーク」の基準を緩め、仕事の技術面に
集中できるようにする。

・感覚処理の問題を真剣に受け止める。

・短い休憩をとることを許可する。

　職場での具体的な配慮については、第8章で取り上げます。

　これはアスペルガー症候群の人がスキルを身につけたり、職場の規範
に適応したりする必要がないということを示唆するものではありません。
しかし、定型発達者が柔軟性を発揮し、アスペルガー症候群の人に歩み
寄れば、誰もが満足できるのです。

第3章　職場で強みを活用するには

第II部
就職と職場定着のための
コーチングの方略

第 **4** 章

アスペルガー症候群の人に対するコーチング

コーチングの発展

　現代のコーチについてのうまいたとえは、今の自分となりたい自分とを結ぶ、ときにでこぼこの道を、うまく切り抜ける手助けをしてくれる専門家、というものです。

　「コーチ」という言葉の起源は、15世紀のハンガリーのコチ村にあります。そこで、kocsi szeker（「コチから来た荷馬車」）が生まれたのです。それは、世界初のサスペンションを利用した馬車と考えられており、でこぼこした舗装されていない道を行く乗客に、揺れの少ない快適な乗り心地をもたらしました（Skedgell 2012）。1800年代にはオックスフォード大学で、試験中、学生を支えながら「運ぶ」家庭教師を指す俗語として、「コーチ」という言葉が使われていました（De Haan 2006）。

　トマス・レナードは、1980年代後半にパーソナルコーチングという職業を開発したとして、広く評価されています。ファイナンシャルプランナーを職業としていたレナードは、顧客がしばしば経済面のアドバイス以上のものを求めていることに気づきました。彼らはもっと満足できる生き方を知りたがっていたのです。ある顧客に、なぜ人生のコーチのような人がいないのだろうかと尋ねられ、レナードはその可能性を追求

第II部　就職と職場定着のためのコーチングの方略

し始めました (Leonard n.d.)。1992 年、レナードはプロのコーチを養成
し、認定するコーチ・ユニバーシティを創設しました。そして 1994 年
には、国際コーチ連盟 (ICF) を設立したのです (Leonard 2003)。

　現在、ICF は、養成プログラムの認定、調査研究の実施、業界会議の
開催、文献の出版を行う国際的な専門家協会です。ICF が出資した研究
によれば、コーチングは、数十億ドル規模の世界的な業界です (Interna-
tional Coach Federation 2012)。コーチングの専門分野としては、2、3 例
をあげると、人生・生活面のコーチ、健康面のコーチ、人間関係のコー
チ、ビジネスのコーチ、ADHD のコーチなど、さまざまな種類があり
ます。企業は上級管理職の能力向上のために、年間 10 億ドルを管理職
のコーチングに費やしています (Dingfelder 2006)。

　コーチは、コーチング対象者の目標達成の支援に重点的に取り組む戦
略家、親友、メンターとしての役割を果たします。過去の葛藤や問題に
取り組む心理療法とは異なり、コーチングは未来に向けて行動を起こし、
計画を立てるのです。コーチングは、また、コンサルティングとも異な
ります。コーチは、クライアントの問題を解決する専門家としての役割
を果たすのではなく、クライアントが自分で解決策を見つけ、処理能力
を高める手助けをするのです。

　コーチングを、アドバイスを与えることと混同してはなりません。プ
ロのコーチはクライアントにアドバイスを**しない**よう特に訓練されてい
ます。人は一般に、ほとんどのアドバイスに従いません。これは、アド
バイスがそれを与える者のニーズや経験、思考過程を反映しているから
です。

　コーチはソクラテスのような問いかけをして、クライアントが枠にと
らわれずに考え、選択肢を検討し、**自分にとって**うまくいく解決策を見
つけられるように手を貸します。*Quiet Leadership* の中で、管理職の
コーチを務めるデビッド・ロックは、脳が情報を保存し、整理し、検索
する方法が、1 人ひとりいかに異なるかを説明しています (Rock 2006,
p.8)。彼はこう書いています。「他者のために思考することは、自分の
労力を無駄にするだけではない。それは、他者が正しい答えをひねり出
す妨げにもなるのだ」(p.9)。

第 4 章　アスペルガー症候群の人に対するコーチング

私がこう言ったと想像してみてください。「メールへの返事は午前9時と午後3時だけにするべきです」おそらく読者は私に、そのスケジュールがなぜうまくいかないかを話し出すに違いありません。けれども、もし私が、「どうしたら、もっとうまくメールを管理できますか？」あるいは「優先順位を決めるのに助けが必要なのは、どんなことですか？」と尋ねたらどうでしょうか。これらの質問は、読者が納得できる解決策へと焦点を移すものです。同様のことは、「人に任せられるのはどの仕事ですか？」、「その週の優先事項のリストを作ったら、どれぐらい役に立つでしょう？」など、オープンエンドの質問という枠組みの中で提案がなされたときにも起こります。

　私はコーチングのテクニックを利用しますが、それらをアスペルガー症候群の人のニーズに合わせて改善しています。本章の後半で、その方法を紹介します。

　コーチングは心理療法ではありませんが、積極的傾聴、共感、認知再構成、強化とリフレーミングなどの治療テクニックを多数利用しています。

　カール・ロジャースの人中心のアプローチは、クライアントの「無条件の肯定的配慮と受容」を促進するものですが（Peltier 2001, p.69）、これはアスペルガー症候群の人と接するとき、特に適用できます。彼らの多くは、生涯にわたり、いじめを受けたり、仲間はずれにされたりしてきました。多くの場合、定型発達者は、「人とうまく合わせよう」とすることがいかに大変か、気づいていません。

　想像してみてください。自分は知らないのに、「わかっているはずだ」と言われ、その後、間違ったことを言ったりしたりしたために非難された、と！　あるいは、失礼だと言われたが、なぜだかわからないし、問題の解決方法もわからない、と。自分の知的能力や教育水準よりもはるかに低い新入社員レベルの仕事をクビになったとしたら、自尊心にどんな影響が出るでしょうか？

　クライアントの感情や経験を受け止め、その正当性を認めると、彼らは目に見えて緊張を解きます。中には、そうしてくれたのは私だけだと言う人もいます。そのときの会話はこんなふうに進んでいくでしょう。

第Ⅱ部　就職と職場定着のためのコーチングの方略

「同僚の文法の間違いを直して、手伝ってあげたと思ったのですね」
と私は語りかけます。「でも、彼女の方は、あなたがほかの人たちの前
で間違いを指摘したので、失礼だと思ったわけですね」

「そうなのです！」と、クライアントはホッとため息をつきます。「誰
もわかってくれないのですよ」

コーチは、クライアントの話をきちんと聞いて理解していることを伝
えるために、積極的傾聴のスキルを利用します。同じスキルをアスペル
ガー症候群の人に教えることができます。すべての人が、聞き返しや言
い換えなどのテクニックを習得できるわけではありません。しかし、注
意を払っていることを知らせるために、うなずいたり、「うん、うん」
と言ったりするなど、基本的なことでも、コミュニケーションの向上に
つながるでしょう。

アレックスはインターネット上で、積極的傾聴に関する記事を読みま
した。アスペルガー症候群には典型的なことなのですが、彼は「積極
的」という言葉を、まさに文字通りに解釈しました。

「僕が積極的に傾聴しようとするたびに、相手がそうさせてくれない
のです」

私は、積極的傾聴という言葉の定義と、それがうまくいかなかった例
を2つあげるよう求めました。アレックスにとって、**積極的**とは、ア
ドバイスをしたり、自分の個人的な経験に関する話をしたりすることを
意味していました。本当は、相手が言葉や顔の表情、口調やしぐさで伝
えている内容を理解するために耳を傾けることだと知って、彼は驚いて
いました。

アレックスはまず、人の話を中断せずに傾聴する練習を始めました。
すると、もっと明確な言葉以外の合図があることに気づき出しました。
数週間経つと、彼の行動は以前よりも控えめになりました。

コーチングは、心理分析ではなく、行動にかかわるものです。しかし、
コーチは、クライアントが防衛機制と自滅的行為について理解できるよ
うに、フロイトの精神力動論のさまざまな側面を利用することがありま
す（Peltier 2001 pp.24-25）。フロイトの理論を基礎として利用しながら、
コーチはコーチング対象者の人間関係や経験、世界観を理解するために、

その「頭の中」に入り込もうとするのです。精神力動的アプローチには、特に無意識の、また、さまざまな人格構造の間で働く、人の内なる衝動や力の相互作用に基づいて人間の機能を理解する、心理学のすべての理論が盛り込まれています（McLeod 2007）。

　会社勤めのクライアントの場合、このような考え方が他者の行動の理解に役立ちます。例えば、否認、合理化、投影などの人間の防衛機制に気づくことによって、職場での駆け引きが説明できます。

　コーチングの際、私はパラレルプロセス（Peltier 2001, p.40）に細心の注意を払います。これは、クライアントに対する私の反応は、その人に対するほかの人の反応と同じであるという意味です。アスペルガー症候群の人は一般に、自分の行動が他者にどう影響を与えるか、よくわかっていません。コーチングセッション中のやりとりに、いつの間にか私自身が混乱したり、いらだったりしているなら、クライアントの同僚も、おそらく同じ行動を経験し、同じ反応をしているのです。

　CBT〔訳注：認知行動療法〕の原則は、広くコーチングに適用できます。これにより、ある出来事に関する考え方が、感情と行動にどのように影響を与えるかが理解できるようになるのです（Briers 2012, pp.5-6）。大勢のクライアントが、自分の職務遂行能力を損なっているさまざまな思い込みや限界を設ける考え方を克服することを学びました。

　高機能の人には、認知の歪みという概念を紹介したところ、うまくいきました。認知療法分野の先駆者、デビッド・バーンズ博士は、名著、*Feeling Good: The New Mood Therapy*（邦訳『いやな気分よ、さようなら──自分で学ぶ「抑うつ」克服法』野村総一郎、夏苅郁子、山岡功一、小池梨花、佐藤美奈子、林建郎 訳　星和書店 2004 年）の中で、歪んだ思考に共通する10 のパターンを明らかにしています（Burns 1999, pp.42-43）。

1. **全か無か思考**：人や状況について、善か悪か、正しいか間違っているか、賢いか愚かかなど、絶対的な視点から判断する。
2. **破滅化**：悪い結果が起こる可能性を誇張する傾向。上司に業務上のミスを 1 つ指摘されると、自分を解雇しようとしているのだと思い込んでしまう。

第Ⅱ部　就職と職場定着のためのコーチングの方略

3. 「すべき」思考：自分自身を含む人に期待される行動や物事のやり方に関して、厳格なルールを設け、ルールが破られた場合に起こる結果を大げさに考える。エレンは、同僚たちについて、常に期限を守るべきであり、さもなければ解雇されるべきだと考えている。

4. 個人化：人がある特定の行動をした理由は自分にあると思い込み、ほかの理由を検討しない。「トッドは私のことが好きではないので、私に挨拶をしなかったのだ」

5. 結論の飛躍：心の読みすぎとは、誰かが自分に対して悪く反応したと結論づけることで、これが真実である証拠は何もない。「ダンは、私のプロジェクトを遅らせたいので、私のコンピューターを修理してくれなかったのだ」また、先読みの誤りとは、失敗の可能性があることを、確定的な事実として先読みしてしまうことである。「プロジェクトが失敗して、私は仕事を失うのだ」

6. レッテル貼り：自分自身やほかの人にネガティブなレッテルを貼ること。しかも、その結論を支持する証拠はない。「同僚たちは私の代理をしてくれないので、自己中心的で、助けにならない」または「私を昇進させないなんて、部長は間抜けだ」

7. 心のフィルター：ネガティブな情報だけに注目し、ポジティブな情報はフィルターに通して除去してしまう。ジルは勤務評定に1つあった「改善が必要」で頭がいっぱいになってしまい、「期待を上回っている」という全体評価と昇進勧告に気づかなかった。

8. マイナス化思考：プラスの体験を、重要ではないと主張する。「その賞は誰にだってとれた」

9. 感情的決めつけ：自分の感情が真実だとする信念。「自分が愚かな気がする、だから、私は愚かに違いない」または、「失業するのではないかと心配だ、だから、すぐ解雇されるに違いない」

10. 一般化のしすぎ：1度きりの出来事について、世の中すべてそうだとする主張。スプレッドシートに間違った式を1つ入力してしまったために、自分は予算を立てるのが下手なのだと思い込む。あるいは、間違った地下鉄の駅で降りてしまうと、自分は公共交

通機関が使えないと思い込む。

　認知の歪みは、アスペルガー症候群の人に特有とは言えません。しかし、不安、頑固さ、他者の動機や意図を理解するのが難しいこと、慢性的な思考など、自閉スペクトラム症のいくつかの特徴から、そのように見えるのです。

　ヴァレリー・ガウス博士は、*Cognitive-Behavioral Therapy for Adult Asperger Syndrome*（2007）（邦訳『成人アスペルガー症候群の認知行動療法』伊藤絵美監訳　吉村由未・荒井まゆみ訳　星和書店　2012 年）の中で、CBT モデルの適用の仕方について、以下のように説明しています。

　　　私は、AS〔訳注：アスペルガー症候群〕の人々が、認知の偏りのいずれに対しても脆弱であり、一般の成人と同様に、それぞれの患者が独自の偏りの傾向を持っていることを見出した。しかしながら、私が出会ったあらゆる AS 患者が有している偏りがあった。それは「全か無か思考」である。（Gaus 2007, p.171）

私の経験もこれを裏づけるものです。

　CBT によって、人は出来事に関してより現実的な視点を得られるようになります。状況を解釈し、これに対応する方法が選べるのだと理解することで、職場でうまく対処することが容易になる人もいます。一方で、自分の感情に適用する場合、選択という概念を理解することがとても難しくなる人もいます。

　最後に、コーチングでは、行動は個人の性格よりも、他者と場面の文脈の影響をより強く受けると主張する、社会心理学の考え方を利用しています（Peltier 2001, pp.136-137）。

　社会心理学者は、「現実世界」での実験や検査を考案することによって、行動を観察し、理解しようとします。最も有名な例が、スタンレー・ミルグラムの電気ショック実験です。1960 年代にイェール大学の心理学者ミルグラムは、質問に対して学生が間違った答えを言うたびに参加者は彼に電気ショックを与えなければならないという実験を計画

しました。間違いが続くと、電圧が上げられるというのです。

　実は学生は実験計画者側の人間で、実際には電気ショックをまったく受けていませんでした。しかし、実験の参加者は、彼が電気ショックを受けているものと信じていたのです。「電圧」が上がるにつれて、学生の反応は強烈さを増していき、実験から解放してくれと懇願するようになりました。実験に疑問を抱き、罰を与えたくないと考えた参加者もいましたが、実験計画者側の代表は、学生の懇願を無視して続けるよう参加者を説得しました。

　誰もが驚いたことに、参加者の 65 パーセントが、学生に最大のショック（参加者は 450 ボルトだと信じていました）を与えたのです。この結果は、本来ならば非暴力的な人に、社会的環境がいかに影響を与え、実験計画者の指示に従わせられるかを示すために使われました（Cherry 2013）。

　社会心理学の理論は、集団力学の力と、定型発達者がいかに社会力学に基づいて行動を調整しているかを理解することに役立てられます。定型発達者は、個人の行動が他者にどのように影響を与えるか、また、職場の文化的規範を守ることの重要性を、認識できるのです。

　ここまで、コーチングで利用されている心理学の理論をいくつか簡単に説明してきました。さらに詳しく学びたいと思われる読者には、ブルース・ペルティエ（2001）による、*The Psychology of Executive Coaching, Theory and Application* およびジェニファー・ガーヴェイ・バーガーとキャサリン・フィッツジェラルド（2002）が編集した *Executive Coaching, Practices & Perspectives*（邦訳『エグゼクティブ・コーチング』日本能率協会コンサルティング訳　日本能率協会マネジメントセンター 2005 年）をお勧めします。

コーチングモデルの適応

　コーチングでは、対象者の目標達成を支援するために、その人に合わせて考案された 1 対 1 のサポートを提供します。このプロセスには、目標の設定、妨げとなる問題の特定、ブレインストーミングによる解決策の考案、そして、実行可能な活動計画の作成が含まれます。

第 4 章　アスペルガー症候群の人に対するコーチング

定型発達者とアスペルガー症候群の人は、どちらもコーチングの実用性から同じように恩恵を得ます。しかし、コーチングサービスを求める理由や、妨げとなる問題の性格、成功する介入のタイプには、注目すべき違いがあります。

　定型発達者は一般に、自分の生産性を強化し、リーダーシップ能力を向上させるために、あるいは、今以上に満足感が得られる職業の選択肢を模索するために、キャリアコーチングを求めます。会社が従業員のコーチングに出資する場合、そのほとんどは、専門的な能力の開発というくくりの中で、手当として支給されます。

　アスペルガー症候群の人は、問題に対処するためにコーチングを求めます。職探しの過程で途方に暮れてしまった人や、自分にふさわしい仕事が何かまったくわからない人、また、就職面接で自分を売り込もうと奮闘しているものの、自分のスキルを売り込むことと嘘をつくこととを混同してしまっている人もいるかもしれません。何度も失業を経験したのに、その理由がわからない人もいるでしょう。そのような人は、自分にこなせる仕事を見つけたいと考えているのです。

　仕事を持っているアスペルガー症候群の人の場合、職務遂行能力の問題や懲戒処分について心配しているのかもしれません。上司や同僚との対立もあるでしょう。彼らは、一般的なコミュニケーションスキルを高めるために、あるいは、時間とプロジェクトを効率よく管理する方法を学ぶために、支援を求めてくるものと思われます。中には、アスペルガー症候群であることを雇用主に打ち明け、配慮を求めたいと望んでいる人もいます。

　コーチの役割も異なります。定型発達者の場合、コーチはファシリテーターの役割を果たします。ファシリテーターは、クライアントが自分自身で解決策を見出せるように、適切な問いかけをします。そして、説得力のある将来のビジョンを生み出し、恐れと枠にとらわれた思考を克服する手助けをするのです。そのプロセスは、行動、実験、学習、そしてさらなる行動です。コーチングセッションは速いペースで進められ、通常30分で終了します。

　アスペルガー症候群の場合、コーチは、より指導者的な役割を担わ

ければなりません。アスペルガー症候群のクライアントは、個人的な洞察よりも、スキルの開発とハウツー方略をはるかに必要としているのです。

コーチは実用主義的であることが極めて重要です。「強みを活用する」とか「基本的価値観を明らかにする」などの抽象的な言葉は、具体的で字義通りに考えるアスペルガー症候群の人には、ほとんど意味を成さないでしょう。重役レベルの仕事に就いているのに、「リーダーシップを示せ」「戦略的に考えろ」という指示に困惑しているクライアントも何人かいます。いったいどうすれば、と彼らは疑問に思うのです。リーダーシップを示せるというのか？　戦略的な思考の例は何か？

アリシアは、アスペルガー症候群の人とかかわった経験がない人からコーチングを受けたのちに、私の所にやってきました。アリシアは、コーチの提案の多くがわかりにくいと感じていたのです。

「コーチは私に、頭の中にゴブリンがいるから、追い出さなければならないのだと言いました」

自分のコーチング研修の経験から、アリシアが「グレムリン」のことを言っているのだとわかりました。それは、否定的な、枠にとらわれた信念を指す、コーチングの専門用語なのです。アリシアは私に、このグレムリンについて心配だと打ち明け、それが彼女の頭の中に実在するものなのかと尋ねてきました。アリシアは年俸10万ドルを超える専門職に就いています。けれども、アスペルガー症候群のせいで、その知性にもかかわらず、抽象的な概念の理解が難しいのです。

アスペルガー症候群のクライアントは、失業してもその理由がわからないことがあります。コーチは何が起きたのかを探り出し、将来また同様な状況に陥ることを避ける方法を教えなければなりません。

これらのクライアントとの取り組みには時間がかかります。出来事に関する彼らの話は、しばしば、詳しい説明が必要になるのです。おしゃべりな人は、ずいぶん細かいことまで話してくれることがありますが、これは、関連があるのはどの情報なのか見定められないからか、相手が意味を推測できるということがわかっていないからか、いずれかの理由によります。一方、無口な人は、1語か2語の返答で済ませるため、こ

第4章　アスペルガー症候群の人に対するコーチング

れを苦労して膨らませなければなりません。心の理論に制約があるクライアントの場合、突然、コーチが知る由もない人物や自分の仕事の技術面について話し始めることがあります。

　プロのコーチは、クライアントが詳細を語りすぎるとき、あるいは、過去の出来事について長々と話し始めたときには、割って入るよう指導されています。その目的は、セッションにおいて、常に方略と行動に集中するためです。私はこのテクニックをたまにしか使いません。私の経験によれば、アスペルガー症候群のクライアントは、出来事について詳細を語りながら、あたかも今経験しているかのように説明する必要があるのです。

　中断せずに傾聴すると、多くのことがわかります。状況の要旨がどれだけ見えているのか？　起きていることをどのように認識しているのか？　この認識は関連データに基づいたものか？　語っている間に、話が脱線してしまっていないか？　反応は妥当か？　コーチングセッションで私が目にし、耳にすることは、面接官や上司、同僚らが経験することなのです。これは、クライアントがだらだらと話をするのを容認するという意味ではありません。確かに、ときには中断することもあります。しかし、クライアントを急がせたり、定型発達者と同じペースで取り組むことを期待したりはしません。

　コーチングの課題では、一般に、正確で詳細な説明が必要となります。アスペルガー症候群の人は、新しい情報が多すぎると、特にそれが口頭で与えられた場合、圧倒されてしまうことがあるのです。そこで、セッションの進め方が早すぎないか、また、やるべきことが多すぎないか、念のため確認をします。また、私がかかわっている人の大多数は、新しいスキルを学んでいます。このため、練習やロールプレイへの参加には時間がかかります。これらの理由から、私のコーチングセッションは1時間かけて行っています。

コーチングを受ける準備ができているか、評価すること

コーチングを効果的に行うために、コーチングを受ける人がしなければならないことは、以下の通りです。

- コーチングを**受けたい**と思うこと
- 活動のステップに時間と労力を捧げること
- 新しいことを試す意欲を持つこと
- 相当の期間、全力を傾けること

1点目は余計なことだと思われるかもしれません。しかし、ときとして親や配偶者、そのほかの家族に命じられてコーチングを始める人がいるのです。このようにして始めても、うまくいきません。本人がコーチングのプロセスに努力を注がないからです。検討すべき課題を1つも持たずにセッションに現れますし、宿題はぞんざいに仕上げるか、まったくしてきません。セッションに来なければならないことに腹を立てているのかもしれません。

クライアントと私は、毎回のコーチングセッションの一部を、次に会うまでに彼が全力で当たらなければならない活動を決めることに費やします。これらの活動は、彼の目標達成に関連したものです。これらの活動のステップに、時間と労力を自ら捧げなければならないこと、さもなければ、コーチングの効果が出ないことを、私は強調します。

私の経験では、コーチングを希望するアスペルガー症候群の人は、宿題をやり遂げることには熱心です。活動のステップが終わらなかった場合、問題は通常、意欲の低さではありません。それは、以下のことである可能性があります。

- ステップが大きすぎたか、十分に明確ではなかった。
- 取りかかり方がわからなかった。
- 宿題について書き留めなかったので、忘れてしまった。

・宿題に取り組む具体的な日時を決めていなかった。

・不安から行動が起こせなかった。

　コーチングは変化にかかわることですが、アスペルガー症候群の人は
これを好みません。このようなクライアントに、何か違うことを試すよ
う説得するのは、骨の折れることだと言えます。私はこの教訓を早い時
期に学びました。

　経験もあり、資格も満たしているにもかかわらず、ケリーは面接に呼
ばれませんでした。彼女の履歴書には、その能力に関する情報が十分に
記されていなかったのです。

　「この応募書類に書かれているのは、あなたの肩書が技術文書作成者
で、マニュアルやヘルプ画面を書いているということだけですね」

　「誰だって、テクニカルライターが何をしているかは知っていますよ」

　「この履歴書を見る人たちは、その仕事がどんなものか知っているか
もしれませんが」と私は説明しました。「あなたの技術的な専門知識や、
あなたが使い方を知っているツール、それから、あなたが使用性試験を
した経験があることについては、知らないのですよ」

　私たちは履歴書で自分のスキルを売り込むという考えについて、時間
をかけて話し合いました。そして、ケリーの能力とこれまで達成してき
たことのリストを一緒に作り上げました。彼女の宿題は、履歴書を書き
直し、次のセッションのときに下書きを持ってくることになりました。

　翌週、私はケリーの下書きを見直しました。よくはなっていましたが、
まだまだ改善すべき点がたくさんあります。しかし、ケリーは職探しの
方略について相談したがっていました。履歴書の見直しに時間を取られ
ることを心配して、私が下書きの編集を申し出たところ、ケリーも同意
してくれました。

　数日後、新しく書き直した履歴書をケリーにメールで送りました。次
のコーチングセッションで、ケリーは私に礼を言い、私が送った履歴書
に少し手を加えて変更したと言いました。それは予想していたことだと
彼女を安心させてから、最終的な履歴書を見せてほしいと頼みました。
それが最初の履歴書とほぼ同じであったことに、私はショックを受けま

した。「何てことをしたの?!」と叫んでしまうのを抑えるのに苦労しました。

　私はケリーに、履歴書を変えたくない理由を尋ねました。

　「うぬぼれているようには見せたくないので」

　ケリーは高校・大学時代にしていた数件のアルバイトについても、それが技術文書作成とは無関係であるにもかかわらず、削除したくないと考えていました。彼女にとっては、**あらゆる**職業経験が、履歴書に記されるべきものなのです。「そうでなければ、嘘をついていることになりますから」

　最後に、彼女はこう説明しました。「自分で書いた履歴書の方が気に入っていましたから」

　コーチングを受ける準備ができているかどうかを評価する最終段階は、本人が相当の期間、それに全力を傾けられるかどうかを見極めることです。ときには、3、4回のコーチングセッションを受ければ、生涯にわたって抱えてきた困難が一変したり、新しいスキルが習得できたりするものと考えて、私にコンタクトしてくる人もいるのです。

　新たなクライアント候補と初めて会う予備面談では、現実的な期待を抱かせます。そして、契機をつかむこと、新しいスキルと行動を強化することの重要性を説明します。少なくとも最初のうちは、クライアントが週に1、2回、コーチングセッションを受けるのが理想です。最低でも1週間おきに来ることができないクライアントは引き受けていません。面談の間隔があきすぎると、クライアントの気持ちが散漫になり、進歩が見られないことがわかっているからです。

　ほとんどのコーチング契約は、3〜9ヶ月間です。クライアントの中には、これよりも長く続ける人や、新しい問題や状況に対処するために、その後コーチングを再開する人もいます。新しいクライアントには、まず3回セッションにきちんと参加し、それから続けるかどうかを決めるように言います。これはコーチングの世界では異例のことです。ほとんどのクライアントは、まず3ヶ月間のサービスを契約するよう求められます。私の経験によれば、アスペルガー症候群の人は、コーチングが効果的かどうかを知るために、セッションを数回試してみる必要がありま

す。1回だけの予備面談では、その人にコーチングを受ける準備ができ
ているかを判断するのには十分でないからです。うまくいかない場合、
何ヶ月もコーチングを続けるよう強制することは、無駄な気がします。

　予備面談の際、その人が必要としているタイプの支援は提供できない、
とはっきりわかることがあります。その場合は率直に伝え、紹介先を見
つけることに努めます。

　私のクライアントの約半数は、心理療法士やその他のメンタルヘルス
専門家にかかっています。通常、このことは問題になりません。コーチ
ングと心理療法は異なるサービスだからです。しかし、コーチングの仕
事を引き受けるに当たり、クライアントや私が、本人の能力に関して懸
念を抱いている場合、メンタルヘルスサービス提供者との面談を手配し
ます。

コーチングモデル

　私はクライアントに、以下の3段階から成るコーチングモデルを使用
しています。

1. 目標を決定する。
2. 目標の達成を妨げている問題を明らかにする。
3. 現実的な活動計画を作成する。

目標の設定

　コーチングの契約は、目標を明確にすることから始まります。私はク
ライアントに、1度に取り組む目標は3つ以下にするよう勧めています。
ときには、何とか成し遂げられる数は1つだけ、ということもあります。

　アスペルガー症候群の人の目標は、思いもよらないものであることが
あります。

　　「クビにならない仕事を見つける」…「迷惑をかけないようにす
　　る」…「失礼なことを言わないようにする」…「電話で話す恐怖を

第Ⅱ部　就職と職場定着のためのコーチングの方略

克服する」…「定型発達者として就職面接に合格する」…「変人にならない」…「人が自分に対して怒っているかどうかを知るために、ボディランゲージを読み取る」…「同僚からランチに誘われるように、おしゃべりの仕方を覚える」

　本人の能力、受けてきた教育、経験または達成可能なことへの理解を考えると、目標が非現実的なこともあります。

　カールは50代の既婚者です。もっと給料のよい仕事を望む彼の夢は、アイスロードトラッカーになることでした。彼は、遠いアラスカやカナダの地で、凍りついた川や湖をわたって物資を運ぶプロフェッショナルを取り上げたテレビ番組を見て、この仕事をしようと決心しました。プロの運転手としての経験は何もないにもかかわらず、また、アメリカ合衆国南部の温暖な地域に住んでいるにもかかわらず、カールはこれが実行可能な選択肢だと信じていたのです。

　「給料が高くなる可能性以外に、その仕事の何に魅力を感じますか？」

　「1人で数週間、道を走ることですよ。私は1人で働くのが好きなのでね」

　「そんなに長いことあなたが留守にしていたら、奥様はどう思うでしょうか？」

　「気にしないでしょう」カールは自信ありげに答えました。

　最初の目標が変わったり、それが本当の優先事項ではないことが判明したりすることもあります。

　小売店店員として8年間働いたのち、ベンは仕事に飽きてしまいました。彼は、自分が興味を持っているたくさんのことの1つに関連した仕事を見つけたいと考えました。占星術、数霊術、ヨガ、地図学、ハイキングなどです。

　最初の職業研究では、将来性は感じられませんでした。「ヨガの先生ではあまり稼げないし、大勢の人の前には出たくありません」占星術師や数霊術師は、ほとんどが自営業であることもわかりました。「着実に給料が入ってこなければいけません」ハイキングも、就労の機会と収入が限られています。地図学は別の学位が必要ですし、この分野は競争が

第4章　アスペルガー症候群の人に対するコーチング

激しいのでうまくいかないでしょう。

「どれもまた学校に行かなければなりませんね」とベンは嘆きました。

「新しい仕事に備えるためには、大抵、何らかの教育や訓練に投資しなければなりません」

別のアプローチを試そうと決心し、私はベンに、今の仕事で気に入っていることは何か尋ねました。彼は、たくさんのプラス面をあげてくれました。構造化されており、売り上げを達成する方法を正確に知っていること。店のレイアウトがわかっているので、容易に客を案内できること。通勤時間が短いこと。ほかの店員の1人と友人関係にあるので、よく一緒に昼食をとること。

「本当に、新しい仕事を見つけたいと思いますか？」と私は尋ねました。「それとも、特にこのお店で働くことに飽きてしまったのですか？」

ベンは後者だと答えました。アスペルガー症候群の人は変化に適応するのが難しいとわかっていたので、私はベンに新しい仕事はまだ探さないよう提案しました。そして、そのかわりに、ほかの人とかかわりを持てる、余暇に楽しめる活動を探してみるよう勧めました。彼はヨガ教室とハイキングのサークルを探すと同意してくれました。

クライアントの現実的な目標設定を助けるために、私はSMARTモデルをよく使用します。方法論にのっとり、段階を踏んで進めていくこの形式が、アスペルガー症候群の人にとても適しているのです。

SMARTとは、具体的（Specific）、測定可能（Measurable）、達成可能（Achievable）、合理的（Reasonable）そして期限付き（Time-oriented）の頭字語です。その内容は、以下の通りです。

第1段階：具体的な目標を定める。（クライアントは何を求めているのか、いつまでに？）

第2段階：成功をどのように評価するか決める。

第3段階：目標が達成可能かどうか判断する。（クライアントは、目的を果たすために必要なスキル、能力、資源を持っているか？）

第4段階：目標が合理的かどうか判断する。（「現実性のチェック」）

第5段階：目標達成の期限を設定する。

第Ⅱ部　就職と職場定着のためのコーチングの方略

> ## KEYWORD
>
> ## 構造化 (Structured)
>
> 何らかの活動を行う際に、容易に行えるように環境を整備することです。ASDの人にとっての構造化には、行う場所の構造化（物理的構造化）、先の見通しを持たせる時間の構造化（スケジュール）、活動の構造化（アクティビティシステム）などがあり、自閉スペクトラム症の人にとっての合理的配慮といってもいいでしょう。

　アスペルガー症候群の人は、多くの場合、このプロセス、特に第3段階と第4段階の質問に答える際に、支援を必要とします。自分の能力や目標達成に必要となる資源について、限られた認識しか持たないことがあるからです。達成不可能な目的に固執する可能性もあります。

　目標を判断するのは、コーチの役割ではありません。しかし、不可能なこと（あるいは、まず無理なこと）の追求を促しても、欲求不満を生み出すだけでしょう。目標が達成可能か、あるいは、合理的かについて、私が口を挟むよりも、クライアント自身が調べた結果で判断させます。コーチとしての私の仕事の1つは、好ましい決定を下すために必要な情報を与えてくれる資源へと、クライアントを導くことです。自分自身で答えを見つけることで、彼らはより高い処理能力を持った人になれるのです。また、これにより議論が防げます。クライアントが正しいデータに集中し、選択肢に目を向け、現実的な目標が立てられるように、私はしばしば「点と点を結び、全体像を作り上げる」ことをしてやらなければなりません。しかし、クライアントに、何をすべきかを教えることはしません。

　自分の考えを支持しない情報を**すべて**拒否する人もいます。彼らは、うまくいっていない行動を続けることや、不可能な目標を追求することを主張します。経験は、たとえそれが失敗を意味していても、最善の教師です。**自分自身**が変わらなければならないのだと気づくには、何度も試みて失敗することが必要なのかもしれません。

第4章　アスペルガー症候群の人に対するコーチング

妨げとなっている問題を明らかにすること

クライアントの目標が明確になったら、次の段階は、その達成を妨げていることを明らかにすることです。これは普通、2、3の要因が組み合わさっていることに、私は気づきました。

- **新しいスキルを学ぶ必要性**：通常、これらは人とのコミュニケーションか実行機能に関連しています。また、履歴書の記入や面接など、職探しに特有なこともあります。
- **資源の必要性**：これには、クライアント自身は気づいていないが、彼の助けとなる情報が含まれます。例えば、能力、興味および強みのアセスメント、コミュニケーションツールや組織化のためのツール、記事やウェブサイトなどです。
- **現実的な活動計画の必要性**：これは、クライアントがコーチングセッションの合間に全力で取り組まなければならない活動のことです。

現実的な活動計画

コーチは、活動計画が具体的で、本人が対処できるものであり、文字で書かれていることを、必ず確認しなければなりません。

アスペルガー症候群の人は完全主義で、欲求不満耐性が低い傾向があります。私は、ある特定の活動がうまくいかない場合、それは、方略を練り直す必要があるというだけのことだと説明します。そうしないと、クライアントがひどく落胆したり、私が当人に腹を立てるだろうと心配したりすることがあるからです。私は、宿題はクライアントのためにあり、コーチのためにあるのではない！と強調します。

クライアントと私は、コーチングセッションのたびに、宿題の進捗状況を報告する時間を持ちます。うまくいっているときには、次の段階に進みます。問題があった場合は、何が起きたのか確認しようとします。大抵は、いくつかのパターンが見えてきます。やることを抱え込みすぎる、時間の管理に問題がある、助けを求めない、あまりに早くにあきらめてしまう、重要ではない些細なことにはまってしまう、などです。お

もな目標を達成するには、まず、これらのパターンに取り組まなければ
ならないでしょう。

　シャロンは、どの宿題についても、多くの質問をしてきました。理想
的な職場環境に関する簡単な自己アセスメントでさえも、多くの疑問を
生んだのです。緩やかな仕事のペースと、ゆっくりとした仕事のペース
の違いは何か？　自分には多くのことが構造化されている仕事が必要な
のかどうかを、どうやったら確かめられるのか？　自分1人で仕事をし
たいが、人とのかかわりも楽しんでいる場合、それは1人で働くのを好
むことになるのか、それとも、他者との日常的なかかわりを好むことに
なるのか？　最小限の監督だと、仕事に圧倒されてしまうだろうか？
ストレスの少ない仕事の方がいいが、その仕事が好きならもう少しスト
レスに耐えられる場合はどうか？

　「宿題で困っているのですね」

　「間違った答えを選んでしまうのではないかと心配なのです」

　今40代のシャロンは、さまざまな仕事で解雇された経験があります。
そのうちのいくつかについては、なぜうまくいかなかったのかわかりま
せん。いろいろなアセスメントが、彼女を不安にさせました。自分で選
んだ仕事が何であれ、全力を尽くしていると思っていたのに。もう間
違った仕事を選びたくないと彼女は思いました。そこで私たちはアセス
メントをやめました。そのかわりに、シャロンはさまざまな職種に関す
る本を読み始めました。その仕事が面白いと思えるかどうかだけを考え
て。さらに私たちは、過去の仕事でうまくいったことについて、彼女が
雇用主に貢献したスキルと能力を含めて、検討し始めました。

アスペルガー症候群の人と働く秘訣

アスペルガー症候群の人の視点を受け入れ、その正当性を認める

　誰もがそうであるように、アスペルガー症候群の人も、自分の話に耳
を傾け、理解してほしいと思っています。熱心に話を聞き、彼の経験を
認め、不安を受け止め、その気持ちはもっともだと認めてやることは、
人間関係と信頼を築く基本的なコーチングスキルです。それは、慢性的

第4章　アスペルガー症候群の人に対するコーチング

に誤解されているこの集団の人たちには、特に重要なのです。

　お客様相談窓口を担当しているミーガンは、客に対して失礼な態度をとったと警告を受けました。彼女は仕事を失うかもしれないと動揺し、不安になりました。その前の週、彼女は上司から、客からの電話を処理するのに時間をかけすぎていると言われていたのです。「電話が長引くのではないかと心配だったのです」と彼女は語りました。「その電話にはあと3分しか割けなかったので、お客様に急ぐよう言いました」

　「電話の処理に関するルールを守ろうとしていたのですね」と私はまず口にしました。「だから、お客様に、電話を終えなければならないというプレッシャーを受けていることを知らせたら、相手はあなたがきちんと仕事をしていないと思ってしまったわけですね」

　「ええ！」と彼女は叫びました。「上司が望んでいたことをしようとしていたのです」

　ミーガンは、自分の話を聞いてもらえたと感じるとすぐに、なぜ客がそのような反応をしたのか、将来このような状況にどう対応したらよいかを、私と話し合うことができました。

好奇心を持つこと

　アスペルガー症候群の人が世界をどのように認識しているのか、理解しようとしてください。彼らの行動が最初はいかに奇妙に見えたとしても、それには理屈があることがわかります。

　ケビンは修士号を持っていますが、職探しに苦労していました。仕事の口を2週間探したのち、ケビンは自分に合った仕事は見つからなかったと報告してきました。彼が需要のあるスキルを身につけていることからすれば、これは不可解でした。

　「雇用主が何を求めているのか確認するために、求人情報をいくつか見ていきましょうか？」と私は提案しました。

　ケビンは同意し、すぐに、彼の能力に見合うと思われる求人情報をいくつか手わたしてきました。私はなぜ応募したくないのか尋ねました。

　「それらの仕事は皆、修士号が必要なのです」

　「わけがわかりません。あなたは修士号を**持っています**よね」

第II部　就職と職場定着のためのコーチングの方略

112

「私は、準学士号を要求している仕事にしか応募しません」

ケビンは、自分の現在の教育水準より下のことが要求されている仕事なら「簡単」だろう、と推論したのです。簡単な仕事なら、成功するチャンスが増えると信じていたのです。

私はしばしばクライアントに、何をしたか、あるいは、どうやってしたか、例をあげるよう求めます。これによって、知識の差や取り違えていることが明らかになるからです。

ローラは転職してライターになることに関心を示していました。欠員のある仕事に既に応募したと告げる彼女に、私は驚きました。彼女はその職業について、最も基本的なことを調べただけでした。彼女がこの仕事に適しているかさえも、はっきりしていなかったのです。

結局、ローラは就職活動に関する統計が載った記事を読んで行動していたことがわかりました。そこには、就職面接を受けるために送らなければならない履歴書の平均通数と、採用されるために必要な面接の平均回数の推定値が示されていたのです。

ローラは自分がライターにふさわしいかどうかを判断するための数式を編み出しました。一定の数の仕事に応募して面接に招かれなかった場合、必要なスキルがないということを意味する、と。全体像に目を向けるかわりに、ローラは自分の転職とは関係のないデータに注目してしまったのです。

アスペルガー症候群を、障害ではなく、違いとして枠づける

クライアントには、彼らの脳が情報を異なった方法で処理するのだと説明します。これについて、悪いとか、間違っているとかいうことは何もなく、ただ異なるだけなのだ、と。クライアントの多くは、自尊心と自信があまりないと言います。「普通」になる方法を教えてくれと求められるとき、私はいつも心が痛みます。アスペルガー症候群の人と定型発達者の脳の働き方の違いについて話すことで、自分を責めたり、批判したりすることをなくせるのです。

クライアントの中には、仕事を得たり、続けたりするためには、今の自分を変えるように求められるものと心配している人もいます。「定型

発達者のふりをして生きていくのは嫌です」とある女性は語りました。コーチングの目標は、自分の能力が活かせるように、定型発達者が多い職場での働き方を学ぶことだ、と私は説明します。

定型発達者の世界との架け橋になる

　私は自分自身について、定型発達者の行動と期待をクライアントのために「翻訳する」者だと説明しています。

　アスペルガー症候群の人が、眉をひそめるような（あるいはそれ以上にひどい）行動について話してくれたら、ほかの人たちがそれをどう受け止めるかを説明するのです。「力になろうとしたというのはわかりますが、定型発達の人は体重に関するコメントを失礼だと解釈します」そして、どうしてそうなのか、違うやり方として、何をしたらいいのかを話し合います。翻訳は、クライアントが自分を責めたり批判したりすることをやめさせる、もう1つのテクニックでもあります。また、これによって、ほかの人たちが自分に対して否定的な反応をする理由を探るよう促すことができます。

パターンを指摘する

　何十回も面接を受けたり、次々と失業したりしているのに、繰り返し発生するパターンに気づかないクライアントを受け持ったことがあります。このようなパターンには、変えなければならないことがはっきりと現れています。私はこう言うでしょう。「面接を受けられるということは、応募した仕事にあなたがふさわしいということです。でも、採用されない。つまり、面接のときに自分の能力を伝える方法を改善しなければならないということです」

　このテクニックは、自分がどのような問題を引き起こしているか、あるいは、どのような問題の一因になっているかがわからない人にも有効です。エドは、同僚が彼のぶっきらぼうな態度に不満を漏らすことに対して、ひどく言いわけがましくなりました。

　「同僚たちがどうして怒っているのかわかりません」と彼は言いました。「本当のことを言っているだけなのに」

第II部　就職と職場定着のためのコーチングの方略

「嫌がられているのは、あなたが人の間違いを指摘するときのやり方ですよ」と私は説明しました。「『注意していれば、簡単さ』とか『こんなに長く勤めているのだから、わかっているはずだ』というような言い方をすると、ほかの人たちは、見くびられているとか、批判されていると感じるのです」

「彼らがそう考えても、私のせいではありませんよ」とエドは言い返してきました。「それに、職場の人が全員、私について不満を言っているわけではありませんしね」

「そうですね、**皆が皆**、不満を言っているわけではありませんね」と、私も同意しました。「でも、5、6人が、あなたの行動について上司に訴えに行きました。いつものパターンですよね」

エドはいくつか言いわけを返してきましたが、最終的には、同僚に対する話し方を変えなければならないということに同意しました。

具体的かつ直接的に

経験によれば、私にとって明らかなことは、アスペルガー症候群の人にとっては、おそらく明らかではありません。ヒントや推論は理解されず、それらに従った行動も見られないとわかっています。そこで私は、具体的かつ直接的であるようにしているのです。しかし、偉そうな態度をとることのないよう、注意します。サービス提供者に、あたかも子どもに対するかのような話し方をされ、屈辱を感じた、と数人のクライアントが語っているからです。

定型発達者にとっては、明確で具体的であることは不自然です。ここ数年ずっとアスペルガー症候群の人にコーチングをしてきたとはいえ、私自身、十分正確ではないことが、いまだにあります。

つい先日、ビルの職探しを手伝っていたときのことです。彼は40代後半で、さまざまな職業に就いた経験があります。数年間続いた仕事でさえ、彼にはとてもストレスがたまるものでした。例によって、上司との間に誤解が生じたり、業績不振があったりしたのです。ビルは自分が楽しめる、そして自分が対処できる仕事を探したいと考えていました。

私はビルに、職業研究をまとめるのに役立つ用紙を与えました。それ

第4章　アスペルガー症候群の人に対するコーチング

はあるインターネット上の職業データベースのさまざまなセクションに
連動しているものでした。おもな職務、職場環境、学歴要件など、仕事
のさまざまな側面に関して自分の考えを記録する方法を、私はビルに細
かく説明しました。そして、この宿題は、さまざまな職業に関する、**ビ
ル自身の**考えや疑問、懸念を記録するためのものだと強調しました。

　ビルは4つの職業について研究することに決めました。その1つは、
職業データベースにはない政府の仕事でした。この仕事について説明し
ている記事を見つけたので、私はそれをビルに送りました。

　ビルが次のコーチングセッションに、記入済みの用紙を持ってきたの
で、私たちは彼が新しく知ったことについて話をしました。政府の仕事
へと話が進むと、ビルは用紙の記入に数時間かかったと言ってきました。
私が送った記事は、データベースの記述と同じ形式ではなかったので、
用紙とも一致していなかったのです。ビルは記事の情報を用紙の該当欄
に当てはめようとして、長い時間を費やしたのです。

　「ごめんなさい」と私は謝りました。「厳密に用紙通りにする必要はな
いことと、すべての仕事に用紙を使わなくてもよいことを、説明してお
くべきでしたね」

　「言ってくださればよかったのに」とビルは答えました。「これにはず
いぶん時間がかかりましたから」

　これは、アスペルガー症候群の人の情報処理の方法が異なることを示
す、もう1つの例です。ビルにとって優先すべきことは、さまざまな仕
事から受ける印象を記録することではなく、それを用紙に記録すること
だったのです。

　ジェイソンは初めての仕事に就いて3週間目で、会社のオフィスの決
まった手順に適応するのに苦労していました。既に数回にわたり、プロ
意識がないと叱責されてしまったのです。ジェイソンにとって、これは
曖昧な言葉でした。「プロ意識を持って行動するというのは、どうやる
のですか？」

　幸い、私はジェイソンの上司と話せる立場にありました。上司が口に
した問題の1つは、その日の仕事が終わると、ジェイソンがオフィスか
ら走って出て行くことでした。文字通り、走って行くのです。

「ここは会社だと話したのですが」

「でも、具体的に、エレベーターまで走るのではなく歩きなさいと話しましたか？」

その後、そのときの会話をジェイソンに伝えたところ、彼は驚いていました。「誰も走るなとは言いませんでした」と。「電車に乗り遅れたくないのです」

問題行動に取り組むときには、直接、事実をありのままに伝えるようにしています。

「廊下を走るのは迷惑で、会社で受け入れられることではありません」

「どうしてそんなことも知らないのですか？」などと言うことはしません。その行為が間違っていると知っていれば、そもそもしないでしょう！　クライアントの多くは、自分が社会では受け入れられない失敗をしてしまったと知って、恥ずかしい思いをしているのです。

最後に、必要とされる具体性と詳細性のレベルは、人によって異なります。誰もが極めて詳細な、段階別の指示を必要としているわけではありません。私は、本人に何が必要かを尋ね、どの程度うまく宿題を仕上げられるかを観察するようにしています。

理由を説明する

常に気づくのは、仕事や要求の目的が明確でない場合、アスペルガー症候群の人は簡単にそれを無視するということです。周囲はこれを、無関心、軽視、あるいは不服従と解釈します。

ジルと同僚たちの所に、コピー機がやってきました。ジルは診療所で働いており、ある特定のコピー機を使用するよう、数回にわたって言われていました。ジルにとって、これは理屈に合わないことでした。なぜなら、彼女の机のすぐ近くに、別のコピー機があったからです。指示に従うことも、なぜそう求められるのか理由を見出そうとすることもせず、ジルは違うコピー機を使い続けました。

「あなたの同僚は、あなたに使ってほしいコピー機のことを『私たちのコピー機』と言っていますよ」と私は伝えました。「このことから、それはあなたの部署の人たちの専用だということがわかります」

第4章　アスペルガー症候群の人に対するコーチング

私の勧めを受けて、ジルは同僚の1人に、別のコピー機を使ってはいけない理由を尋ねました。すると、彼女の机の近くにあるコピー機は、常に患者の予定に合わせて動くために、いつでもすぐに使えるコピー機が必要な、看護師専用だったことがわかりました。

　「どうして誰も前もって言ってくれなかったのでしょう？」とジルは疑問を口にしました。彼女が看護師のコピー機を使うことは、2度とありませんでした。

課題を小さく具体的なステップに分ける

　「履歴書の更新」や「プロジェクトのチェックリストの作成」をするよう求めることは、あまりにおおざっぱすぎます。このような指示に従うには、まず全体像を見る必要があります。定型発達者は履歴書という概念をつかむことから始め、その後、自分のスキルと経験をまとめ、連絡先情報、目的、職歴や学歴など、詳しい内容を記入するでしょう。

　自閉スペクトラム症の人は、これと逆のことをします。まず詳しい内容について考え、それから、詳細を1つにまとめて全体像を見るのです。これでは、最終地点がどうなるのか、関連があるのはどんな情報か、すべてのステップがどういうもので、どのように始めたらいいのかがわかりにくくなります。

　そこで、全体像（文脈）を示してから、具体的な手順をたどらせることが有効と思われます。「チェックリストの目的は、データベースに顧客情報を入力するときにやらなければならないことをすべて思い出せるようにすることです。新しい記録を始めるのに、最初にやるべきことは何ですか？」

実用主義的になる

　抽象的な概念や言葉を避けることは重要です。アスペルガー症候群の人は、「あなたに合った仕事は、どんなものでしょうか？」のような質問に答えられないことがあります。そこで、かわりに私はこう問いかけます。「あなたにとって、仕事で重要なことは何ですか？」そして、いくつか例をあげます。

第Ⅱ部　就職と職場定着のためのコーチングの方略

「あなたは何にでもなれますよ！」など、過剰に楽観的な発言は避けなければなりません。アスペルガー症候群の人は、それを文字通りに受け取り、これに反する証拠をすべて無視するからです。そのかわりに私は、自分によく合った仕事、適切な職場環境のタイプ、あるいは、自分の限界ではなく、才能ある分野を際立たせるような仕事を見つけることについて話をします。

変化を実験として枠づける

そうした方が、恐怖が和らぎます。実験として限定されていなければ、あるテクニックがうまくいっていなくても、使い続けなければならないのだ、と不安になるかもしれません。実験と考えることで、より柔軟な考え方が促されます。

通常、実験の期間は1、2週間です。クライアントには、結果を表や記録にして、日々の進捗報告書と一緒にメールで送るよう求めることもあります。

また、変化がうまくいっているかどうかを評価するベンチマークを設定します。そうしなければ、完全主義者のアスペルガー症候群の人は、7〜14日以内に奇跡的な結果が生じない場合、失敗と考えることがあるからです。さらに、最初は何らかの不快感があることを覚悟させます。

意欲の源がわかっているときには、それを変化の推進力として利用することができます。例えば、マイクはガールフレンドがほしいと考えていました。

「1人暮らしができるようになるためには、仕事が必要です」と彼は説明してくれました。「まだ親と住んでいるなんて、女の子に言えませんからね」

これは彼の職探しが中だるみしていたときに、役立った情報です。「今週、仕事を見つけるために何ができますか？ 自分の部屋とガールフレンドが手に入れられるように」と私は尋ねました。

ときには、失業などの極端な結果でさえ、アスペルガー症候群の人の変化に対する抵抗を覆せないことがあります。アイリーンは看護師ですが、患者について長々とメモを取るせいで、担当患者への対応がどんど

第4章　アスペルガー症候群の人に対するコーチング

ん大変になっていきました。しかし、細かい内容は省いてはどうか、という同僚の提案には難色を示していました。

「よくわからないのですが」と私は話しました。「クリニックで数年間働いているもう1人の看護師は、あなたのメモには必要以上にはるかに多くの情報が書かれていると話しています。もっと簡潔なメモの方が、仕事を支障なく続けられるように思えますね」

「わかっています」とアイリーンは答え、沈黙しました。「でも、自分のやり方が**好きなのです**」

それは抵抗なのか、それとも、アスペルガー症候群だからなのか?

ときには、抵抗に見えることが、実際にはアスペルガー症候群の特性だということもあります。これを理解していないと、特にアスペルガー症候群の人が試みようとしていないように見えたり、気にしていないように見えたりする場合、緊張と不信をもたらす可能性があります。

抵抗では**ない**可能性がある、以下の兆候に気をつけましょう。

課題を最後までやり遂げない

問題としては、活動のステップが大きすぎたか、明確に説明されていなかったこと、あるいは、本人の不安が考えられます。本人に、何が妨げになったのか説明するように求めましょう。「職業研究を始めたのに、何が起きたのですか?」もし、わからないと答えるなら、いくつか目星をつけて示します。何がうまくいかなかったのか、どうやってわかりやすく話したらいいのかが、わからないのかもしれません。あるいは、きまりが悪いのかもしれません。

これは学びの機会です。因果関係の理解に苦労しているアスペルガー症候群の人のために、私はしばしば「点と点を結び、全体像を作り上げる」ことをします。よく観察していれば気づくことですが、宿題は書き留めていなければ、忘れられてしまいます。また、具体的に予定を立てない限り、クライアントは時間を見つけて仕事に取りかかることをしま

第Ⅱ部　就職と職場定着のためのコーチングの方略

せん。

オープンエンドの質問は、問題解決のきっかけとして利用できます。「履歴書を更新することを自分で思い出すには、どうしますか?」あるいは、「電子手帳に頼ってもうまくいきませんね。ほかに何を試すことができますか?」もし代替策を思いつけないようなら、提案をします。「これは、多くの人が効果的だと感じているテクニックなのですが…」

無関心または心が離れてしまったように見える

椅子にぐったりと座り、床や窓の外をじっと見つめたり、単調な口調で話したりするクライアントと向き合うのは楽しいことではありません。あらゆる質問に対する答えが、「わかりません」などのときも同様です。

アスペルガー症候群の人は、質問に答えるとき、何を言ったらよいのか、文字通りわからないことがあります。または、答えを考えている最中に中断された場合(「私の言うことを聞いていましたか?」など)、言いたかったことを忘れてしまったりします。同時処理の問題は、相手の目を見ながらその話を聞くことができないことを意味していると言えます。

一部のアスペルガー症候群の人は、自分自身のボディランゲージにほとんど気づいておらず、表情やしぐさ、口調などで、意図しないメッセージを送っています。視線を合わせようとしても、相手の不安をかきたてるような凝視になってしまうことがあるのです。怒っていないのに、怒っているように見えたり、聞こえたりすることもあります。

推測するよりも、常に尋ねることです。私ならこう言うでしょう。「あなたは私のことを見ていませんが、それがどういう意味なのかよくわかりません」

話をさえぎる

この行動はアスペルガー症候群の人にはよく見られることで、大抵は、無作法な振る舞いとは何も関係がありません。短期記憶が悪い場合、忘れてしまう前に自分の主張を通そうと、話をさえぎることがあるのです。また、聴覚情報処理に問題がある場合、特に集団での会話の最中に、話の流れがわからなくなる前に、口を挟むことがあります。

第4章　アスペルガー症候群の人に対するコーチング

かなり多くのクライアントが、ほかの人がいつ話し終わるのかわからないと訴えています。彼らは会話のリズムがつかめなかったり、話し手が文を終えるときのちょっとした口調の変化に気づかなかったりするのです。定型発達者はこれらの手がかりを無意識のうちに検知します。

　とはいえ、面接中や仕事中に話をさえぎることは、悪い結果をもたらします。口を開く前に、2秒間待つ習慣を身につけることが役に立つと考える人もいます。

あらゆる提案を拒否する

　これは単に変化に対する抵抗かもしれません。あるいは、何かほかの理由も考えられるでしょう。

　繰り返される失敗、周囲からの孤立、不完全雇用などのストレスによるうつから、無力感に陥ることがあります。変化が可能だということが信じられなかったり、さまざまな方略を最後までやり通す気力がなかったりするのです。心理療法士への紹介が必要となるでしょう。

　過去の経験が絶対的なものとして解釈されることがあります。15年前の面接や職場での失敗を、状況が改善できない証拠としてあげるクライアントが何人かいました。

　最初の解決策が唯一正しい対応だと思い込む人もいます。あるいは、失敗する可能性があることにばかり固執します。ある提案が、なぜうまくいかないと考えるのか、尋ねてみましょう。既に試してみた、と答えるなら、いつ、どのような状況の下で試したのか、明らかにするのです。

　ウィルは、ある会社で働くことを熱心に希望していました。私はその会社のウェブサイトで、求人がないか見てみるよう勧めました。

　「もう見ました」と彼は答えました。「仕事はありません」

　「最後にチェックしたのはいつですか？」

　「3年前です」

　不安は確かに1つの要因と言えます。電話で話すことや、知らない人と一緒にいることに緊張してしまうのを、認めたくない人もいるかもしれません。

第Ⅱ部　就職と職場定着のためのコーチングの方略

第 **5** 章

自分に合った仕事を見つけるには

　この3年間で、私のコーチングを受けに来る人の数は著しく増加しました。これらの求職者の多くは大学卒の学位を持っていますが、それにもかかわらず、職探しに苦労しているのです。中には、学位を持っていれば就職が保証されると信じている人もいます。そのような人たちは、履歴書を数通送り、3、4回面接に行き、採用の申し出があった仕事の中から選ぶつもりでいるのです！

　私はまた、自分に合った仕事を見つけようと何年間も努力してきた高齢者にもコーチングをしています。自分にとって困難な分野が重視される仕事に就いているので、もっとストレスが少ない仕事を見つけたいと考えている人もいれば、相次ぐ失業に耐えている人もいます。さらに、自分の知性や教育水準を活かせない仕事に就いている人もいます。

　徹底的な職業研究は、誰にとっても重要ですが、アスペルガー症候群の人には、これが不可欠です。私の経験に基づき、仕事や職業を選択する際に彼らがしてしまう最も一般的な過ちを、以下にあげます。

- **興味のみに基づき、決定を下す**：あるテーマへの興味を、その分野で生計を立てる能力があるということと混同してはなりません。私は、求人がある実際の仕事について、おもな職務や、それを遂行するために必要なスキルなどを調べるよう提案します。これは、

高等教育に時間やお金、労力を投資する前に、しておかなければならないことです。

・**職場環境について検討しない**：私の経験では、職場環境は重要で、アスペルガー症候群の人にとっては、職務内容よりも重要と言えます。大量の同時処理作業や、スピード、高い水準の対人コミュニケーションが必要とされる仕事は、対処するのが難しかったり、不可能であったりします（職場環境については、本章の後半で詳しく取り上げます）。

・**選択肢に目を向けない**：1つのことしか考えられない傾向から、もっと自分の適性や能力に合った仕事を検討できないことがあります。自分の潜在能力に対する洞察が限られている人は、自分にはふさわしくない仕事を手に入れるために、不満がつのる旅に出てしまうかもしれません。

・**求人需要を調査せずに大学の専攻科目を選ぶ**：数年後の求人需要を予測することはできないかもしれませんが、経済動向に基づく予測は、大抵の場合、十分可能です。求人がほとんどない競争の激しい分野では、ある程度の水準のネットワーク作りが必要となりますが、これは多くのアスペルガー症候群の人にとって非現実的です。彼らは、社会経験が豊富な候補者と競争できないことが多いのです。教養学の学位を取得した人は、ある特定の分野で働くには、学士号より上の学位が必要だと気づくでしょう。

・**先を急ぐ**：アスペルガー症候群の若者は、高校を卒業しても、すぐに全日制の高等教育に進む準備ができていないことがあります。*The Complete Guide to Asperger's Syndrome*の中で、トニー・アトウッドは、「アスペルガー症候群の子どもの情緒面の成熟度は、通常、同世代の子どもよりも少なくとも3年は遅れている…」（2007, p.131）という彼の見解を支持する研究を引用しています。私が見たところ、これは私がコーチングをしている多くの若者に当てはまります。20代前半から半ばの人に、明らかに思春期の特徴が見られるのです。ほとんどの人は、高校卒業後、十分に成長し、同世代の定型発達者に「追いつく」ために、時間が必

要だと思います。

　このため、高校卒業後は、アルバイトをしたり、コミュニティ
カレッジで1つか2つ、講座を受講したりすることが役立つと言
えます。全日制大学への通学は、特に実家を離れてキャンパス内
に住むことになる場合、アスペルガー症候群の人を精神的にすっ
かり参らせてしまう可能性があります。

　4年制大学の学位は、すべての人に適しているというわけではなく、
また、それが有給雇用への唯一の道というわけでもありません。職業教
育や、特別な仕事に就くための訓練を行うその他の高等教育は、多くの
人にとって有望な選択肢です。ますます多くのコミュニティカレッジが、
4年制大学の学位が必要ない、多数の中級レベルの仕事に備えるための
プログラムを提供しています。

　私の経験によれば、教養学の学位を持つ人は、対処できる仕事を見つ
けるのにも、また、他の求職者と競うことにも苦労する傾向があります。

アスペルガー症候群の人にふさわしい仕事

　親や専門家は、しばしば私に、アスペルガー症候群の人に最もふさわ
しい仕事は何かと尋ねてきます。私が就労の成功を保証する職業のリス
トを作成できるものと期待しているのです。

　残念ながら、そのようなリストを作ることはできません。アスペル
ガー症候群の人は、その能力も問題も支援のニーズも、実にさまざまに
異なっているからです。私はあらゆる種類の仕事や職業に就いている人
のコーチングをしてきました。以下にいくつか例をあげてみましょう。

　会計士・秘書・アナリスト・バス運転手・薬剤師・保険金支払担当
　者・大学教授・コンピュータープログラマー・コンサルタント・創
　作家・お客様相談窓口担当者・データ入力担当者・編集者・電気技
　師・エンジニア・工芸家・地図情報システム（GIS）技術者・グラ
　フィックアーティスト・スーパーの袋詰め係・検査技師・弁護士・

第5章　自分に合った仕事を見つけるには

図書館司書・気象予報士・看護師・弁護士事務所の事務員・介助者・医師・物理学者・選挙運動員・生産管理部長・記録管理部長・レポーター・小売店店員・販売部長・映画脚本家・音響技術者・流通部長・教師（成人教育）・教師（幼児教育）・技術文書作成者・獣医師・倉庫係・ウェブ開発者

　クライアントとともに、彼が対処できる職業を決める際には、以下の4つの分野に注目します。

1. 興味
2. 才能とスキル
3. 適切な職場環境
4. アスペルガー症候群の影響

　これらの1つひとつがパズルの重要なピースだと考えます。成功する可能性が最も高い職業を明らかにするために、これらすべてをうまく組み合わせなければなりません。

興味

　本人の興味は、職業を模索する出発点として理にかなっています。ほとんどの人は、少なくとも何かしら興味がある仕事を希望します。

　ときには、自分がどんなタイプの仕事が好きなのか、まったくわからない人を相手にすることもあります。それよりも多いのは、クライアントの興味が限られていたり、あまりに多くのことに興味を持っていたり、自分の能力や教育、地理的地域を考えれば非現実的な興味を抱いていたりするケースです。

　ある男性は、コンピューター技術者になりたがっていたのですが、特定のモデルのコンピューターだけを修理したいと考えていました。

　芸能界にあこがれていたある女性は、自分が住む中西部の小さな町から動きたくありませんでした。ある若いスポーツファンは、放送関係の仕事に狙いを定めました。彼には深刻な発話障害があるというのに。

第Ⅱ部　就職と職場定着のためのコーチングの方略

第1章で論じたように、多くのアスペルガー症候群の人は、尋常でない熱心さで追求する「特別な興味」を少なくとも1つは持っています。そして、興味を引かれたテーマについて、それがどんなものであれ、百科事典並みの知識を身につけます。ルークは第二次世界大戦時の兵器に夢中でした。彼は、戦争にかかわる政治問題や、人々の苦しみが全体としてどれほど深刻だったか、また、この戦争によって歴史がどう形作られていったかについては、まったく知りませんでした。しかし、トンプソン・サブマシンガンや、ウィンチェスター・ショットガン、そして、さまざまなバズーカ砲、火炎放射器、手榴弾と銃剣については、あらゆる事実をすらすらと言うことができたのです。

　特別な興味は、自閉スペクトラム症の人のキャリアの充実へとつなげられます。テンプル・グランディンはその有名な例です。子どもの頃にアリゾナ州の叔母の牧場を訪れたことで、彼女は牛と牛樋に興味を持つようになりました (Grandin 2006, p.109)。その後、動物学の博士号を取得し、苦痛を最小限に抑える家畜施設の設計を職業とし、大きな成功を収めたのです。北米の牛の約半数は、彼女が設計したシステムで扱われています。

　しかし、特別であれ、そうではないものであれ、興味が常に有給雇用へと結びつくという思い込みは間違っています。

　数年前、私は職業リハビリテーション専門家向けの研修に参加しました。カウンセラーの1人は、航空会社のパイロットになることを目標にしているクライアントに取り組んでいました。それは、この男性が思い描く唯一の職業でした。

　このクライアントには航空関係の経験がなかったので、職業カウンセラーは、彼の興味についてもっとよく知ろうと質問をしました。すると、クライアントは、制服を着られるのでパイロットになりたいのだと言うのです！

　私はこの話をよく繰り返します。なぜならこれは、自閉スペクトラム症の限定された興味が、職探しにいかにマイナスの影響を与えうるかを示す素晴らしい例だからです。この男性は、民間航空に関するたった1つの——しかもこの場合は、的はずれの——些細なことに意識が集中し

第5章　自分に合った仕事を見つけるには

てしまっていました。彼は、航空会社のパイロットになるということが
どういうことなのか、何も考えていませんでしたし、それがまったく非
現実的な職業選択であることも理解していなかったのです。

この話は、実はハッピーエンドを迎えます。カウンセラーは、クライ
アントのために高級ホテルのドアマンの仕事を見つけました。男性は、
毎日制服を着るので、心から満足しています。

興味を探れ！

私はクライアントにこう言います。「あなたが〇〇〇〔職業名が入りま
す〕になりたいというのは素晴らしいことですね。その分野で働き始め
たら、あなた自身はどんなことをすると思いますか？」

一番多い回答は、「わかりません。考えたことがありません」という
ものです。

これは厄介な回答です。なぜなら、こう答える人は、たくさんの不満
を抱えることになる可能性があるからです。高等教育で学んだことと関
係のある仕事に就いていない人が多いというのが本当のところです。し
かし、アスペルガー症候群の人は定型発達者よりも適応が悪いので、ま
ず、自分にふさわしい数少ない職業の中から選びます。

アレックは、私がコーチングをした多くの歴史学専攻者の典型的な例
です。博物館での仕事の機会がいかに少ないかを知り、彼は〔公文書の
収集・分類・保管を担当するアーキビストとして〕資史料の保管に関する仕事
をしようと決めました。毎日、歴史的な写真や史料を調査し、分類する
ことに没頭している自分を思い描いたのです。

少し調べると、アーキビストは多くの時間を電子データベースの作成
と維持に費やしていることがわかりました。アレックはコンピューター
やデータベース関連のスキルに長けていなかったうえ、それらを学ぶこ
とにも特に関心がありませんでした。

さらに、必要な勉強を終えられるかどうか、また、一層競争の激しい
分野で仕事を得るために闘えるかどうかという、現実的な問題もありま
す。

スティーブンは、公共政策にかかわる仕事を見つけることを目標に、

政治学の学士号を取得しました。彼は、政府に関する知識や、調査研究への関心、そして大学の成績の平均点（GPA）が3.8あれば、初級レベルの職を容易に見つけられるだろうと考えていました。

　ところが、スティーブンは、多くの応募者を魅了し、求人数が少ない分野を希望していたことに気づいたのです。雇用側は、インターンシップや関連するボランティア経験のある応募者を期待していたのです。スティーブンにはどちらの経験もありませんでした。在学中は、授業の課題についていくことで精一杯でしたし、夏休み中は、インターンシップを見つけることができませんでした。ほとんどの求人はワシントンDC地域のもので、スティーブンは移動したくなかったのです。

　スティーブンは、その後も求人掲示板を訪れ、履歴書を送り、面接に招かれることを願い続けました。しかし、卒業から11ヶ月経ったとき、彼はもう公共政策の策定の仕事は考えていませんでした。彼にとって、また、彼の両親にとって、最も重要なのは、着実な収入が得られる**何らかの**仕事だったのです。

　職業興味検査は、自分の進路に悩んでいる、あまりに枠にとらわれた考え方をする人や、興味の対象が多すぎる人に役立つツールです。この検査では、さまざまなテーマや活動への興味をランクづけすることが求められます。その回答に基づき、候補として考えられる仕事のリストが作成されるわけです。職業興味検査は、その人がある職業で成功するための適性やスキルの有無を評価するものではありません。興味に基づき、職業の候補を示すものです。

　職業興味検査は、いろいろなものが使用できます。資格を持つキャリアカウンセラーだけが実施できる検査もあれば、インターネット上で、低コストまたは無料で、個人的に利用できる検査もあります。検査の質もさまざまです。評価内容が科学的に実証されている検査を使用することをお勧めします。

職業興味検査とアスペルガー症候群

　アスペルガー症候群の人に職業興味検査を実施する場合、注意しなければならないことがあります。

第5章　自分に合った仕事を見つけるには

彼らは自分が実際に経験したことがないことを想像するのに苦労します。新規のことやあまりに抽象的すぎることは、どうやってランクづけしたらよいのかわからないことがあるのです。ある若い男性は、「『ほかの人の世話をする』とは、正確にはどういう意味ですか？」と尋ねてきました。「とても好き」な活動と「好き」または「何となく好き」な活動の区別も、難しいと言えるでしょう。

　このような混乱は、結果を歪めてしまう可能性があります。しばらくの間、私は150を超える項目についてランクづけするよう求める職業興味検査を使っていました。クライアントの中には、ほとんどすべての項目を「普通」（そのテーマや活動は好きでも嫌いでもない）、または、「好きではない」と評価した人が何人かいました。1つか2つの項目に、「非常に高い興味がある」というランクづけをしたのです。このアセスメントは、1つか2つの回答にのみ基づく、ある特定の職業群への強い興味を示すものとなってしまいました。

　やり方を知っているか否かとは関係なく、ある仕事をするのを楽しめるかどうか答えるよう求めるアセスメントでも、同様な経験をしたことがあります。ある若者が「青写真とは何ですか？」と尋ねてきたとき、私は厄介なことになったと確信しました。このアセスメントが入った箱は、書類棚の中でほこりをかぶっています。私のクライアントたちにとっては、質問が抽象的すぎるのです。

　キャリア自己診断テスト（SDS）を使ったときは、うまくいきました。これはジョン・ホランドという心理学者の研究に基づいています。ホランドの理論によれば、職業に関して6つの基本的なパーソナリティタイプと、それに対応する職業環境があるとのことです（Eikleberry 2007, p.7）。ホランドは、職業環境が自分のパーソナリティタイプに合っているとき、人は最も幸福なのだと考えました。

　ホランドの言う6つのタイプとは、現実的、研究的、芸術的、社会的、企業的および慣習的です。これらは〔その頭文字をとって〕RIASEC（「リアセック」）と呼ばれています。以下、*The Career Guide for Creative and Unconventional People*（Eikleberry 2007, pp.9-12）を基に、それぞれのタイプを簡単に紹介します。

現実的タイプは、物を扱う仕事と手作業を好みます。多くの場合、機械好きで屋外活動を楽しみます。熟練した技術が必要な専門職や農業が、このタイプが魅力を感じる職業の例です。

　研究的タイプの人は、物事がどう動いているのかを知ることや、問題を解決することを楽しみます。分析的で、仕事に一途に取り組みます。科学、技術、数学に関する仕事が、知的追求を好むこのタイプを惹きつけます。

現実的タイプも研究的タイプも、1人で活動することを好み、前者は物を、後者は概念を扱います。

　芸術的タイプは、自己表現と独創的なアイディアに価値を置きます。自由に創造ができる、構造化されていない環境において成功を収めます。一般に、美術、音楽、演劇または著述の才能があります。この職種には、芸術関係だけでなく、ウェブサイトの設計やジャーナリズムなどの商業的な職業も含まれます。

　社会的タイプは、他者を助けたいと考えます。これは、カウンセリング、治療または教育などの直接的なサービスを通じて行う場合もあれば、人の役に立つプログラムやプロセスの開発という形で行う場合もあります。

　企業的タイプの人は、リスクを負い、他者を管理することを楽しみます。そして、他者に指示し、影響を与え、他者を説得したいと考えます。魅力を感じる職業としては、指導者、販売業または起業家などがあります。

　慣習的タイプは、決まりきった仕事と確立された手順を好みます。多くの場合、数学的・事務的スキルを持ち、情報を整理することを楽しみます。行政、銀行および会計関係の仕事が、慣習的な仕事の例です。

SDSでは、上位の得点を基に、3文字の総合コードが出されます。RCSという総合コードは、最も興味のある職業が現実的タイプ、2番目

第5章　自分に合った仕事を見つけるには

に興味のある職業が慣習的タイプ、そして3番目に興味のある職業が社会的タイプであることを意味しています。添付報告書で、総合コードの文字のさまざまな組み合わせ（RCS、RSCおよびSRC）に基づく職業候補が、いくつか提案されます。

　アセスメントの結果は、ほとんどの場合、クライアントにとって納得のいくものであり、私にとっても、クライアント本人について知っていることを基にすれば、うなずける内容です。職業環境との相関関係は、アスペルガー症候群の人にとって、職場での成功に欠かせない要素であることから、重要です。それぞれのタイプの特徴は、明快でわかりやすいものです。

　私のクライアントのかなり多くが社会的な職業を好むことを知って、読者は驚くかもしれません。人とのかかわりに困難があるにもかかわらず、彼らは何らかの方法で他者の役に立つ仕事がしたいと考えているのです。

　現実的、研究的な職業を好むというのもよくあることで、彼らのような具体的に考える人の場合、もっともなことです。芸術的な職業を好む人もしばしば現れ、著述、美術、写真に優れているアスペルガー症候群の人を、私は数多く知っています。

　私が特に注目するのは、慣習的な職業の点数が非常に高いことです。アスペルガー症候群の人が、わかりやすい指示と明確に定義された最終目標を伴う、構造化された仕事を必要とするのは、よくあることです。多くの人が、新規の状況や複雑な問題解決に対処できないからです。構造と決まりきった仕事が優先される場合、候補となる職業の数はかなり少なくなります。職業がSDSの得点のみに基づいて決められることはないでしょう。しかし、慣習的な職業を好む傾向が強いことには、留意しておかなければなりません。

　クライアントの職業興味と、職業興味検査から導き出された上位の選択肢を結びつける際、通常、5から10の候補をあげます。コーチングプロセスのこの時点では、その仕事が実現可能かどうかは気にしません。目標は、職業について模索することなのです。

第Ⅱ部　就職と職場定着のためのコーチングの方略

才能とスキル

才能と**スキル**という言葉は、しばしば同じ意味で使われますが、私はクライアントに対して、それらを区別して使っています。クライアントには、自分が生まれつき持っている能力と、時間をかけて学び、身につけることができる技能の違いを理解してほしいからです。例えば、アスペルガー症候群の人は、必要なスキルや経験が今の時点ではないために、ある職業で解雇されることがあります。また、履歴書の作成やネットワーク作り、面接などの職探しのスキルを求められて、途方に暮れてしまうこともあるでしょう。これらは誰もが学び、練習しなければならないスキルなのだと説明すると、このプロセスにおじけづくことが少なくなります。

クライアントには、一般的な才能とスキルのリストを与え、どれを持っているか尋ねます。誰もがこれに自力で答えられるわけではありません。

本人の能力がはっきりしていない場合、適性評価を受けるよう提案します。通常は、言語的推論、機械的計算、空間認識など、さまざまな能力を測る、時間制限のある一連のテストを受けます。その結果に基づき、最も成功する可能性の高い職業分野が提示されます。このようなアセスメントでは、自分に合った仕事を予測することはできませんが、方向性は得られます。例えば、計算能力が低い人は、会計の仕事ではうまくいかないでしょう。

ブライアンは数字への愛を熱く語ってくれました。彼には多くの問題がありましたが、4年間猛勉強して準学士の学位を取得しました。適性評価によれば、彼の計算能力は低いものでした。彼は大学でどの数学の授業をとったのか思い出せませんでした。また、統計は楽しいかと尋ねると、戸惑っていました。最後に、6たす5の答えを質問しました。すると、それを解くために、彼は数式を書かなければなりませんでした。

ブライアンは本当に数字を愛していました。数字を見ることも、書くことも、数字の興味深いパターンを見つけることも大好きだったのです。「数週間のうちに」と、彼は興奮した様子で私に告げてきました。「10－11－12になるのですよ!」2012年10月11日のことを言っていた

第5章　自分に合った仕事を見つけるには

133

のです。

　これに対して、エリックは非常に高い空間認識能力を示しました。それが意味することについて私が説明すると、彼は目を輝かせました。「いつも物を分解して、どんな仕組みかを調べて、また元通りに組み立てるのを楽しんでいました！」

　エリックは事務の仕事について調べていたので、これは驚きでした。このギャップについて尋ねたところ、彼はこう答えました。「物を分解するような仕事として、どんな仕事が自分にできるのか、わかりませんでした。でも、コンピューターを前にして座っていられることは、わかっていますからね」

　職業選択用のツールではありませんが、最新の神経心理学的評価からも、職業選択にかかわる貴重な情報が得られます。臨床神経心理学者は、患者の脳機能を理解するために、面談やさまざまな検査を実施します。彼らは、注意、記憶、言語、視空間認知および実行機能などの領域の認知能力を評価するのです。この評価は、自閉スペクトラム症を含むさまざまな障害の診断に使用されます。

　臨床家は、検査結果と観察結果を、素人でもわかる言葉で患者報告書にまとめます。成人を対象とした評価には、職業に関するアドバイスも記載します。

　この情報は、本人の強みと弱みが就労にどのような影響を与えるかを理解することに役立ちます。例えば、ワーキングメモリが弱い人には、同時処理作業が必要な仕事は難しいでしょう。

　サラは、非言語性学習障害（NLD）と診断されたクライアントです。大学の学位を持っているにもかかわらず、彼女はこれまでに6つの仕事で解雇されました。十分に素早く仕事を覚えられないことが、いつも問題となりました。彼女には、視覚弁別や視覚記憶の著しい障害など、多くの困難があったのです。

　お金を稼ぐために、彼女は食料品店で試食品を手わたす仕事に就きました。これは、大学を卒業した人にとっては、たやすい仕事のように思えるでしょう。しかし、サラの場合、毎朝展示台の準備にとてつもなく時間がかかってしまいました。商品が店の陳列棚のどこにあるのか、す

第Ⅱ部　就職と職場定着のためのコーチングの方略

ぐにわからなかったことが理由の1つです。その日に手わたさなければならない商品を探すために、陳列棚を3回も4回も丹念に見ていかなければならなかったのです。商品の名前とロゴを、指示が書かれた紙にある写真と照らし合わせるのは、時間がかかるつらい作業でした。

　また、試食品を準備するために使うトースター、ミキサー、保温器の設定と使用方法を理解するのにも問題がありました。

　毎朝、サラは、準備中に上司がチェックしに来て、どれだけ長い時間がかかっているか、わかってしまうのではないかと、とても不安に思っていました。

　サラは自分の認知の強みと困難を理解することで、よりよい選択肢を模索し、それから数ヶ月のうちに、もっとストレスの少ない仕事を見つけました。

　神経心理学的評価には、確かに限界があります。検査は、職場で注意散漫を引き起こす要因がない、制御された状況の下で実施されるからです。職場では「リアルタイム」に反応しなければならないというプレッシャーがあるため、評価結果によれば「たやすい」はずの仕事の遂行に問題が生じるのだ、とクライアントが訴えることもあります。

職場環境

　職場環境が職務内容と同じように重要となりうること、また、自閉スペクトラム症の人にとっては、職務内容以上にそれが重要となりうることは、繰り返しておく必要があるでしょう。検討すべき要因としては、物理的環境、対人関係の要求と生産性要件に関する側面があげられます。

物理的環境	対人関係	生産性要件
・仕事場：高圧受電設備、印刷工場、建設現場 ・感覚：騒音レベル、臭い、注意散漫を引き起こす視覚的要因、触感 ・職務遂行能力：視覚−運動の協調、視覚的ディテール、微細・粗大運動スキル	・かかわりのタイプ：マニュアルがあり、いつも決まっているのか、新しいことが多く、複雑か　対同僚か、対顧客か ・社風：平等、階層的、威圧的	・仕事のペース ・構造化の程度 ・自立レベル ・意思決定と問題解決 ・同時処理作業 ・全体像か詳細か

　物理的な仕事場の問題は、おもに感覚に関係したものです。以下に敏

第5章　自分に合った仕事を見つけるには

感なために、ある特定の職業に就けない場合があります。

・**臭い**：印刷工場、レストラン、化粧品売り場
・**騒音**：建設現場、高圧受電設備、工場
・**注意散漫を引き起こす視覚的要因**：蛍光灯、点滅光
・**触感**：体にぴったりとしたきつめの制服、帽子、正装（ネクタイなど）

コールセンターやイベントスタジアムなど、周囲に大勢の人がいると、かなり不安になることもあります。聴覚情報処理に問題がある場合、騒々しい環境や集団活動が必要な環境は、避けるのが一番でしょう。

ある特定の職務の遂行能力が、手と目の協調の悪さや、微細運動制御の苦手さの影響を受けることもあります。例えば、組み立て作業や、発送サービス会社での封筒詰めなどがあげられます。

人とのコミュニケーションの必要性は、評価が難しいかもしれませんが、これは就労の成功に大きくかかわる要因です。どれだけ**スマートな**レベルのかかわりが必要かという観点から考えることが役に立ちます。自分の部署や作業チームの人とのつきあいに限るならかなりうまくこなせる人もいます。電話勧誘販売など、きちんとしたマニュアルのある仕事も、候補となります。

一方、顧客とかかわる、より複雑なやりとりができる人もいます。極めて高機能のアスペルガー症候群の人は、社内のさまざまな部署の同僚、あるいは、取引先や顧客とかかわる仕事でも、うまくやることができます。

概して、アスペルガー症候群の人は、生産性へのプレッシャーがある競争の激しい環境では、うまくいきません。多くの人が、支援してくれる上司と同僚が必要だと言っています。また、彼らは一緒に働いている人の心の状態に完全に同調してしまうことがあります。緊張、敵意、攻撃性が見られる環境の下では、動揺してしまう人もいるのです。

アスペルガー症候群の人は、ゆっくりと几帳面に働く傾向があります。しかし、いつもそうだというわけではありません。ジムはリサイクル携

帯電話機の修理をしています。仕事がとても速いので、雇用主は彼を常に忙しくさせておくのに苦労しています。

　しかし、生産性の基準を満たすのが難しい人は珍しくありません。

　本人の能力を知り、それを以下と一致させることが課題です。

- ・仕事のペース
- ・構造化の程度
- ・必要な自立レベル
- ・意思決定と問題解決の複雑さ
- ・同時処理作業の量
- ・全体像を見る必要性

　ときには、必要なのは雇用主側の忍耐だけというケースもあります。長めの研修期間、書面での指示、そしてプロセスを練習する機会により、長期にわたって働いてくれる、忠実な、生産性の高い従業員という利益がもたらされるのです。

　リチャードが最初に与えられた仕事は、文書のスキャンでした。ある秘書が、彼を指導する役目を与えられました。リチャードは、秘書が口頭で説明してくれたいくつもの手順を覚えられませんでした。午前中が無駄に過ぎていく中、リチャードには、秘書が彼のたび重なる質問にいらだちつつあることがわかりました。途中で彼女は、この仕事はそれほど難しくないはずだと口にしました。

　リチャードの不安は高まり、予想通り、失敗の回数も増えていきました。そして、昼食から戻ると、部長が彼に会いたがっていると告げられたのです。

　部長は年配の女性で、私が思うに、リチャードにはもう少し助けが必要だと察したのでしょう。ゆっくりと辛抱強く彼にやり方を示し、メモを取るよう提案してくれました。最後に聞いたところでは、彼はその仕事を6ヶ月間続けており、うまくやっているとのことです。

　『職業選択の重要な基準と理想的な職場環境』（ワークシート5.1）は、仕事に関して、成功に欠かせない側面を明らかにするよう求める自己ア

セスメントです。質問は、極めて基本的なもの（給与、通勤距離）から、監督がどの程度必要か、ほかの人とのかかわりをどの程度望むかというものまで、広範囲にわたっています。このアセスメントは、職業の選択肢を狭めるために利用できます。

　私は、特に質問7（仕事では、どの程度のことを決めておく必要がありますか？）と質問8（どのくらいのペースを好みますか？）に、クライアントがどう答えるか注目します。

　本章で先に論じたように、多くのこと〔を決めておく必要がある〕──何を、いつしたらよいかを、正確に知る必要がある──と答える人には、おそらく、いつも決まっていることを実行する仕事が必要でしょう。この場合、自立した意思決定と複雑な問題解決が求められる職業は排除されるとわかります。

　期待されている仕事のペースは、明白な理由から重要です。ある女性は、ゆっくりとした、着実なペースで行える仕事を望んでいると口にしていたにもかかわらず、レストランの仕事に応募するつもりでいました。

　「昼食時や夕食時のレストランは」と私は言って聞かせました。「大勢のお腹をすかせた人の所に、同時に食事が運ばれてくるというイメージですね。さっさと行動しなければならない、あわただしい状況だと思いますよ」

　彼女は、レストランはよい選択ではない、と同意してくれました。

ワークシート 5.1

職業選択の重要な基準と理想的な職場環境

1. 1週間に何時間働きたいですか？

   _____

2. 通勤（時間と距離）の上限は、どのくらいですか？

   _____

3. 通勤手段は？

   □自家用車　　□誰かの車に乗せてもらう　　□公共交通機関を使用
   □徒歩

4. どのくらい稼ぎたいですか？／稼がなければなりませんか？

   □時給で　　□週給で　　□年給で　　_____

5. 特定の仕事に必要な資格を得るための追加研修を受けたいですか？／
   受けられますか？

   □はい　　□いいえ

6. 以下のどれを好みますか？

   □毎日同じ仕事をする　　□毎日違う仕事をする
   □新しいことと決まっていることを組み合わせた仕事をする

7. 仕事では、どの程度のことを決めておく必要がありますか？

   □多くのこと：何を、いつしたらよいかを、**正確に知る**必要がある
   □ある程度のこと：職務と優先順位については指示が必要だが、**同時
   に、**自分がやるべきことを、いつ、どのようにするか計画できる柔軟
   性も必要である　　□ほとんど必要ない：自分の判断に基づき、自分
   で予定を立てる必要がある

8. どのくらいのペースを好みますか？

   □速いペース：厳しい期限でも気にならない　　□緩やかなペース：
   期限はあるが、緊急ではない　　□ゆっくりとした、着実なペース

9. どのような働き方を好みますか？

   □1人で働く　　□人とのかかわりは最小限にする　　□毎日人との
   かかわりがある　　□人とのかかわりが多い

10. どの程度監督が必要ですか？

第5章　自分に合った仕事を見つけるには

□厳重な監督と多くの指示　　□定期的な監督（毎日チェックしてもらう）　　□最小限の監督と指示　　□監督なし（自営）

11.　働く場所はどちらがよいですか？　　□屋内　　□屋外

12.　職場環境はどちらがよいですか？　　□フォーマル　　□カジュアル

13.　どちらが得意ですか？
　　□分析的、直線的な問題解決　　□直観的、大局的思考

14.　どちらを好みますか？
　　□細かく、明確に定められた仕事　　□創造的または戦略的な仕事

15.　どれを扱う仕事を好みますか？（当てはまる項目すべてに印をつけてください）
　　□事実と情報　　□アイディア　　□数字　　□自分の手　　□人
　　□動物

16.　あなたが仕事に求める極めて重要な特性に印をつけてください。
　　□自分の知性を試す　　□何らかのリスクを伴う　　□旅行を伴う
　　□自分の創造力を活用する　　□ほかの人を助ける　　□自分のアイディアを表現できる　　□自分が好きな仕事　　□昇進の機会が多い
　　□手当がよい　　□休暇が多い　　□必要とされる仕事　　□仕事の安全性　　□ストレスが少ない　　□責任が少ない

17.　あなたにとってほかに重要な基準は何ですか？
　　_____

18.　好きな仕事をできるだけ短い時間で見つけるために、あなたが妥協してもよいと考える基準は何ですか？
　　_____
　　_____

第Ⅱ部　就職と職場定着のためのコーチングの方略

チームワーク、人づきあいのスキル、
同時処理作業に関するアドバイス

　チームワークの能力、**優れた対人スキル**、そして、**複数の作業を同時に行う能力**は、どの仕事にも必要なことです。想像力に乏しいアスペルガー症候群の人は、自分によく合っている仕事でも、ふさわしくないと考えてしまうことがあります。「自分が人づきあいのスキルに長けていないことはわかっています」と彼らは言うのです。

　これは絶対的な条件ではなく、業界や職種、さらには会社によっても、かなり違う意味になる可能性があると、私は説明します。対人スキルは、コンピュータープログラマーよりも小売店店員にとって、はるかに重要です。6000人の住民にサービスを提供している、私の住む町の図書館で働く人に求められる同時処理作業の量は、ボストン公共図書館で働く人よりも、かなり少ないでしょう。

　本人がこのような関係性に当然気づくだろうと考えてはなりません。職場環境がどのようなものになるか、人とのかかわりはどのようなタイプのものになるか、同時処理作業のレベルはどの程度かを彼が想像する手助けをしましょう。

　長年にわたり私のクライアントたちが語ってきた、成功をもたらす職場環境の話は、驚くほど一貫しています。

- ・勤務中、中断は最小限にとどめる
- ・同時処理作業（素早い注意の移動）の量を制限する
- ・1つの仕事を終えてから別の仕事を始めることができる
- ・差し迫った期限がない、緩やかなペース
- ・やるべきことが明確に定められた、構造化された仕事
- ・何らかの習慣的要素
- ・明快な指示（例、優先順位、取りかかり方）

第5章　自分に合った仕事を見つけるには

・数値で表すことのできる、期待される業績

・支援してくれる上司と同僚

・強い臭いや、明るい照明、大きな音などのない、静かな仕事場

アスペルガー症候群の影響

　アスペルガー症候群が自分にどのような影響を与えているかを理解すればするほど、自分が対処できる仕事が見つけやすくなると、私は信じています。

　一部の人は、自閉スペクトラム症だと告げられて、深く苦しみます。彼らは診断に異議を唱え、診断とは一致しない症状をすべて、私に話してくれます。アスペルガー症候群関係のイベントや支援団体に参加すると、自分よりも深刻な影響を受けている人と一緒にいることに、ひどく違和感を覚えることがあるようです。

　私のクライアントの大多数、特に、30代、40代、あるいは、50代で診断を受けた人は、診断が出てホッとしたと語っています。診断によって、自分が生涯にわたりずっと抱えてきた困難の説明がつくからです。自分の問題の根本にあるのは、何らかの性格的な欠点ではなく、神経学的なものだったのだと知ることで、慰められるのです。

　私のコーチングを受けるに当たって、診断は必要ありません。自分の診断の正確性について懸念を抱いている場合、コーチングでは、目標を達成するためのスキルを身につけ、行動を起こすことに重点的に取り組むのだと説明します。診断によるレッテル貼りは必要ないのです。これまでのところ、この論法でうまくいっています。

　個人的な問題について話し合うとき、私は、どの人にも何かしら限界があることを強調します。クライアントはこのエクササイズを、欠点の再確認だと解釈してはなりません。私は、ここで得られた情報は、本人の強みを重視し、弱い分野を最小限にとどめる職業を明らかにするために使われるのだ、とはっきりと伝えます。

　私は限界を2つのカテゴリーに分類します。1つ目のカテゴリーは、新しいスキルを学んだり、支援技術を利用したり、職場で配慮を受けたりすることによって、軽減できる限界です。2つ目のカテゴリーは、本

人にできることはあまりない限界です。これらを知ることで、いらいらがたまる職業や、対処できない職業を避けることができます。例えば、脳の処理速度が遅いことや、ワーキングメモリが弱いことは、変えられません。迅速な意思決定や注意の移動が必要な職業は、このような困難がある人にとって、よい選択とは言えないでしょう。

『個人的な問題を理解するために』というワークシート（ワークシート5.2）は、私がクライアントのために作成した自己アセスメントです。このワークシートは、仕事での成功に影響を与える可能性があると自分が考える、個人的な問題を記入するよう求めるものです。

ワークシート 5.2

個人的な問題を理解するために

　以下の問題を、それぞれ読んでください。その問題が、就労後の成功に影響を与える可能性があると考えるなら、"a"のチェック欄に印をつけてください。一部の問題には、2番目のチェック欄（"b"）があります。あなたの問題がとても深刻で、そのために、ある特定の仕事や職場環境を避けなければならない場合、この欄に印をつけてください。

　あなたが"a"欄に印をつけた問題は、スキルの習得／向上や支援技術の利用が必要となる場合がある領域を示しています。"b"欄は、あなたがいらいらをつのらせることになったり、対処できなくなったりする仕事や職業を避けるための情報を提供してくれます（一部のケースでは、配慮によって問題を軽減できることがあります）。

問題領域

1.　　適切なアイコンタクトをとるのが難しい。

　　　a.　□就労に影響を与える可能性あり

2.　　考えていることを思わず口にしてしまう（意図せず相手を攻撃する／怒らせる）。

　　　a.　□就労に影響を与える可能性あり

3.　　ほかの人の話をさえぎる。

　　　a.　□就労に影響を与える可能性あり

4.　　知らない人に会うこと（何を言うべきか／どう行動するべきかをわきまえること）が苦痛である。

　　　a.　□就労に影響を与える可能性あり

　　　b.　□一般の人たちとかかわらなければならない仕事は避けなければならない。

5.　　はっきりと話すのが難しい（大きすぎる声／小さすぎる声／速すぎる口調／単調な口調で話す傾向がある）。

　　　a.　□就労に影響を与える可能性あり

　　　b.　□大勢の人の前で話さなければならない仕事（アナウンサー、教

第Ⅱ部　就職と職場定着のためのコーチングの方略

師、販売員など）は避けなければならない。

6. 集団での会話についていくのが難しい。
   a. □就労に影響を与える可能性あり
   b. □集団でのやりとりを頻繁にしなければならない仕事は避けなければならない。

7. 言葉を文字通りに受け取り、指示／期待を誤解する。
   a. □就労に影響を与える可能性あり

8. 言語による情報の処理が遅い。
   a. □就労に影響を与える可能性あり
   b. □人と話さなければならない仕事や、情報に基づいて素早く行動しなければならない仕事（お客様相談窓口担当者、救急救命士など）は避けなければならない。

9. すぐに気が散ってしまう。
   a. □就労に影響を与える可能性あり
   b. □集中を妨げる騒音、臭い、その他の刺激のある職場環境は避けなければならない。

10. プロジェクトの取りかかり方／手順がよくわからない。
    a. □就労に影響を与える可能性あり

11. 白か黒か思考（選択肢を考えるのが難しい）
    a. □就労に影響を与える可能性あり
    b. □柔軟性と判断が求められる仕事は避けなければならない。

12. 仕事が遅すぎる。
    a. □就労に影響を与える可能性あり
    b. □スピード／大量のアウトプット／厳しい期限を守ることを求められる仕事は避けなければならない。

13. 優先順位をつけるのが難しい。
    a. □就労に影響を与える可能性あり

14. 同時処理作業（1 つのことから別のことへと注意を素早く移動させること）が難しい。
    a. □就労に影響を与える可能性あり
    b. □頻繁に中断される仕事や、1 つの作業から別の作業へと素早く

第 5 章　自分に合った仕事を見つけるには

移ることを要求される仕事は避けなければならない。

15. 作業中に中断されると、再び集中するのが難しい。
    a. □就労に影響を与える可能性あり

16. あまりに少ない情報に基づき、衝動的に行動してしまう。
    a. □就労に影響を与える可能性あり

17. 時間の管理（作業の予定を立てること、作業にどのくらいの時間をかけるべきか／かかるかがわかること、時間を守ること、期限を守ること）に問題がある。
    a. □就労に影響を与える可能性あり
    b. □厳しい期限がある仕事や、スケジュールの作成とその進捗状況の管理が必要な仕事（秘書など）は避けなければならない。

18. 感情、特に欲求不満と怒りのコントロールが難しい（叫んだり、シャットダウンしたり、立ち去ってしまったりする）。
    a. □就労に影響を与える可能性あり
    b. □ストレスの多い仕事は避けなければならない。

19. 高いレベルの不安
    a. □就労に影響を与える可能性あり

20. 同時処理（聞きながら書くこと、相手を見ながら話を聞くことなど）に問題がある。
    a. □就労に影響を与える可能性あり
    b. □この種の情報処理が必要な仕事（客の話を聞きながらデータベースに情報を打ち込まなければならない、お客様相談窓□担当者など）は避けなければならない。

21. 新しいことや複数の手順があるプロセスを覚えるのに、メモを取っても、非常に長い時間がかかる。
    a. □就労に影響を与える可能性あり
    b. □事務作業が多い仕事は避けなければならない。

22. 感覚処理／統合の問題から、視覚、聴覚、嗅覚、味覚または触覚が過敏、あるいは、十分な感覚がなく、さらに／または、平衡感覚や協調運動にも影響が出ている。
    a. □就労に影響を与える可能性あり

b. □以下の仕事や職場環境は避けなければならない。

_____

23. その他：

_____

_____

_____

質問

1. どの問題領域を変えたい／変えられるでしょうか？

2. あなたにとって、とても難しい作業のタイプおよび／または職場環境について、簡単にまとめてください（例：印刷工場のように、強烈な臭いがする騒々しい施設で生産性を上げるのは、難しいでしょう。たくさんの期限や、素早く完成させなければならないプレッシャーがある仕事は、私にとってストレスが多すぎるでしょう）。

組織化と時間の管理に不安を示す人には、バークレイ実行機能障害評価尺度（BDEFS）も使用します。これは、ADHDとその関連症状の専門家、ラッセル・バークレイ博士によって開発されたもので、自己評価尺度と他者評価尺度の両方があります。後者は、本人と親、配偶者または雇用主との間で、職務遂行能力に関して意見が一致しない場合に役立ちます。

完全版の評価尺度には89の質問があり、5つのセクションに分けられています。

自己組織化／問題解決：新規の、または、複雑な活動の覚えやすさ、「素早い決断」ができる能力、出来事について正しい順序で説明する能力、問題解決の速さと流暢さに関連のある項目

時間の自己管理：先延ばし、計画、意欲と下手な時間の使い方に関連のある項目

自制（抑制）：衝動的な行動や決断、結果を考える前に行動すること、1度開始した活動や行動の中止に関連のある項目

感情の自己制御：感情のコントロールを失ったり、取り戻したりすること、動揺させる状況について、より客観的に評価することに関連のある項目

自発性：仕事の質と量、意思の力、努力および決断、遅延報酬、長期目標の達成に関連のある項目　　　　　　　　（Barkley 2011, pp.40-46）

BDEFSでは、期限を守れないこと、低い意欲、記憶力の悪さ、衝動性など、日常機能にかかわる特定の問題を、どのくらいの頻度で経験するか、ランクづけするよう求めます。

クライアントの人物像

すべてが1つにまとまった、ジョシュの話

　このクライアントの話は、職業にかかわる4つの「パズルピース」―興味、才能とスキル、適切な職場環境、そしてアスペル

第Ⅱ部　就職と職場定着のためのコーチングの方略

ガー症候群の個人的影響―が1つにまとまり、よりよい職業選択ができた1つの例です。

　ジョシュは十代の初めにアスペルガー症候群と診断されました。学校ではうまくやっており、友人が2人いました。大学への移行はストレスの多いものでした。ジョシュはスケジュール管理が苦手で、研究課題に充てる時間が十分にとれなくなってしまうことがよくありました。そこで、1、2年生のときには、両親が外部の支援を手配してくれました。

　高校・大学時代の夏休みに、ジョシュは造園会社で数回働きました。そして、肉体労働や、屋外での芝刈り、フェンスの設置、機械の操作など、さまざまな仕事をするのを楽しみました。

　ジョシュは、社会学の学士号を取得してから8ヶ月後、26歳のときにコーチングを受け始めました。

　初回のコーチングに関するアンケートで、彼は興味があることについて、非営利、研究、鉄道模型、造園および流通と記しました。また、関心のある職業は、介助者、調査会社、お抱え運転手、倉庫会社（自分は物を積み重ねるのが好きなのだと説明してくれました）でした。

　私たちは初回セッションのほとんどを、ジョシュの経歴を振り返ることに費やしました。彼は人間関係と社会、特に、歴史と心理学に興味があったので、社会学に惹かれたのです。そして、人を助けられる仕事を望んでいました。1つの可能性として、高齢者にサービスを提供する非営利の仕事があがりました。

　「あなたならお年寄りをどんなふうに助けられると思いますか？」

　「貧しい老人が、必ず生活保護手当を受けられるようにすることができるでしょう」

　ジョシュはまた、地域のとりまとめと、イベントの際に非営利団体のチラシを配ることも考えていました。調査研究も楽しいと考えていたので、インタビューや調査を実施したり、公共政策事業に関する統計データの分析をしたりする仕事についても、知り

第5章　自分に合った仕事を見つけるには

たがっていました。

　ジョシュの初回のコーチングでは、次のことが宿題になりました。

　　　・『職業選択の重要な基準と理想的な職場環境』、『個人的な
　　　　問題を理解するために』、『才能とスキル』という3つの
　　　　ワークシートに記入してくること
　　　・インターネット上でSDSを受けること

　ジョシュは、理想的な職場環境として、以下の特徴が最も重要
だと考えました。

　　　・ストレスが少ないこと：素早い決定や、予測のつかない業
　　　　務がないこと。社内の規則がそれほど多くないこと
　　　・多くの構造化：しなければならないことが**正確**にわかるこ
　　　　と
　　　・厳重な監督
　　　・ゆっくりとした、着実なペースでの仕事
　　　・人とのかかわりが最小限であること
　　　・屋外での仕事：動き回るのが好き。1日中コンピューター
　　　　に向かって座っているのは嫌だ
　　　・1人暮らしができる額の給与

　彼は、以下に関する個人的な問題が、就労に影響を与える可能
性があると考えました。

　　　・時間を守ること
　　　・素早く仕事を仕上げること
　　　・仕事の取りかかり方がわかること
　　　・注意散漫にならないようにすること
　　　・時間に余裕をもって仕事を仕上げること

第Ⅱ部　就職と職場定着のためのコーチングの方略

・人とのかかわり：次に何を言うべきかわかること。自分の
　考えを言葉にすること。ほかの人たちのことと彼らが抱え
　ている問題について理解すること

　SDSでは、ジョシュは「現実的」の得点が最も高く、わずかな
差で「慣習的」が続いていました。3番目に得点が高かったのは、
同点だった「社会的」と「芸術的」です。その次が、「企業的」
で、最も低かったのが、「研究的」でした。
　私は、ホランドタイプのそれぞれの特徴をジョシュに説明しま
した。彼は、慣習的タイプがとても自分に合っているように思え
るが、現実的タイプというのも当てはまる、と言いました。人を
助けたいという強い希望から、彼はRCSグループの職業に焦点
を絞ることに決めました。
　候補として提案された職業と彼自身の考えを再検討し、ジョ
シュは以下の職業について研究することに決めました。

　　　・トラックの運転手
　　　・ピアノの調律師
　　　・自転車修理工
　　　・格付アナリスト
　　　・造園専門家
　　　・文書整理係
　　　・警察官
　　　・レクリエーション助手

　また、介助者と非営利の仕事も追加しました。
　ジョシュは運転が好きなので、トラックの運転手は魅力的でし
た。また、介助者として、医師の診察を受けに行くお年寄りを車
で送っていく自分の姿を思い描くことができました。ピアノの調
律師と自転車修理工は、音楽と自転車という、彼が楽しめること
に結びついていました。

第5章　自分に合った仕事を見つけるには

ジョシュは、統計資料と信用格付の分析ができるので、格付ア
ナリストが面白いだろうと考えました。しかし、数字の意味を理
解するのに苦労するのではないかという不安もありました。数学
は、一番得意な学科というわけではなかったのです。

　文書整理係は、簡単な仕事のように思えるので、可能性として
考えられます。

　警察官は人を助けます。レクリエーション助手もそうです。
ジョシュは子どもの相手や屋外活動を楽しいと考えていたので、
キャンプカウンセラーになることにも思いをめぐらせました。

　私はジョシュに、可能性を判断することよりも、それぞれの職
業についてもっと知るために予備研究をしてほしいと考えました。
そうして得られたデータは、それぞれの選択肢の実行可能性を見
極めるのに役立つでしょう。

　ジョシュが途方に暮れてしまわないように、私はまず、どの職
業について研究したいかと尋ねました。彼は4つなら同時に扱え
るだろうと考え、ピアノの調律師、格付アナリスト、造園家、そ
してレクリエーション助手を選びました。

　私はジョシュに、アメリカ合衆国労働統計局の*Occupational
Outlook Handbook*（www.bls.gov/ooh/）を紹介しました。これは、
さまざまな仕事や職業を解説したデータベースで、インターネッ
ト上で、無料で利用できるのです。私はジョシュに、いくつかの
仕事を検索する方法を実際にやってみせ、情報の妥当性について
説明しました。

　それから数週間かけて、ジョシュはリストの絞込みを始めまし
た。いくつかの仕事は、給与が十分ではないため、あるいは、季
節が限られたり、非常勤であったりするために、除外されました。
ほかにも、例えば警察官は、特別な訓練が必要となりますが、
ジョシュはすぐに仕事を見つけたいと考えていたので、はずされ
ました。非営利部門の仕事、特に、計画について話したり、チラ
シを配ったり、データベースに情報を入力したりする仕事は、見
込みがありました。

第Ⅱ部　就職と職場定着のためのコーチングの方略

あるときジョシュは、私のクライアントにはよくある懸念を口にしました。彼が調べている仕事では、学位は活用できない、と。彼は自分が受けた教育を「無駄に」したくなかったのです。私は彼に、大学で学んだことの多くは、どの仕事に就いても役に立つだろうと断言しました。

興味深いことに、常にリストの上位を占めていた職業は造園業でした。ジョシュはこの種の仕事の経験があり、また、それを楽しんでいました。1日中机に向かって座るのは嫌いだと、はっきり言っていたのです。「動き回ることと、外で活動することが好きなのです」と。造園の仕事はとても構造化されていて、やることが決まっています。仕事のペースもジョシュに合っていました。上司や同僚とのかかわりはいくらかありますが、1日のうち、ほとんどは1人で過ごせるでしょう。ジョシュは、人とのかかわりが多すぎると、緊張したりストレスがたまったりするのだと語りました。

結局、ジョシュは、以前働いたことのある造園会社に連絡をしました。非常勤扱いで採用されたのですが、数ヶ月以内に常勤となる可能性があります。

職業研究

クライアントが予備的な職業研究をする際には、*Occupational Outlook Handbook*を使ってほしいと考えます。これは、十分な、しかし、多すぎることはない情報を、提供してくれるからです。さらに、それぞれの職業の解説が、「何をするのか」、「職場環境」、「この職業に就くには」、「給与」、「雇用の見通し」、「同様な職業」、そして「さらに詳しい情報の入手先」という7つのセクションに明確に分けられているからです。

『職業研究記録用紙』（ワークシート5.3）には、解説を読んだ印象を記録することができます。目的は、**自分自身**の考え、懸念および質問を記

第5章　自分に合った仕事を見つけるには

録することであり、*Handbook*の情報を切り貼りすることではないことを強調しておきます。

「同様な職業」のセクションは、別の選択肢を示してくれるので、特に役立ちます。ときにはクライアント自身が、自分の興味のある仕事にあまり向いていないと気づくことがあります。そんなとき、このセクションで、もっと有望な、関連のある職業を見つけられるかもしれません。

よい例が、テレビゲームです。これをワークショップで話すと、参加しているほとんどの親があきれた顔をし、わけ知り顔で合み笑いをします。テレビゲーム中毒になってしまう若者は多く、ほぼ起きている間中、ゲームをしていると言えるほどになることもあります。しかし、この興味が職業研究の出発点になりうるのです。テレビゲーム業界には、ゲームデザイナー、プログラマー、アニメーター、音響技術者、作家、ゲームテスター、テクニカルサポート担当者、広報部長、さらには、宣伝、販売の仕事など、多種多様な仕事があります。これらの仕事の多くは、ほかの業界にも転用できるスキルを必要としているのです。

通常、私は*Handbook*の使い方を実際に見せて示します。ほとんどの人にとって、それは直観的に使えるものではないからです。デモンストレーション用に仕事を1つ選ぶようクライアントに求め、それから、一緒にセクションごとに解説を読み進めていきます。そして、その情報が重要な理由をわかりやすく説明するのです（「このセクションでは、教育要件について説明しています。別の学校に行かなければならないかどうか、もしそうなら、どのような種類の学校かがわかります」）。クライアントの中には、このデータベースを容易に使いこなすために、2回以上デモンストレーションをしなければならない人もいます。

また、クライアントには、次のコーチングセッションの前に、記入した職業研究記録用紙をメールで私に送るよう伝えなければなりません。これによって、彼らのコメントを見直し、職業に関する記述を読む機会が得られるからです。クライアントは、読んだことを誤って解釈したり、仕事に関して重要な点を見逃したりすることがあります。ある女性は、人ではなく動物と一緒にいるのが好きだったので、獣医師になりたいと

考えました。しかし彼女は、獣医師はペットの飼い主や動物看護師との交流が多いという事実を見逃していたのです。

（*Handbook*やそれ以外の所で見られる）職業に関する解説では、仕事に関して、定型発達者にはわかりきっていることは詳しく説明されていません。そこで、専門家や親が、翻訳者としての役割を果たさなければなりません。クライアントについて私が知っていることや、うすうす感じていることに基づき、順を追って行う手順を覚えたり、聞くことと書くことを同時に行ったり、自分で時間を管理したりする能力など、解説には書かれていない、しかし、その職業で当然要求されることについて話し合います。

用紙に記入する際には、ある特定の職業に対する自分の興味をランクづけすることが求められます。私はクライアントに、仕事や職業についてさらに詳しく知るうちに、そのランクが変化する可能性があることを伝えて安心させます。ランクがあると、さまざまな選択肢の優先順位がつけやすくなるのです。

*Occupational Outlook Handbook*などの客観的な情報源の利用には、もう1つメリットがあります。アスペルガー症候群の人はかなり頑固なうえ、ある職業にどのようなことが伴うかについて、極めて不正確な考えを持っていることがあります。クライアントに非現実的だと告げてしまったら、私はコーチではなく、親や権威ある人物へと役割を変えることになります。ほかの人と同様に、アスペルガー症候群の人も、やるべきことを命令されたくはないのです。また、私を協力者として認識してもらうことが重要です。中立的な情報源のデータを使用することは、脅威を与えずに誤った認識を正す方法なのです。

予備的な職業研究のもう1つの貴重な情報源は、求人票です。私はクライアントに、求人掲示板を調べて、自分が検討している分野の求人を4、5件、見つけてくるよう求めます。大抵は、どの求人掲示板で、どんな肩書の仕事を探すかを、事前に具体的に決めておきます。クライアントはコーチングセッションに求人票のコピーを持参し、私と一緒にこれを見直し、どのような仕事やスキルが強調されているか、必要な経験、教育要件、職場環境に関する手がかりを見つけることができます。

第5章　自分に合った仕事を見つけるには

ワークシート 5.3

職業研究記録用紙

　あなたが研究している仕事について、それぞれ記録するために、この用紙を印刷またはコピーし、所定の空欄に回答を書き込んでください（必要に応じて、用紙を追加してください）。

　Occupational Outlook Handbook（www.bls.gov/ooh/）を使用し、興味のある仕事や職業についての基本的な情報を集めましょう。以下の質問は、*Occupational Outlook Handbook* の解説に対応しています。青い下線がある見出し（「何をするのか」、「職場環境」など）をクリックして、解説を全部読みましょう。研究を続ける中で、ほかの情報源からの情報をこの用紙に追加することもできます。

仕事／職業の名前

---

1. 「何をするのか」の解説を読みましょう。おもな職務は何ですか？　この職種には、ジャンルや専門領域（例えば、弁護士は、民法または刑法、破産法や不動産法などを専門とする場合があります）はありますか？　どのような種類の機器や技術が使われますか？　どのようなタイプの企業が、この分野で人を雇っていますか？

   _____

   _____

2. 「職場環境」の解説を読みましょう。職場環境はどのように説明されていますか？　残業や休日出勤は見込まれていますか？　この環境の下で、どの程度うまく働けると思いますか？

   _____

   _____

3. 「この職業に就くには」の解説を読みましょう。現在、この仕事をする資格はありますか？　もし、研修／認定／免許が別に必要な場合、

第Ⅱ部　就職と職場定着のためのコーチングの方略

156

今何をしなければならないですか？　さらに教育を受けられる可能性
は、どの程度ありますか？　この分野に進んだ自分の姿を、どのよう
に思い描きますか？

_____

_____

_____

4.　「給与」の解説を読みましょう。平均給与は、あなたが期待していた
　　額ですか？

_____

_____

_____

5.　「雇用の見通し」の解説を読みましょう。この分野では、何か大きな
　　変化がありましたか？　競争の激しさは、どの程度ですか？　成長し
　　ていますか、それとも、衰退していますか？　ある特定の仕事がほか
　　の仕事よりも豊富ですか？　新入社員レベルの仕事はどのようなもの
　　ですか（この分野に新たに参入する場合は、このことに注意しましょ
　　う）？

_____

_____

_____

6.　「同様な職業」を再検討しましょう。もっとよく知りたい職業がある
　　場合、それは何ですか？

_____

_____

_____

7.　あなたが読んだ内容から考えると、この仕事のどの側面に魅力を感じ
　　ますか？

_____

_____

_____

第5章　自分に合った仕事を見つけるには

8. 魅力を感じないのは、どの側面ですか？

_____

_____

_____

9. この職業で、難しい、あるいは、不可能だと感じる側面がある場合、
それは何ですか？

_____

_____

_____

10. 今あなたが知っていることに基づき、この職業に対するあなたの興味
をランクづけしてください。

☐a. この職業にとても興味を持っており、詳しいことを是非知りた
い。

☐b. 面白そうに見える。不安はあるが、研究を続けていく。

☐c. 可能性はあるかもしれないが、今は積極的に研究したくない。

☐d. リストからはずす！

11. この仕事／職業にaまたはbのランクをつけた場合、次はどの情報源
を参考にしたいですか？

☐ 求人掲示板を訪れ、求人票を3〜5件見つけて再検討したい。

☐ 職業分類サイトなど、別のウェブサイトでこの職業について調べ
たい。

☐ 仕事／職業についてGoogle検索したい（「獣医師はどんなこと
をしますか？」「法律分野の仕事」など）。

☐ 職能団体のウェブサイトを訪問したい。

☐ 専門誌／ニュースレター／ブログを読みたい。

第Ⅱ部　就職と職場定着のためのコーチングの方略

実践的な職業研究

　予備研究を終えると、大抵の場合、クライアントには有望と思われる職業が1〜3つ、明らかになります。しかし、読むだけで学べることには限界があります。情報収集のためのインタビュー、ジョブシャドウイング、インターンシップ、戦略的なボランティア活動などによって、職業に対するより深い理解がもたらされます。

　誰もがこれらの活動をすべて実行できると考えるべきではありません。多くの場合、かなりの準備が必要となります。

情報収集のためのインタビュー

　自分が興味のある分野で働いている人と話すことは、職業についてさらに詳しく知るための素晴らしい方法です。情報収集のためのインタビューでは、就職面接に必要なスキルも多数利用します。私のクライアントの大多数は、一般労働市場での仕事を求めています。これは、雇用されるために必要なスキルを練習する、リスクを伴わない機会なのです。

　目的が情報収集であり、仕事を求めることではないということを、**必ず**理解させなければなりません！　おそらく、インタビュー相手の見つけ方、どんな質問をするか、面談の申し込み方とインタビューの実施方法について、明確かつ段階的なガイダンスが必要となるでしょう。以下にあげるのは、私のクライアントが情報収集のためのインタビューで尋ねようとした質問です。

　　「どうしたら雑談ができるようになりますか？」…「コミュニケーションの問題が、自分のせいなのか、誰かほかの人のせいなのか、どうしたらわかりますか？」…「20回面接を受けたのに、どこにも採用されませんでした。どうしてなのか、わかりますか？」…「LinkedInは、どういう仕組みですか？」…「どんな仕事でも喜んでやります。御社には仕事の欠員がありますか？」

　情報収集のためのインタビューは、自分が主導して行う面談なのだと説明することも重要です。「インタビューに行ったら相手が取り仕切っ

第5章　自分に合った仕事を見つけるには

てくれるだろう、と期待することはできませんよ」と私は伝えます。クライアントと私は、何を着ていったらよいか、どんな質問をしたらよいか、そして、何を持っていったらよいかを話し合います。私は、相手の名前と仕事の肩書、そして電話番号がわかるものを持っていくよう念を押します。ある若い男性は、会社に行ったものの、誰と約束していたのか思い出すことができなかったのです！

　何事も当然のことと思い込むべきではありません。そこで、私はいつも、情報収集のための模擬インタビューをします。例えば、自己紹介の仕方について指示が必要な人もいるのです。

　　　・立ち上がる。
　　　・相手を見て微笑む。
　　　・右手を伸ばし、相手の手を握りしめ、自分の手に力を入れて1、2回上下に動かす。
　　　・挨拶の言葉を言う。「こんにちは。ジョン・スミスです。お目にかかれて光栄です」

　親か専門家が、自分の人脈から1、2人、相手を提案できれば理想的です。そうすれば、初めての面談が改まった雰囲気ではなく、よりリラックスしたものとなるでしょう。

　インタビューをする人は、自分が知りたいことは何かを、事前にはっきりさせておいた方がよいでしょう。極めて基本的な質問は、お互いの時間を有効に活用することにはなりません。私は、情報収集のためのインタビューには、就職面接の準備と同じ方法で備えなければならないと強調しています。

　ワークシート5.4は、クライアントが適切な質問を準備できるように配布している「虎の巻」です。

　もし、直接会うのはハードルが高すぎるなら、インターネット上で始めることもできます。LinkedInというビジネスネットワーキングサイトでは、ネット上であらゆる職業や業種のグループが形成されています。グループへの参加は無料です。質問やコメントの投稿は、アドバイスを

第Ⅱ部　就職と職場定着のためのコーチングの方略

得たり、ネットワーク作りを始めたりするための手段となります。私は
クライアントと一緒に、質問やコメントを事前に考えます。

ジョブシャドウイング

　誰かが仕事をしている様子を観察することは、職業理解を進めるもう
1つの方法です。アスペルガー症候群の人は自分が経験したことのない
ことを想像するのに苦労するため、ジョブシャドウイングが特に役立ち
ます。多くのアスペルガー症候群の人にとって、「見ることは意味づけ
ること」なのです。

　ジョブシャドウイングのおかげで、数人のクライアントが、仕事と職
場環境について、より明確かつ現実的なイメージを得ることができまし
た。広報の仕事を考えていた人は、それが思っていた以上に多くの同時
処理作業と人とのかかわりを必要としていることを理解しました。音声
言語病理学関連の仕事を考えていた別の人は、人と1対1でかかわるこ
とはしたくないと気づきました。

　ジョブシャドウイングの体験は、大掛かりなものでなくてよいのです。
私のクライアントたちは、わずか2時間職場を訪問しただけでした。
情報収集のためのインタビューと同様に、親や専門家、あるいは、大学
教授などでもよいのですが、そういう人たちが自分自身の人脈を通じて、
ジョブシャドウイングを設定できるでしょう。

第5章　自分に合った仕事を見つけるには

ワークシート 5.4

虎の巻！
情報収集のためのインタビューでのよい質問と悪い質問

よい質問

　情報収集のためのインタビューは、おそらく 30 分ほどでしょう。事前に 6 〜 8 個の質問を用意しましょう。質問は、既に予備的な職業研究を通じて知っていることをさらに充実させるものでなければなりません。以下は、私が提案する質問です。自分自身の質問を自由に追加しましょう。

　　仕事について、一番好きなことと、一番嫌いなことは何ですか？

　　この分野に入ったきっかけは何ですか？

　　典型的なキャリアトラック[1] は、どのようなものですか？

　　どのような教育が必要ですか？

　　典型的な 1 日は、どんな感じですか？

　　この分野で仕事を得るための最善の方法は何ですか？

　　お勧めの文献や団体はありますか？

　　この仕事／業界について、驚いたことは何ですか？

　　成功するには何が必要ですか？

　　雇用主はどんなスキルと経験を最も重視していますか？

　　典型的な勤務時間はどのくらいですか？

　　この仕事で最も重要なスキルは何ですか？

　　この分野で仕事を見つけるための最善の方法は何ですか？

　　〔新入社員レベル、中堅レベル、管理職レベル〕[2] の給与の範囲はどのくらいですか？

　　私が話せる人をほかに誰かご存知ですか？　あなたのお名前をあげて

1　キャリアトラックとは、ある職業で経験を積んだ場合の典型的な昇進と責任の増加を言います。

2　すべてのレベルについて尋ねてはいけません。**あなた自身**のレベルについて尋ねましょう。そうしないと、相手はあなたが彼の給与について聞いていると考えるかもしれません。

第Ⅱ部　就職と職場定着のためのコーチングの方略

もいいですか？³

密かに探る質問

　以下の質問で、同時処理作業と人とのかかわりがどの程度ある仕事かを、直接尋ねることなく、イメージすることができます！

　　ほかの人と一緒に働くことが多いですか？　それとも、ほとんど１人ですか？
　　内向的な人には、この種の仕事はどうでしょうか？
　　仕事のペースについて、どのように説明しますか？
　　中断されることは多いですか？
　　この仕事は、職務に集中するのに静かな時間が必要な人には難しいでしょうか？

悪い質問

　情報収集のためのインタビューで不適切な質問は、基本的な仕事への心構えや、職探しのスキルにかかわるものです。また、必死な様子に見えるような質問を避けることも大事です。人は、必死な様子の人よりも、職業意識の高い人を助けたいと思うものです！

不適切な質問の例：
　　私はどんな仕事に向いているでしょうか？
　　どうしたら雑談ができるようになりますか？
　　コミュニケーションの問題が、自分のせいなのか、誰かほかの人のせいなのか、どうしたらわかりますか？
　　20 回面接を受けたのに、どこにも採用されませんでした。どうしてなのか、わかりますか？

---

3 「あなたのお名前をあげてもいいですか？」は、新しく会う人に、誰から紹介されたかを話す許可を求める質問です。知り合いからの紹介であれば、大抵の場合、面談の要求を受け入れてもらえます。

LinkedInは、どういう仕組みですか？
どんな仕事でも喜んでやります。御社には仕事の欠員がありますか？
あなたの最大の弱点は何かと聞かれたら、何と答えればよいでしょうか？

疑問があれば、誰か信頼のおける博識な人に確認しましょう！

インターンシップと戦略的なボランティア活動

インターンシップは、職業を試すチャンスと、履歴書に記載できる職務経験を提供してくれます。アスペルガー症候群の学生の場合、授業の課題とインターンシップを同時にこなすことはできないかもしれません。中には、そういう機会を見つけたり、応募したりする方法がわからない人もいます。不安から、また、インターンシップの将来的な価値がわからないという理由から、このアイディアに抵抗を示すこともあるでしょう。ある若い男性は、賃金なしで働くよう求められるのが当然だということに、腹を立てていました！

インターンシップのために面接を受けることが理解できない人もいます。準備をしていない人は、採用されないでしょう。

戦略的なボランティア活動が、もう1つの手段です。戦略的という言葉は、最終的に希望している仕事に関連のあるボランティア活動を選ぶということを意味します。非営利団体だけがボランティアを受け入れているわけではありません。営利企業でも、外部からの支援を歓迎するでしょう。

アスペルガー症候群の人には、たとえ大学やその他の高等教育学校を卒業してからインターンやボランティアをすることになっても、この種の職務体験を勧めるべきです。何らかの職務経験を持たない若者は、労働力として参入しようとするとき、明らかに不利になるからです。

まとめ：自分に合った仕事／職業を見つけるための キーポイント

- ・本人の興味、スキルと能力、最適な職場環境、そして本人がアスペルガー症候群の影響をどのように受けているかを検討する。
- ・あるテーマへの興味を、特定の分野で働く能力と混同しない。興味を探る。仕事に対する印象は正確か？
- ・職業選択に関するツールやアセスメントは、定型発達者によって、定型発達者のために開発されたものである。それには、自閉スペクトラム症の人のニーズや問題は組み込まれていない。彼らは言

葉を文字通りに受け取るため、質問を誤解したり、項目のランクづけの仕方で混乱したりする可能性がある。このため、結果が歪められてしまうことがある。

・最新の神経心理学的評価は、認知の強みと弱みに関する貴重な情報を提供できる。これは、職業の決定に必要な情報となりうる。

・職業研究では、おもな職務と、仕事の遂行に必要なスキルに焦点を絞らなければならない。必要なスキルを持っているか、あるいは、合理的に身につけることができるか？　必要とされる、人とのかかわりの量とタイプには、特に注意を払わなければならない。さらに、多くの新入社員レベルの仕事で強力な実行機能が要求されるが、一部の人にとっては、それが問題となる可能性がある。

・一般に、アスペルガー症候群の人は1度に1つの仕事に集中できる、期待される業績が非常に明確な環境において、最も力を発揮することができる。彼らは、作業の始まりと終わりがはっきりとしている、構造化された仕事を好む。

・職場環境は重要で、就労の成功のためには職務よりも重要と言える。感覚処理の問題から、ある特定の職種や職場を避けなければならないことがある。ある特定の職業を避けたり、職場での配慮が必要となったりする場合がある。

・アスペルガー症候群が自分にどのような影響を与えているかを理解すればするほど、対処できる仕事が見つけやすくなる。アスペルガー症候群の人は、実に不均質な集団である。誰もが同じ症状を経験するわけではなく、その程度も同じではない。最高の職探しができても、それがある特定の分野での成功を保証するとは言えない。ときには、経験が最善の教師となる。

・アスペルガー症候群の人には個人的な限界があるかもしれないが、新しいスキルの習得、支援技術の活用、または、職場での配慮を求めることによって、これは軽減できる。軽減できない場合は、問題のある領域よりも、自分の強みを重視する仕事を見つけるよう、特に注意を払わなければならない。

・情報収集のためのインタビュー、ジョブシャドウイング、ボラン

第Ⅱ部　就職と職場定着のためのコーチングの方略

ティア活動は、ある特定の仕事や分野で働くことがどのような感じなのか、より正確なイメージを得る助けとなりうる。アスペルガー症候群の若者には、これらの活動に向けて、広範な準備が必要となるだろう。

第 **6** 章

仕事を得るには

　今の職探しは、私が就職した頃とはずいぶん違います。ネットワーク作りがはるかに重視されており、そのせいで、ほとんどのアスペルガー症候群の人は、すぐに不利な立場へと追いやられてしまうのです。求人に対して履歴書を送付するだけでは、もはや十分ではありません。求職者は、採用責任者の注目を浴びることになるいくつもの活動に参加しなければならないのです。このプロセスは、多くの場合、アスペルガー症候群の人にとっては脅威であり、彼らは途方に暮れてしまいます。

　職探しには、実行機能にかかわる課題がたくさんあります。

- ・いくつもの同時進行の活動を伴う職探しの方略を計画すること
- ・仕事の欠員を探し、連絡先を見つけ、ネットワークを作り、フォローアップの電話やメールを送る計画を立てるために、時間を管理すること
- ・優先順位をつけ、最善の方略を選ぶこと
- ・採用責任者、企業または業界についての情報を調べること
- ・現在の活動で成果が上がっていない場合、新しい方略を考えること
- ・いらだちや拒絶に対処すること
- ・数週間または数ヶ月間、意欲を維持すること

第Ⅱ部　就職と職場定着のためのコーチングの方略

さらに、強力な「社会的」要素もあります。

・仕事の情報や連絡先を見つけるためのネットワーク作り
・履歴書や添え状で自分の能力を売り込むこと
・面接の質問への強力な回答を準備するために、採用責任者の視点を理解すること
・好ましい外見、温かい笑顔、自信のある態度で、面接官を魅了すること

　クライアントに、今行っている求職活動について話すよう求めると、大抵、1つの活動についての答えが返ってきます。求人広告に対して、履歴書を1通送ったというものです。

　それから、結果について話します。面接には招かれたのか？　2次面接の案内や採用通知は受け取ったのか？　面接にまったく招かれていない場合、履歴書と添え状の書き直しが必要であるとか、職探しの活動を十分にしていないとか、自分にふさわしくない仕事に応募している、などということがわかります。もし数多くの面接を経験したのに、電話や採用通知が来ないのなら、面接のスキルを改善しなければならないとわかります。

　私はクライアントに、さまざまな求職活動のリストを与え、どれを利用したいか尋ねます。

・1対1のネットワーク作り
・インターネット上でのネットワーク作り
・ビジネスネットワーキングサイト上のプロフィール作成
・ビジネスネットワーキングサイト上のグループへの参加
・インターネット上の求人掲示板での検索
・インターネット上の求人掲示板への履歴書の投稿
・人材派遣会社やリクルート会社への登録
・大学の同窓会／就職課に連絡をとること

第6章　仕事を得るには

・求職者支援団体への参加

・就職フェアへの参加

・職能団体に連絡をとること

　これらの活動がどういうものか、また、どう活用すればよいのかを、アスペルガー症候群の人がわかっているとは思いません。また、クライアントには、最後まで一貫してやり遂げられる活動を、いくつか選ばなければならないと強調します。例えば、私のクライアントで、就職フェアへの参加を検討する人はごくわずかです。

　方略について、何も知らないように見えることを気にする人もいるかもしれません。そういう人は、「人材派遣会社と連絡をとることについて、何か質問はありますか？」と尋ねられたら、人材派遣会社が何なのかまったくわからなくても、いいえ、と答えるでしょう。そこで、かわりにこう尋ねます。「人材派遣会社について、どんなことを知っていますか？」

　通常、クライアントには、ビジネスネットワーキングサイト上のプロフィール作成や、履歴書のオンライン投稿など、人とのかかわりがない活動から始めてもらいます。その後、大学の就職課や人材派遣会社に連絡をとることを提案する場合もあります。十分に準備すれば、高機能の人は１対１のネットワーク作り、つまり、１度に１人の相手と会い、アドバイスや仕事に関する情報を求める面談を、手配することができるのです。

　私はクライアントとたくさんのブレインストーミングをしますが、これは、彼らが何を知っているのか、どれだけの準備が必要なのか、ブレインストーミングが多くのことを教えてくれるからです。編集の仕事を希望していた若い男性は、情報収集のためのインタビューの相手として、人事部長に連絡をとることを計画していました。別の人は、**採用責任者**というのが肩書だと思っていました。アスペルガー症候群の人には、本から得た求職情報を自分の状況に適用する方法について、通常、具体的な指示が必要であることを、繰り返しておかなければなりません。

　例えば、履歴書の記入について考えてみましょう。アスペルガー症候

第Ⅱ部　就職と職場定着のためのコーチングの方略

群の人は、関連のある情報を明らかにし、自分の経験をまとめることが難しい場合があります。この結果、関連のある要点が不明瞭な、長々と情報を詰め込んだ文書ができあがる可能性があります。ある求職者は、過去に経験した5つの仕事について、ウェブデザインに関する基本的なことを一語一句繰り返していました。それでは、彼は仕事を転々としたが、どの仕事でも基本的なスキルを使っていただけだ、と雇用主が推測することになるとは、理解していなかったのです。

一方、ピーターのように、あまりに簡潔すぎる履歴書もあります。彼は3年間歴史協会で働きましたが、その経験をただ「研究者」とだけ記しました。

「これでは、その仕事であなたが何をしたかは、伝わりませんね」

「伝わりますよ」と彼は言いました。「私は研究をしていたのです」

私はピーターに、彼の職務をすべてリストアップするよう求めました。その後、彼が探している職種に最も関連の深い職務を選びました。新しい履歴書には、「雑誌のデータベース、研究論文、図書館資料およびインターネットを使用し、1次調査を行った」と書かれています。

ときには、職歴として、短期の仕事や不完全雇用の仕事、長期にわたる失業期間を、いくつも記している人がいます。空白の期間を埋め、それなりの職歴を記載することが、かなり難しいこともあります。このような場合には、できれば雇用が増えている分野での職業訓練が必要となるでしょう。州の職業リハビリテーション機関で、訓練のための資金援助を受けたり、地元の労働市場に関する洞察を得たりすることができるでしょう。

職探しの秘訣

非現実的な期待への対処

自分の適性と、稼げる額、あるいは対処できる責任について、本人が混乱しているときには、不一致の分析が役立つと言えます。私はクライアントに、興味のある仕事や、既に応募した仕事を、4つか5つリストにして印刷してくるよう求めます。そして、1枚の紙を2つの欄に分け、

第6章 仕事を得るには

171

左の欄には、クライアントのスキル、経験、教育に合った仕事の側面を、右の欄には、一致していない側面を記入します。そうすると、どこを調整しなければならないか、話し合うことができるのです。繰り返しになりますが、このような事実に基づく客観的なアプローチで、データにものを言わせるのです。

求人票の言葉を読み解く

アスペルガー症候群の人にとって、求人票は、曖昧で混乱してしまうような要件に満ちています。「優れた」コミュニケーションスキル、チームでうまくやる、並行作業をするとは、何を意味するのか？ 自分の経歴とスキルが完全には一致していない場合、どうしたらふさわしくなれるのか？ 自分が「締め切り駆動型」か「自発型」かは、どうしたらわかるのか？ 望ましい経験と必要な経験の違いは何か？

クライアントはときおり、書かれていることを文字通りに受け取るので、自分が対処できる仕事でも、自分にはふさわしくないと考えてしまいます。データ入力を19ヶ月間経験した若い男性は、「2年以上」の経験が求められる仕事に、自分がふさわしいとは考えませんでした。応募するよう彼を説得するのに、私はとても苦労しました。「でも、私には2年間の経験はありません！」と主張するのですから。

最近大学を卒業した人が、自分の学歴なら、つまり、成績の平均点（GPA）が高いなら、部長や取締役レベルの職に適任だと思い込んでいることが、何度かありました。中には、会社によって肩書が違うということを黙って受け入れるのが難しい人もいます。なぜ自分に与えられる肩書が、アシスタントであったりスペシャリスト、さらには、事務員になったりもするのか、わからないのです。

ワークシート6.1は、クライアントが求人票の言葉をよりよく理解するのに役立ててもらおう、と私が配布しているものです。

ワークシート 6.1

求人票の言葉を読み解く

　求人情報で使われる言葉を正確に解釈することは、職探しのさまざまな段階で役立ちます。

- **予備的な職業研究**：求人情報には、職務内容と必要なスキルが明確に記されており、ある仕事や業界が、あなたの興味や能力によく一致しているかどうかを判断するのに役立ちます。
- **履歴書と添え状の記入**：雇用主のニーズに一致する自分の経験、スキルおよび教育に関する情報を含めることができます。
- **職探し**：自分にふさわしい仕事にのみ応募すれば、時間と労力の節約になります。
- **面接の準備**：雇用主のニーズを重視した回答を準備するのに役立ちます。

求人票には、以下に関する手がかりが含まれています。

- おもな職務
- 職務遂行に必要なスキル
- 必要とされる経験のタイプと量
    - » 業界特有（医療、情報技術など）
    - » 年数
    - » レベル（新入社員、上級、部長、取締役など）
- 職場環境
    - » ペース、監督のレベル、責任のレベルなど
- 人とのかかわりの量と性質

求人票を読むときには、以下のことに気をつけます。

- 最も重要なスキルは最初にあげられています。

第 6 章　仕事を得るには

173

- おもな職務は、通常、全般的な仕事の説明に書かれており、その後、要件、および／または、やるべきことのリストで繰り返されています。
- 重要なスキルは、多くの場合、「…の広範な経験」「…に関する豊富な知識」「…の確かな実績」「…を専門とし」「極めて…」「優れた…」「…に責任を持ち」「…との密接なかかわり」などという言葉やフレーズで強調されています。
- 譲歩できない項目は、「…の広範／立証可能な経験」「…を含まなければならない」「これらの要件を満たしていない場合、応募しないこと」などのフレーズで識別することができます。
- 譲歩できる項目は、「…が好ましい」「…が望ましい」「理想的な候補者は…を持ち」「…はプラスとなる」「…に精通していた方がよい」などのフレーズで識別することができます。
- 職場環境のペースは、「プレッシャーの下でもうまく対処しなければならない」…「期限に追われる環境」…「あわただしい」…「速いペース」などのフレーズで示されています。
- 「さまざまな人とうまくやる能力」というフレーズは、ニーズや仕事のスタイルが異なる人たちに適応しなければならない環境であることを指しています。「自発的な人」…「覚えが早い人」…「自立」は、多くの監督を受けなくても、職務に取りかかり、遂行することが期待されるという意味です。「ユーモアのセンスを保つ能力」とは、「気をつけて！ これはストレスの多い、いらいらのたまる仕事ですよ！」という意味です。
- 「優れた人づきあい／チームワークのスキル」と「並行作業のスキル」という普遍的な要件は、相対的なものです。仕事や業界、会社によって、その意味が大きく異なることがあります。予備研究と情報収集のためのインタビューで得た情報や、業界について既に知っていることを参考にしましょう。

求人票の読み方

1.　キーワード、キーフレーズを蛍光ペンでなぞったり、下線を引いたりします。

第Ⅱ部　就職と職場定着のためのコーチングの方略

2. 求人票で、どの要件が繰り返されているか、見つけます。

3. 強調されている職務やスキルのタイプに注目します：技術的、組織的、
   対人

試しに検索してみる

　求人掲示板の検索方法を、アスペルガー症候群の人がわかっているものと考えるべきではありません。私はクライアントと一緒に、どの掲示板を検索するか、どんな肩書を使い、どの地域の仕事にするかを決めます。最後の点を見過ごしてはいけません。ある男性は、何時間もかけて、遠く離れた州の小売店店員の職に応募していました。雇用主が引越しの費用を払ってくれるものと信じていたのです。ある若い女性は、検索結果をさらに地域で絞る方法を知らず、関係のない何百件もの求人情報をすべてより分けていかなければなりませんでした。

　アーロンは、自分に合った仕事を見落とすのではないかと心配していました。中枢性統合の弱さ（第１章を参照）から、彼は、地域**以外**の基準で検索を絞り込もうとは思わなかったのです。毎日、彼は辛抱強く、あらゆる職種の求人情報を何十件も読み通しました。

　クライアントと私で検索基準を決めたら、「試しに検索してみて、これらが適切な検索語かどうか確かめましょう」と提案します。

情報の流れをコントロールする

　アスペルガー症候群の人の場合、控えめにした方が、大きな効果を上げられます。情報源が多すぎると、途方に暮れてしまうのです。ちょうどマイクがそうだったように。

　解雇されてから、マイクは職探しのワークショップに参加しました。州の職業安定所が主催しているものです。帰宅後、彼は私に電話をしてきました。

　「セミナーはどうでしたか？」

　「身がすくむ思いです」と彼は答えました。「何から始めたらいいのかもわかりません」

　翌日、コーチングセッションを手配することができ、マイクはプリントで膨れ上がったノートを持ってやってきました。彼は大量の書類をパラパラとめくり、４枚つづりの文書を取り出しました。各ページに２段組で、求人掲示板、政府の求人サイト、全国の業界団体の名前とURLがずらずら書かれています。

第Ⅱ部　就職と職場定着のためのコーチングの方略

「毎日このサイトを全部、見なければならないのですか？」

彼は、小馬鹿にしようとしていたわけでも、抵抗しようとしていたわけでも、怠けようとしていたわけでもありません。情報の量と、それが提示されたペースが、彼には処理できないほど多すぎ、速すぎたのです。さらに、マイクは全体像という観点からは考えていませんでした。URLに素早く目を通し、最も適切なものをいくつか選ぶのではなく、役に立つかどうか、1つひとつ丹念に調べる覚悟を決めていたのです。修士号を持っていても、マイクの自閉症的な情報処理スタイルは変わっていませんでした。

特別な理由がない限り、クライアントには検索する求人掲示板の数を3つまでに制限するよう提案しています。マイクもそうしました。ほかのサイト（企業のウェブサイトなど）の情報をまとめて掲載している掲示板もいくつかあり、それを使えば時間を節約できますし、検索も簡単になります。

毎日の求職活動を計画する

活動は、予定を立てない限り、終わらないでしょう。中には、1日のうちで職探しに取り組む時間を、具体的に決める必要がある人もいます。1日あるいは1週間の予定を印刷し、毎日見る場所に貼っておくと、最後までやり通せることが多いように感じます。

課題を書き留めないクライアントは、実行すると同意したことをすぐに忘れてしまいます。私は、信じられないほどシンプルな『毎日の職探し　やることリスト』（ワークシート6.2）を使って、成果を上げてきました。以前は約束を守ることに苦労していた人が、この用紙に書き留めた活動を、やり遂げることができたのは1度や2度ではありません。

課題を、小さく具体的なステップに分ける

「履歴書の更新」〔といった課題〕は、定型発達者のための課題で、アスペルガー症候群の人のための課題ではありません。アスペルガー症候群の人の場合、実行可能な計画とは、次のようなものです。

第6章　仕事を得るには

177

1. 目的を書きます。それは、自分が求める仕事のタイプを説明する、1つか2つの文です（例を参照）。
2. これまで就いたことのある仕事を1つずつ、最近のものから順にリストにします。肩書と会社名を太字で書くことから始めます。
3. おもな責務、職務内容、使用したスキルと達成した成果を書きます。コーチングセッションで作成した例とメモを参考にしましょう。
4. リストアップしたそれぞれの仕事の雇用期間を最後に書きます。
   例：2010年3月〜2014年9月

ワークシート 6.2

毎日の職探し　やることリスト

月曜日
日付（　　　　　　　　）

- _____
- _____
- _____
- _____
- _____

火曜日
日付（　　　　　　　　）

- _____
- _____
- _____
- _____
- _____

水曜日
日付（　　　　　　　　）

- _____
- _____
- _____
- _____
- _____

木曜日
日付（　　　　　　　　）

- _____
- _____
- _____
- _____
- _____

金曜日
日付（　　　　　　　　）

- _____
- _____
- _____
- _____
- _____

第6章　仕事を得るには

クライアントの人物像

パン職人

　スーザンは、料理関係の仕事を偶然見つけました。当初、彼女は動物にかかわる仕事を望んでいました。犬の美容師を試してみましたが、客に仕事が遅すぎると苦情を言われてしまいました。職場環境も、たくさんの人と雑音で、疲れを感じさせるものでした。獣医師の診療所での受付係は、2週間も続きませんでした。動物に気を取られすぎて、コンピューター画面の予約表に集中するのが難しかったからです。予約がかち合うことがあまりに多かったので、彼女は辞めさせられました。犬を散歩させる仕事は、問題外でした。「とても寒い日や暑い日、それから、雨が降っているのに外に出ることには、耐えられません」と彼女は語りました。

　お金を稼ぐために、スーザンは次に、地元のパン屋でアルバイトを始めました。この仕事はとても楽しかったので、数ヶ月後、彼女は料理学校に入学しました。しかし、卒業して7ヶ月になる今でも、まだ仕事が見つかっていません。

　スーザンにとって、職探しの見通しは、まったくのお手上げ状態でした。

　「本を読んだり、ウェブサイトを見たりしましたが」と彼女は言います。「何をしたらいいのか、全然わからないのです」

　「最初のパン屋の仕事には、どうやって就いたのですか？」

　「母の友人がそのパン屋を経営しているのです」とスーザンは答えました。「卒業してからその人に連絡をとったのですが、唯一募集中の仕事は、パンを焼くことでした」

　スーザンは、デザートを焼くことに**しか**興味がなかったのです。また、ケーキとお菓子のデコレーションも楽しいと思っていました。履歴書は少しだけ変更が必要でしたが、彼女は将来の雇用主に見せるべき有力なポートフォリオを持っていました。

　私は基本的なネットワーク作りの方法を説明し、彼女が既に

第Ⅱ部　就職と職場定着のためのコーチングの方略

知っている人のリストを一緒に作りました。料理学校の指導者の名前をスーザンがいくつか書き留めたあとで、求人情報を知っていそうな元クラスメートについて尋ねました。

「学校では友だちはいませんでした」とスーザンは何の感情も見せずに答えました。

さらに進めて、彼女が働きたいと考えている会社のタイプをリストにしました。パン屋、スーパーマーケット、ケータリング会社、レストランやホテルです。次に、求人掲示板で検索するために使う肩書を決めました。

私たちは、試しに一緒に求人掲示板で検索をし、どんな仕事が出てくるか見てみました。

スーザンは、自分の基準に当てはまる仕事が10件あまりリストアップされたのを見て、驚いていました。一緒に検討できるように、1つ選ぶよう求めました。

パン・ケーキ職人　サルズベーカリー

最高級ベーカリー・ケータリング会社サルズベーカリーでは非常勤ケーキ職人を募集中。ペースの速い職場で力を発揮、優れたコミュニケーションスキル、並行作業可能な方理想。パン製造への情熱、バタークリーム使用・フォンダン不使用デコレーションの知識有の熟練者希望。

私はスーザンに、この求人についてどう思うか尋ねました。

「最初の文にあるベーカリーの名前が、大文字で始まっていませんね」とスーザンは答えました。「でも、見出しでは大文字で始まっています。看板では大文字になっているのかしら」

「ほかには？」

「最初の文の『会社』のあとと、『では』のあとには、『、』を入れるべきです。文法的な間違いがいくつかありますね。そういうことは、質の悪い品を作っているかもしれないという危険信号です」

第6章　仕事を得るには

「私も、文法や句読点の誤りには気づきましたが」と私は言いました。「でも、店の名前と場所を考えると、これは小さな家族経営のお店ではないかと思います。店主は凄腕のパン職人でも、書くことはあまり得意ではないのかもしれませんよ。あなたが仕事そのものについてどう思ったか、知りたいですね」

「技術的なことを言えば、私は先方が希望する物を焼くことができます」とスーザンは答えました。「でも、自分がふさわしいとは思いません」

「どうしてですか？」私は返答を促しました。

「優れたコミュニケーションスキルが必要で、チームプレーヤーでなければならなくて、ペースの速い職場環境で働かなければならないと書いてありますから」

スーザンは、文法的な誤りで頭がいっぱいになり、実際の仕事の評価から気持ちがそれてしまっていました。人とのかかわりやペースの速い環境への不安は理解できます。でも、特に小さな店で、いったいどれだけのかかわりがあるのか、私は疑問に思いました。

私はスーザンに、パン製造とデコレーションの作業工程について尋ねました。

「ほとんどの仕事を１人でするように聞こえますね」

スーザンもこれに同意し、私たちは彼女の経験を基に、コミュニケーションには、材料、分量、スケジュールなどに関する事実情報のやりとりが含まれるだろうと考えました。私は、最初のパン製造の仕事や料理学校で、期限を守るのに苦労したかどうか尋ねました。すると彼女は、作業に集中しているときは、期限は問題ではなかったと説明してくれました。

「私には、このペースでもやっていかれるように思えますが」

「ええ。ただ、これが自分に合っている仕事なのかどうか、わからないだけです」

「それは、面接を受ければわかるでしょう」と私は説明しました。「店主があなたのスキルと経験を評価してくれます。あなた

も、この仕事が合っているかどうか確かめるために、質問する機会が持てるでしょう。採用通知を辞退することは、いつでもできますよ」

スーザンはサルズベーカリーと、ほかにもいくつかの仕事に応募することに同意しました。

私たちは、食品サービス関係の仕事が掲載されている専門のウェブサイトも見つけました。スーザンは地元のパン屋に問い合わせをし、料理学校の就職課を訪ね、指導者数人に連絡をとりました。

スーザンにとって、面接は問題ありませんでした。彼女ははきはきとしていて、有力なポートフォリオを持ち、仕事への熱意も示していましたから。店主はおもに、パン製造とデコレーションに関する技術的な質問をしてきました。

初回面談から数週間で、スーザンはパン屋の仕事を得ました。彼女がサルズで面接を受けたのか、サルズの看板に大文字があったのか、結局わからずじまいです。

面　接

アスペルガー症候群の人の大多数にとって、面接は、言葉で語られない期待とややこしい手続きに満ちた複雑な社会的イベントです。

定型発達者は、通常、予想される質問への回答の仕方を練習し、会社について研究し、面接で会うことになっている人たちについて知ることで、面接に備えます。アスペルガー症候群の人も、これらのことをします。しかし、ほかにも考えなければならない細かいことがあるのです。以下に、私のクライアント数人があげた質問と懸念の例を紹介します。

・もう約束をしてあるのに、なぜ面接官に自己紹介しなければならないのですか？
・どうしたら、アイコンタクトと笑顔と握手を同時にすることを覚

第6章　仕事を得るには

えていられるでしょう？

・自己紹介を終えたら、何を話したらいいですか？

・（もし面接官が教えてくれなかったら）どうしたら座る場所がわかりますか？

・既に履歴書に記載してあるのに、なぜ過去の仕事について聞かれたのですか？

・なぜ、仕事がほしいと言わなければならないのですか？　家に帰って、そのことについて考えたいのに。

・面接官のオフィスに歩いて向かうとき、どのくらい近づいてついていけばよいでしょうか？

・エレベーターに乗っているときに質問することを思い出したら、どうしたらよいですか？

　これらの質問はどれも、最低でも準学士号を持つ人から寄せられたものです。このうちのいくつかは、30代半ばから40代前半の、学士号より上の学位を持つ人が発したものです。これを紹介するのは、キャリアカウンセラーや職業リハビリテーション専門家、そして雇用主が、アスペルガー症候群を理解するのは難しいと感じていることを話してくれたからです。具体的に言えば、聡明な、大学教育を受けた人が、いったいどうしてこのような質問をしてくるのか、彼らは不思議に思っているのです。私には、これらの質問は社会的理解に障害があることの本当の意味を、極めて雄弁に物語っていると思えます。それは知性や教育とは何の関係もありません。脳が情報を処理する方法の違いなのです。

　ダイアンは、修士号を活かせる仕事を2年間探したのちに、私のコーチングを受け始めました。彼女によれば、その2年間で、15件から20件の面接を受けたそうですが、2次面接に呼ばれたのはたった1度でした。私をまっすぐ見て、彼女は大真面目にこう言いました。「面接での嘘のつき方を教えてほしいのです。採用されるように」

　「どういう意味ですか？」

　「ご存知でしょう」と彼女は答えました。「嘘です。定型発達の人たちがつくような」

第Ⅱ部　就職と職場定着のためのコーチングの方略

よくよく聞いてみたところ、ダイアンは、面接に関するほとんどのアドバイスが、不正直になることを勧めていると思い込んでいたのです。私は一例をあげるよう求めました。

　「自分の弱みについて聞かれて、雑談や知らない人と一緒にいることだと正直に答えるなんて、ありえないと友人が言ったのです」と彼女は答えました。「だから、嘘をついて、何かほかのことを言わなければならない、と」

　面接で嘘をつくことに関する懸念は、私が受ける相談の中でも、繰り返し登場するテーマです。ジャックは大学を卒業したばかりで、ライターとしての初めての仕事を探していました。

　彼は、書くことに対する情熱や心理学と政治学への興味を明確に語ることには何も問題がありませんでした。地元の新聞社で成果を上げたインターンシップについて話すこともできました。しかし、ジャックの回答は、一部**あまりに正直すぎた**のです。彼は、先延ばしにして期限を守れない傾向があることを言い出してはならない、という私の提案に腹を立てました。同僚が自分のアイディアを気に入ってくれないとき、「気難しく」なると説明することも、まずいことだとは考えていませんでした。

　コーチングセッションが終わる頃には、ジャックの怒りが目に見えてわかるようになりました。

　「面接で嘘をついてほしいわけですね」

　「いいえ。お願いしているのは、場面の文脈によって、話す内容を**編集する**ということです」と私は説明しました。「もし、雇用主となる可能性がある人に、期限を守ることや、ほかの人とうまくつきあうことに問題があると話したら、採用したいとは思ってくれませんよ」

　時間をかけて、慎重に、嘘をつくことと編集することの違いを説明したところ、ジャックの態度が変わりました。怒りを示したことをわびてくれたのです。

　「あんなにむきになって反発するつもりではありませんでした」と彼は言いました。「でも、とても歯がゆくなるのです！　IQは140あるのに、簡単なことすらわからないのは、どうしてなのでしょう？」

第6章　仕事を得るには

185

面接の準備は、アスペルガー症候群の人にとって、とてもストレスの
たまる経験だと言えます。私はよくこんな質問を受けます。「自分がで
きることを雇用主に話すだけでは、なぜいけないのでしょうか？」

　想像力に乏しい現実的な考え方と、悪知恵のなさから、面接での質問
に普通では考えられない回答をしてしまうことがあります。以下にあげ
るクライアントの例のように。

　　面接官：「ほかの候補者ではなく、あなたを採用すべき理由は何で
　　　すか？」
　　求職者：「どう答えたらいいのかわかりません。私はほかの候補者
　　　に会ったことがないのですから」

　　面接官：「あなたの最大の弱点は何ですか？」
　　求職者1：「雑談の仕方がわからないことです」
　　求職者2：「ひどく自信がないことです」
　　求職者3：「朝型の人間ではないことです」

　　面接官：「なぜここで働きたいのですか？」
　　求職者：「給料がほしいからです」

　　面接官：「5年後、自分はどうなっていると思いますか？」
　　求職者：「ボストンにいると思います」
　　〔訳注：英語では面接官の質問は "Where do you see yourself in five
　　years?" で、Where（どこ）という言葉が使われている。面接官は、5年後の
　　自分が「どこ」にいるか、つまり、5年後、職場でどういう状況にあるかとい
　　う意味で尋ねたのだが、求職者は質問を文字通りに受け取り、「ボストンにい
　　る」と答えた〕

　　面接官：「何か私に質問はありますか？」
　　求職者：「御社では残業代を払ってくれますか？」

第Ⅱ部　就職と職場定着のためのコーチングの方略

186

また、アスペルガー症候群の人は、笑わないこと、視線を合わせない
こと、あるいは、不適切な服装やだらしのない身だしなみで現れること
で自分が送っている非言語的なメッセージに、気づかない可能性があり
ます。初めての場所に出かけて、知らない人とかかわりを持つストレス
は、面接のときにはっきりとわかってしまうほどの不安を引き起こすこ
とがあります。

　ディーンは、製図技術者で、大学卒業後に得た唯一の仕事を解雇され
てしまいました。その会社でインターンシップをしたのちに、仕事を得
たのです。解雇から9ヶ月が経った今も、彼はまだ失業中です。愛想が
よく、見た目も素敵で、面接を何度も受けたのに。何らかの理由で、採
用されないのです。

　私たちは、彼が覚えている面接で聞かれた質問と、聞かれそうな質問
のリストを作ることから始めました。そして、ブレインストーミングを
して回答を考え、ディーンが重要なポイントをメモしました。

　気を取り直して、ディーンはネットワーク作りを始めました。彼は、
以前指導を受けていた教授2人と、元クラスメート1人、元上司と同僚
1人にメールを出しました。履歴書を送って、求人情報を求めたのです。

　ディーンの父親は、面接の質問に答える練習を手伝ってくれました。
私たちは、面接のロールプレイを始めました。ディーンのスキルと自信
が増すのに合わせて、質問の言葉を変え、特に練習していなかった新し
い質問をしました。ディーンは私がしていることをすぐに理解してくれ
ました。

　3ヶ月のコーチングを終え、ディーンの面接スキルは大きく進歩しま
した。しかし、彼はまだ、前の仕事での自分の役割をまとめるのに苦労
していました。重要な職務を忘れてしまったり、出来事を間違った順序
で説明してしまったり、関係のないことへと話がそれてしまったりする
のです。どんなに一生懸命練習しても、自分の能力を明確に説明するこ
とができませんでした。

　何か別の方法があるはずだわ、と私は思いました。彼は仕事のサンプ
ルのポートフォリオを作れませんでした。彼には自分の専門知識を説明
するための手がかりが必要だということは、はっきりしていました。そ

第6章　仕事を得るには

のとき、思いついたのです。将来の雇用主に見せる「過去に手がけたプロジェクトの紹介」を作るために、インフォグラフィックス（情報の視覚的表現）が使えるだろう、と。そのアイディアは、図表やグラフ、囲み枠などを使って関連プロジェクトを1ページにまとめるというものでした。ディーンは1枚を採用責任者にわたし、自分はコピーを持ちます。そうすれば、プロジェクトについて最後まで話せますし、詳細を付け加えることもできます。

　ディーンはこのアイディアに乗り気になりました。私たちは、彼のスキルを最もよく伝えられる3つのプロジェクトを選び、それぞれどのような情報を含めればよいか、まとめました。

　数社の面接で、過去に手がけたプロジェクトを紹介したところ、2社から2次面接に呼ばれました。

　この話は、本人に関して現実的な期待を持つということを思い出させてくれます。数ヶ月間熱心に練習しても、ディーンに必要な結果が出なかったのなら、何かほかのことを試すときなのです。

　アスペルガー症候群の人の問題は、とても目立つものであったり、コントロールしにくいものであったりします。**あなた**を相手に練習しているとき、適切なアイコンタクトや、自分の考えをまとめること、あるいは、はっきりと話すことがとても難しい人が、オフィスの外で、面接で、魔法がかかったように機転の利いたやりとりができるようになることはありません。中には、面接の際にアスペルガー症候群であることを打ち明けた方が賢明だという人もいるでしょう。

　打ち明けると決心した場合、何を話すか一緒に考えます。クライアントの1人は、DSMの専門用語を使うつもりでいました。別のクライアントは、テンプル・グランディンや、自閉スペクトラム症と考えられる歴史的人物について、長々と話し始めました。打ち明ける際の言葉は、普通ではない行動を簡潔に説明し、長所を強調するものでなければなりません。「アスペルガー症候群のために、やる気があるようには見えないかもしれませんが、私のデータ入力の技術は優れていますし、この仕事に胸を躍らせています」（カミングアウトと配慮については、第8章で取り上げます）。

第Ⅱ部　就職と職場定着のためのコーチングの方略

面接準備の秘訣

雇用主の視点を説明する

　アスペルガー症候群の人は、自分がどのように評価されるかを、十分に理解していないことがあります。中には、高いIQや大学の成績の平均点（GPA）だけで、採用につながると思い込んでいる人もいます。そこで、雇用主はその人が適切なスキルと経験を持っているか、信頼できるか、仕事を終えられるか、また、集団の中でうまくやっていけるかを見るのだと説明します。最後のポイントを強調しておかなければなりません。どんな仕事にも、少なくとも**ある程度は**、ほかの人とのかかわりが伴うからです。

　アスペルガー症候群の人は、仕事や会社に大いに興味があるそぶりをするなど、自分が馬鹿馬鹿しいとか、重要ではないと考える行動を、拒否することがあります。熱意の重要性を示すために、私はときどき求職者のふりをし、うんざりした様子の回答例をオーバーに演じてみせます。そして、クライアントに、そういう候補者を採用したいかどうか尋ねます。ほとんどの人は、私の言いたいことを理解してくれます。

　デンハム・リソースはカリフォルニアに拠点を置く、人材スカウト・人材派遣・人事コンサルティング会社です。この会社では、面接の質問への答え方に関する動画を制作しており、スキットで、「よい」回答、「悪い」回答、そして「見苦しい」回答を紹介しています。「悪い」回答と「見苦しい」回答は、かなり誇張されており、下手な言語的・非言語的コミュニケーションがわかりやすく説明されています。YouTubeでデンハム・リソースの面接動画を検索すれば、映像が見つけられます。

　中には、面接のプロセスが不公平であるとか表面的であると考えて、腹を立てる人もいます。その気持ちの正当性について議論するよりも、私はこういう論理を用います。「あなたの言い分はわかりますが、あなたは定型発達者の労働市場で競争しているのですよ。自分の能力が雇用主の求めていることとどれだけ一致しているかを、示さなければなりません。そうしなければ、誰かほかの人が選ばれてしまうでしょう」

第6章　仕事を得るには

ブレインストーミングをして、予想される質問への回答を考える

　アスペルガー症候群の人が、面接の質問にどのように答えたのか、また、答えるつもりなのかを聞くことに、私はとても興味があります。これによって、その人が面接についてどの程度理解しているのかがわかるからです。私は、次のようなことがあるかどうか評価します。

- ・質問を文字通りに受け取り、面接官が知りたいことを理解していない。
- ・細かいことを話しすぎる。また、優先順位づけや、関連のある要点をまとめることに助けが必要である。
- ・自分のスキルについてどう説明したらよいかわからないので、回答が短すぎる。
- ・わかりにくい話し方をしたり、うんざりしている様子や準備不足を感じさせたりする。

　ブレインストーミングをすると、本人の能力と経験を引き出すことができます。私はいつも、クライアントが自分のスキルについて話してくれる内容を練り直します。そうすると、回答に自信がつくからです。もし不適切な回答を示したら、雇用主となる可能性がある人に聞かせられるような内容へと「翻訳」します。

　サミュエルは、個人的な失敗について質問されたとき、面接でうまくできないことだと言ってしまいました！

　「採用責任者には、面接の準備に努力をしたくないかのように聞こえてしまいますね」と私は告げました。「それは事実とは異なり、あなたは今そのスキルを学ぼうと一生懸命頑張っていることを、私はわかっていますよ」そして、その質問の目的は、その人が失敗に責任を負い、失敗から学べるかどうかを見ることだと説明しました。これを理解したうえで、サミュエルは、大学4年生のときの経験から、彼の粘り強さを実証する例を見つけました。

第Ⅱ部　就職と職場定着のためのコーチングの方略

面接の練習計画を立てる

アスペルガー症候群の人は、多くの場合、面接の前に練習が必要だということに気づきません。予想される質問のリストに目を通して、何を言おうか考えるのが準備だ、とクライアントが私に言うのは、ごく普通のことです。回答を声に出して、しかも何度も練習しなければならないと説明すると、彼らは驚きます。

『面接の質問への回答を準備する方法』（ワークシート6.3）のような、カスタマイズ可能な記入用紙は、回答を準備し、練習する助けとなります。これは、どのくらいの長さの答えにするべきか、目安を与えてくれます（通常は、3〜5つの文です）。箇条書きの使用は意図的で、こうすることで強調したいことを思い出せますし、答えを一語一句覚えなくてもよくなります。さらに、練習は会話調でするように、とクライアントに伝えます。

また、練習のセッションを、音声や映像で記録することも勧めます。そうすれば、面接官には自分がどのように聞こえ、見えるかがわかるからです。面接を模したセッションの録画を手配することもあります。

定期的な練習のためのセッションは、求職計画の一部としなければなりません。パーフェクト・インタビュー（www.perfectinterview.com）などが行っている模擬面接では、リアルタイムで質問に回答する経験ができます。パーフェクト・インタビューでは、練習の様子を録画し、ほかの人に送ってフィードバックを受けることができます。

クライアントの身だしなみに不安がある場合、実際の面接のような服装をしてロールプレイに来るよう求めます。これは、通常面接に持っていく物をすべて持ってくるということです。

二重の地雷：就労前の性格検査と行動面接の質問

就労前の性格検査と行動面接の質問は、アスペルガー症候群の求職者にとって、まさしくハードルとなります。

多くの企業で、求職者の選抜に就労前検査が使用されています。検査では、技術的なスキル、適性と知能に加えて、人格特性と心の知能指数

が測定されます。

性格検査は、ある特定の発達障害、認知障害およびコミュニケーション障害のある人を差別するものではないかという議論が交わされていますが、アメリカ合衆国では、障害のあるアメリカ人法（ADA）に違反しない限り、就労前検査は合法です。ADAでは、雇用主が障害のある人を排除するために検査を使用することを、そのような選別が業務上必要な場合を除き、禁止しています。例えば、ある仕事で重い箱を持ち上げる能力が必要な場合、求職者は、力の強さや移動性に影響を与える障害について検査を受けることがあります。

性格検査では、自閉スペクトラム症の人は不利になると言えるでしょう。質問を理解し、適切な答えを選ぶには、他者の動機と意図を推察し、場面の文脈を理解し、抽象的なシナリオを想像できなければなりません。私の経験によれば、アスペルガー症候群の人は、このような検査にすっかり混乱してしまいます。

以下に、私が出しているニュースレターの読者から送られてきた質問の一例を紹介しましょう。

ジルは休憩室に、自分が所属する青年団体が販売するチョコレートバーを売り物として置いておきました。ジャックは休憩中にチョコレートバーを1つ取り、支払いをせずに仕事に戻りました。彼の行動の理由として、理にかなっているのはどれですか？
1. ジャックは休憩から戻るのが遅れたので、支払いを忘れてしまった。
2. ジャックはジルを知っており、支払わなくても大丈夫だと考えている。
3. ジャックは、自分はお菓子を無料でもらってもよいのだと考えている。
4. ジャックは、置いてあるお菓子はどれも自由に食べていいものだと思い込んでいる。

読者はこう尋ねてきました。「これらの選択肢のどれが理にかなって

いるというのですか？　ジャックについて、もっと詳しいことがわからないのに、どうして理由が推測できるのですか？」

　これは、ジャックという名前の特定の個人に関する質問だと回答者が考えれば、答えることができない質問です。ジャックについて何も情報がないのに、いったいどうして彼が考えていることがわかるでしょうか？　しかし、定型発達者は直観的に、この質問はジャックに関するものではないと理解するのです。これは**検査を受けている人**に関する質問だ、と。選ばれた答えは、その人の態度、人格特性、信念、さらには、ほかの人とのかかわり方を反映しています。また、雇用主が求めている特性を反映した回答を選ぼうとしなければならないことも、暗黙の了解なのです。

　私たちは、ジルがチョコレートバーの近くに価格を書いて掲示しておいたこと、また、売上金が慈善団体の利益になることを推測できます。回答3は、ジャックが不誠実で、利己的で、同僚への思いやりに欠けることを示唆しています。心理学的な視点から考えれば、この答えは、検査を受けている人の性格および／または他者に対する見方と接し方を反映しているものと見なされるでしょう。回答2と4も、同様にマイナスの特性を連想させます。

　一方、回答1の選択は、まったく異なる見方を意味します。ジャックはほかのことに気を取られていて、チョコレートバーの支払いを忘れてしまっただけで、罪のない過ちだという推測です。この答えの選択は、検査を受けている人の、人を信じ、過ちに寛容で、理解のある姿を反映していると言えるでしょう。

　性格検査の使用については、2005年の訴訟で異議が申し立てられ、認められました。カラカー兄弟対レント・ア・センター社の訴訟で、裁判所は、就労前の選抜におけるミネソタ多面的人格目録（MMPI）の使用はADAに違反しているという判決を下したのです。MMPIは健康診断に相当し、採用前の実施はADAに違反するという判決でした。また、その目的は精神疾患のある求職者を排除することだと裁定しました（Equip for Equality 2005）。

　本書執筆の時点で、この判決から10年近く経っていますが、性格検

査は、いまだに人気があります。たとえインターネットで応募書類を送ったとしても、多くの求職者がこの検査を受けなければなりません。求職者は、検査の免除を配慮として要求することはできますが、雇用主にはそれに従う義務はありません。ジョブ・アコモデーション・ネットワークは次のように言っています。

　　　この検査が応募のプロセス、仕事、講座やプログラムへの参加、免許認定の要件である場合、障害のある受検者は、おそらく検査を受けなければならないだろう。しかし、障害のある受検者は、受検する際の援助という配慮を求めることができる。(Job Accommodation Network 2010, p.6)

　雇用主が、質問の背景や他者の意図について説明することを、合理的配慮と考える可能性は低いでしょう。求職者を対象に練習用の選抜検査を実施している会社がいくつかあります。例えば、SHLグループ（www.shldirect.com）は、受検に向けてのアドバイスや秘訣、また、無料で利用できる練習用の検査を提供しています。

　行動面接は、将来の行動は過去に行ったことから十分予測できる、という前提に基づいたものです。これは、プレッシャーの下でどのような行動をとるか、チームでの活動がどの程度うまくできるか、また、リーダーシップと問題解決の能力などを探る、人気のある方法です。「難しいお客様に対処したときのことについて話してください」というのが、その一例です。

　アスペルガー症候群の人にとって、行動面接の質問が、多くの場合、抽象的なテーマにかかわるものであり、人とのコミュニケーションという側面を重視しているということが問題になります。チームワークの意味もよくわからないのに、チームで活動することに関する質問に答えようとしている様子を想像してみてください！　ダンは失敗をしてしまった例をあげるよう求められたとき、不安から何度も同じ質問をして上司を怒らせた出来事について詳しく説明しました。別のクライアントのローリーは、仕事が遅すぎて解雇されたことを話しました。

第Ⅱ部　就職と職場定着のためのコーチングの方略

大抵の場合、行動面接で聞かれる質問のタイプは、仕事を基に考えれば推測できます。顧客サービス中心の仕事に応募した人は、間違いなく、腹を立てている客や不条理な客への対応について聞かれるでしょう。また、人と一緒に活動することや、対立を処理することについての質問があるだろうと、当然予想できます。

私は極めて高機能のクライアントの行動面接に備えるために、SARメソッドを使用して成果を上げてきました。これは、状況（Situation）、行動（Action）、結果（Results）の頭字語です。求職者が、自分が直面した状況、とった行動、そして達成した成果について説明するものです。

最初は、行動面接の質問への回答を準備することなど到底無理なように思えるかもしれません。しかし、クライアントにも指摘するのですが、1つのSARストーリーで、数個の異なる質問に答えられるのです。失敗に関する1つの話が、プレッシャーの下で働くこと、予定通りに進まなかった状況への対処、そして、問題解決に応用できるわけです。SARストーリーが4つか5つあれば、さまざまな質問に応じることができます（ただし、1つの話を1回の面接で何度も使うことはできません）。

面接準備に対して、何らかの抵抗があると予測しておいた方が賢明です。弱点に関する質問への回答を拒む男性との話し合いが思い出されます。

「私は失敗という観点からは考えません。学びとして考えるだけです」と彼は言いました。

「質問への回答を組み立てる方法としては素晴らしいですね」と私は伝えました。「でも、ただ回答を拒むだけでは、人とうまくやっていくのが難しそうに見えたり、傲慢に見えたりしますよ」

この男性は、それまでに15回面接を受けていましたが、1度もうまくいきませんでした。学歴が高く、需要の多いスキルを持っていたのに。彼は大学のクラスメートの多くが、既に仕事を見つけているのに気づきました。面接に15回失敗して初めて、質問への回答の仕方を変えようという気になったわけです。これを実行して2週間後に、彼は採用されました。

第6章　仕事を得るには

ワークシート 6.3

面接の質問への回答を準備する方法

このワークシートを使って、以下にあげる面接でよく聞かれる質問への回答を用意しましょう。箇条書きで要点を記すことで、会話調で答える練習ができます。答えを一語一句覚えると、機械的で練習しすぎに聞こえるでしょう。

やり方

1. 予備的な職業研究、情報収集のためのインタビューのメモ、履歴書を書くために用意した自分のスキルを証明する物を見直しましょう。この職業に最も必要な要件は何ですか？ あなたはそれらをどのように満たしていますか？

2. 求人票を見直しましょう。雇用主が求めている、3〜5つの最も重要な基準は何ですか？ あなたはそれらをどのように満たしていますか？ **この会社で働くことに、なぜ興味があるのですか？**

3. 情報源（本やウェブサイト）を1つか2つ選び、典型的な質問と望ましい回答例を調べましょう。途方に暮れてしまわないように、1度に2つか3つの質問に取り組みましょう。

4. 本当に聞かれていることは何かを、しっかり理解しましょう（質問を、文字通りの意味にとりすぎないこと）。

5. 信頼のおける人に、回答の見直しと提案をしてもらいましょう。

一般に、回答は3〜5つの文にしなければなりません。情報が少なすぎると、あなたのスキルや能力が伝わりません。また、情報が多すぎると、面接官が混乱してしまいます。**もしもっと聞きたい情報があるなら、面接官の方から聞いてきます。**

> **キーコンセプト**：仕事に必要なスキルを理解し、自分がふさわしいと証明することで、面接の質問に答えやすくなります。重要なスキルをどのように適用したか、また、どんな成果を達成したかを示す

第Ⅱ部　就職と職場定着のためのコーチングの方略

例を用意しましょう。そのための方法の１つが、SARメソッド：状況（Situation）、行動（Action）、結果（Results）で、自分が直面した状況、とった行動、達成した成果について説明するものです。

面接で予想される質問への回答を用意しましょう。

1. あなた自身について、教えてください。

   これは、あなたの経歴のまとめと、特定の仕事を希望する理由なので、回答が長くなり、キーポイントが４〜５つになる可能性があります。

   キーポイント：

   - _____
   - _____
   - _____
   - _____
   - _____

2. なぜこの分野を選びましたか？

   キーポイント：

   - _____
   - _____
   - _____

3. あなたの最大の強みは何ですか？

   キーポイント：

   - _____
   - _____
   - _____

4. あなたの最大の弱みは何ですか？

   キーポイント：

   - _____
   - _____
   - _____

第６章 仕事を得るには

5. 最高の上司と最低の上司について、説明してください。

キーポイント　最高：

- _____
- _____
- _____

キーポイント　最低：

- _____
- _____
- _____

(作成者から一言：質問は、求めている仕事のタイプに合わせて変更してください)

第 7 章

職場への定着

　多くのアスペルガー症候群の人にとって、採用されることは確かに難しいのですが、本当の問題は職場への定着です。人とのコミュニケーションが難しい人もいれば、実行機能に問題がある人もいます。あるいは、その両方が組み合わさっている人も。うつや不安などの併存症状のために、職務遂行能力への期待に応える能力が損なわれている可能性もあります。

　たとえ仕事を着実に続けられたとしても、そのために膨大なエネルギーを費やさなければならないかもしれません――さらに、極度のストレスにも耐えなければならないでしょう。

　私のクライアントに最もよく見られる仕事関連の問題は、以下の通りです。

- 押しつけがましい態度や奇抜な行動、不適切な返答が原因で起こる職場での孤立
- 雇用主が求めていることが理解できないという問題
- 上司／同僚（たち）との対立
- 指示に従わないこと、あるいは、助けを求めないこと
- 十分に素早く仕事を覚えたり、遂行したりできないこと
- 問題解決のスキルの乏しさ

コミュニケーションの問題は、しばしば、態度や行動の問題のように見えます。「一緒に働くのが難しい」相手だと考えられている場合は特に、誤解がすぐに懲戒処分につながる可能性があります。アスペルガー症候群の人は、問題があると気づいたり、それを解決するために行動を起こしたりすることが、遅いと言えます。理由がわからないまま失業するのも、珍しいことではありません。

次に紹介する話は、人とのかかわりの「ルール」が直観的にわからない人にとって、仕事がいかに込み入ったものとなるかを示す、よい例です。

クライアントの人物像

ダニエルのせいで、 気が狂いそう！

ダニエルの記憶によれば、コンピューターが好きになったのは6年生のときでした。高校の頃には、ハイテク業界で働き、いつかプログラマーになりたいと考えていました。しかし、コンピューターサイエンスの学位を取得したのち、最初の仕事を見つけるのには、少し苦労しました。

私たちが出会ったとき、ダニエルは29歳でした。既に2回失業を経験しており、そのときはちょうど試用期間中でした。当時担当していたプログラミングの仕事は、既に6ヶ月間続けていたものですが、上司のライアンは、ダニエルの行動について苦情が多数寄せられたので、試用期間としていたのです。ダニエルの場合、さまざまな出来事に気づくと、1、2週間は行動が改善されます。ですが、その後は迷惑行動が再び始まってしまいます。特に、ある同僚が身の危険を感じた出来事について報告してからは、上司の我慢も限界を超えつつありました。

ダニエルの雇用主は、彼がアスペルガー症候群であることを知っていました。ライアンは、ダニエルをどう助けたらいいかわからないので、いらだっていることを認めました。そして、ダニエルの職務遂行能力と、仕事を続けるためにダニエルが改善しな

第Ⅱ部　就職と職場定着のためのコーチングの方略

ければならないことについて、私と話をすることに同意してくれました。

「全体としては、ダニエルの仕事の質は高いのです」とライアンは言いました。「彼の行動が問題なのです。もっとプロフェッショナルな態度を身につけなければならないと繰り返し話してきたのですが、そのメッセージがきちんと伝わっていないようです」

ライアンはダニエルに、間違えたら自分の責任だと認めてほしいと考えていました。「彼はいつも自分が正しくありたいのです」とライアンは指摘しました。「さもなければ、自分の間違いを隠そうとします」さらに、ダニエルはもっとよく人の話を聞き、不注意な間違いを避けるために、今以上に時間をかけて仕事をしなければならない、と言いました。彼はダニエルの優先順位のつけ方にも戸惑っていました。

「ちょっとした不具合を直そうと30分費やし、その後、重要なバグを解決することを忘れてしまうのです」

ダニエルは何度も同じ質問をしてきました。「いつも、もう何ヶ月もやっている手順について尋ねてくるのです。参照できるようにメモを取れと言ったのですが、何かの理由で、やらないのです」

さらに大きな問題は、ダニエルの同僚とのかかわりに関するものでした。「周りの人を怒らせています」

ダニエルは、仕事や私生活の問題で興奮すると、同僚数人を「訪ねて回り」ます。1人、また1人と、仕事の邪魔をして、自分の話をするのです。最初は、相手も辛抱強く聞いて、力になろうとしてくれていました。けれども、頻繁に邪魔されるので、すぐに嫌気が差し、また、ダニエルがアドバイスに従わないことに腹を立てるようになりました。話題はいつもダニエルのことばかりだ、と数人が不満を訴えました。ダニエルは決して、ほかの人について尋ねることをしなかったのです。

最近の出来事には、立ち聞きをして会話に加わるというダニエ

第7章 職場への定着

ルの癖が関係していました。同僚2人が休憩室で話しているのに気づき、彼は近づいてこう言ったのです。「君たち、プライベートなおしゃべりをしているみたいだね。僕も入れてくれるかい？」

1人の女性が素っ気無く答えました。「嫌よ！」

するとダニエルは、謝罪の言葉を繰り返し始めました。女性はいらだって休憩室から出て行きました。不安と怒りから、ダニエルは彼女のあとを追い、謝罪し、怒っているのかと尋ねました。彼女が自分の作業スペースに着くと、ダニエルは入り口を塞ぎました。この時点で、彼女は彼に立ち去るよう命じました。彼女は人事部に、嫌がらせを受けたと苦情を申し立てました。

「うまくいっていることは何ですか？」私は固唾をのみながら、ライアンに尋ねました。

「たくさんありますよ」とライアンは答えました。「ダニエルは熱心に働いて、仕事をきっちり仕上げてくれます。気持ちのいい人ですね。私たちは、彼に成功してほしい、でも、行動面の問題は無視できません。奇跡を求めているわけではありません。ただ、長い時間をかけてでも、改善が見られればよいのです」

話し合いが終わる頃には、ダニエルが改善しなければならないことを記した次のようなリストができあがっていました。

- もっと時間をかけて仕事をする。仕事の確認をする。自分の間違いを認める。
- 業務に関する質問を書き留めておき、1度に全部まとめて尋ねる。
- いつも同じ質問を繰り返すのではなく、参照するためのメモを取る。
- オフィスではプロらしく行動する。つまり、動揺したときに、過剰な反応をしたり、ぶつぶつ言ったりするのをやめる。
- 指示を聞き、これに従う。

第Ⅱ部　就職と職場定着のためのコーチングの方略

・アドバイスを求めるために同僚の邪魔をするのをやめる。

　ダニエルと私は、リストを見直しました。彼はすべてを素直に受け入れ、「迷惑をかけないようにしたい」と高い意欲を示しました。

　私が考えた方略は、まず、最も迷惑な行動に取り組むことでした。その1つが、1時間に3回も4回も同僚に電話をして、相手の仕事が終わり、ダニエルが自分の担当箇所に取りかかることができるのはいつかを尋ねるという習慣でした。ダニエルはこれを、1日の仕事の計画を立てる方法としてとらえていたのです。

　「いつ仕事が終わるか、絶えず電話で聞かれたら、不愉快になりますよ」と私は言いました。「自分の担当箇所をいつ始められるかは、ほかにどのような方法でわかりますか？」

　「メールを送るのもいいと思います」とダニエルは答えました。「メール何通かなら、電話よりも迷惑ではないでしょう。メールは削除できますからね」

　「メールは、電話ほどは押しつけがましくありませんね」と私も同意しました。「でも、10分か15分おきに、いつ終わるか尋ねたら、同僚にどんなメッセージが伝わると思いますか？」

　ダニエルはしばらく考えました。

　「相手が仕事をやり終えるとは信じていないというメッセージ」と彼は答えました。

　「そうですね」と私も認めました。「それに、あなたが相手の言うことを聞いていないとか、あなたが上司のように振舞っているとか、思うかもしれませんよ」

　「ああ、確かに相手の領域に侵入していますね」とダニエルは言いました。「先週の金曜日、会計部長が数回質問しに来たのですが、そのとき、いらいらがつのっていきました」

　ブレインストーミングをして、考えられる解決策をいくつか出し合ったところ、同僚に連絡をするのは昼休みのあとまで待てそうだということがわかりました。ほとんどの場合、彼は正午まで

第7章　職場への定着

に同僚からプログラムを受け取っていました。これなら、午後に自分の担当箇所に取り組む時間がたっぷりあります。新しいルールでは、プログラムが午後 1 時 30 分までに届かなかったら、予定を尋ねるメールを 1 通送り、午後 4 時 30 分までにその返事がなければ、状況確認のために 1 回電話をかける。それでも解決しない場合は、ライアンに話す、ということになりました。

　ダニエルはこの手順を紙に書き、自分の作業スペースに掲示することに同意しました。

　ダニエルは、不安に駆り立てられて、多くの衝動的な行動をしてしまっていることに気づいていました。ほかの人のボディランゲージの解釈に苦労していたのです。相手が自分に対して怒っているのかどうか、わからないことがよくありました。その確信のなさから不安になり、そのせいで、邪魔をせずにはいられなくなったり、質問を繰り返したりしていたのです。

　私はダニエルに、職場での不安を引き起こすきっかけとなる状況を記録するよう求め、彼はこれを 2 週間実行しました。私たちは、彼が思い違いをしてしまった出来事や些細な出来事に、どのように過剰反応したか、話し合いました。その際に、状況の深刻度や緊急度と彼の対応との間の不均衡さがわかるように、評価尺度を用いました（このテクニックについては、本章の後半で詳しく取り上げます）。そして、正当な、仕事に関する質問と、強迫観念にとらわれた、不安から発せられた疑問とを区別しました。

　ダニエルは、個人的な問題について同僚に愚痴を言うこともやめると同意しました。それから数週間かけて、私たちは職場でのストレスや不安への対処に役立つさまざまな方略を確認しました。彼は、集中力を高めるために、処方薬を定期的に服用すると約束しました。

　3 ヶ月のコーチングののち、ダニエルの上司と再び電話で話す機会を設けました。ライアンはダニエルの進歩に満足していました。「あなたが何をしたのかわかりませんが、**感謝しています**」

　一番の迷惑行為が制御できるようになったので、ダニエルと私

第 II 部　就職と職場定着のためのコーチングの方略

は「プロらしく行動する」ことの意味を探り始めました。同僚の自分に対する見方は、自分でコントロールできるのだという気づきは、ダニエルにとって一種のパラダイムシフトでした。それまで彼は、周囲の彼に対する反応は、否定的なものであれ、肯定的なものであれ、彼自身の行動に基づいているのだと、両者を結びつけて考えたことがありませんでした。

　彼は同僚の行動を観察し始めました。すると、気づいたのです。彼らは自分の作業スペースの入り口まで椅子に乗ったまま移動して、通りがかるすべての人に挨拶をするようなことはしていない、と。また、何かをしてもらって5回も6回もお礼を言うことも、人の邪魔をしたり、自分が楽しめるテーマへと話題を変えたりすることも、興奮しすぎて大声で話したり叫んだりすることも、していませんでした。

　非言語的コミュニケーションは、難しい問題をもたらしていました。ダニエルは、ボディランゲージに気づくのを「忘れる」のだと言いました。けれども、明らかに彼は、顔の表情やしぐさ、口調を**解釈するのに**とても苦労していたのです。私たちは、会話に加わってよいかどうかの判断と、会話への加わり方など、基本的なことから取りかかりました。

　立ち聞きをしたあと、コメントや質問をして邪魔をするというダニエルの癖は、当然のことですが、人の気をくじくものです。

　「それは失礼なことだと考えられています」と私は説明しました。

　そして、会話に加わるときの基本を教えました。

・相手やグループに近づき、自分の存在を知らせる。
・話に参加してもよいという合図（相手が笑う、自分の方に体を向ける、挨拶をしてくるなど）を待つ。
・話を聞く。
・話題に関連のあるコメントをする。

第7章　職場への定着

「同僚が忙しくて、あなたとおしゃべりをしたくないというのは、どういうことからわかりますか？」

「あっちへ行ってくれ、さもないと邪魔をしていると上司に言うぞ、と言いますね」

「あなたがあまりに邪魔をしてきたから、そう言ったのですよ」と私は伝えました。「もうそういうことはしていませんね。あなたの相棒のアレックスの作業スペースに挨拶をしに行ったと考えてみてください。彼が忙しすぎて話ができないということは、どういうことからわかりますか？」

いくつかヒントを与えると、ダニエルはこう答えました。「コンピューターから目を離さずに、とても短い返事をするでしょう」

ダニエルが基本をマスターしたので、次に私たちはYouTubeで連続ドラマの短い映像を音声なしで見ることを始めました。ダニエルは、極めてドラマチックなやりとりの状況は、正確に言い当てることができましたが、より繊細なシーンには混乱してしまうことがわかりました。これは、職場でも同じでした。

「休憩をしに外に出たら、ロビンとアンが話していました」と彼は語りました。「2人に近づいたら、僕を無視したのです。それからロビンが、『何なの、ダニエル？』と尋ねたのでこう答えました。『調子はどう？』すると彼女は言いました。『いいわよ』そしてまた無視したのです」

このやりとりについて、時間をかけて詳しく分析しなければ、同僚が自分に対して失礼な態度をとっていたわけではないことが、ダニエルにはわかりませんでした。2人は単にプライベートな会話をしていただけなのです。

6ヶ月間のコーチングののち、ライアンと私は再度面談しました。ライアンも、ダニエルの同僚たちも、好ましい変化に気づいていました。ダニエルは、批判を受け入れ、個人的な問題を話すために同僚の邪魔をすることがなくなり、質問も減ったのです。ダニエルの努力は、誰もが理解できました。

第Ⅱ部　就職と職場定着のためのコーチングの方略

ダニエルは、私との取り組みを9ヶ月間続けたあとに、年に1度の勤務評定を受けました。結果は好ましいものでした。もう試用期間ではなく、本採用になったのです。

　ダニエルとのコーチングセッションで話し合うべきことは、まだたくさんあります。ダニエルはいまだに失敗し、ライアンは折に触れて、彼に注意をしなければなりません。しかし、ダニエルは、もうオフィスで迷惑な人だとは見なされていません。あらゆる兆候が、彼が今後もこの仕事を続けていくであろうと示唆しています。

職場での問題への対処

既に働いている人がコーチングを求める理由は、数多くあります。

- ・低い勤務評定、懲戒処分、改善を求める正式な通告
- ・業績改善計画（PIP）の対象となったこと
- ・上司や同僚との対立
- ・基本的な生産性要件を満たすのが困難
- ・カミングアウトと配慮の要求を計画して
- ・もっと自分に合った仕事や職業を求めて

　多くの場合、私は、自分の状況についてクライアント自身が話す内容を頼りにしなければなりません。彼は自分の目から見た真実を話しているのだということはわかっていますが、報告バイアスは常に意識しています。これはアスペルガー症候群の人に特有のことではありません。どの人の認識も、人生経験や人格特性、好みなどの影響を受けているのです。アスペルガー症候群の人も同じです。しかし、彼らのバイアスは、通常、人との関係やコミュニケーションに関する混乱から生じています。

　職務遂行能力に問題があるクライアントを支援するプロセスは、以下の通りです。

第7章　職場への定着

1. 情報を収集する。
2. 引き金となった出来事を明らかにする。
3. 計画を立てる。
4. 行動を起こす。

ステップ1：情報を収集する

すぐに解雇される危険がない限り、初回面談では、通常、本人の経歴と現在の状況を引き起こした出来事に焦点を絞ります。この情報は、いくつかの情報源から得ることができます。

・**職歴**：多くの場合、本人が気づいていない、あるいは、関係があるとは考えていない、就労の困難のパターンがあります。たび重なる同僚との対立は、コミュニケーションスキルの向上が必要であること、あるいは、人とのかかわりが少ない仕事を見つける必要があることを示唆しています。何度も失業するのは、自分に合っていない分野にいること、違うタイプの研修が必要であること、職場での配慮が必要であることを意味しているのかもしれません。

・**出来事に関する本人の話**：本人が自分の状況についてどう説明するかを見れば、さまざまなことがわかります。コーチングセッションで私が目にすることは、おそらく、職場での行動の仕方を示すものでしょう。ときには、私からの1つの質問（「何が起きているのですか？」）で、20分間にわたる、ノンストップの独白が始まることもあります。私が挨拶をするやいなや、オフィスに来てまだ座ってもいないのに、話し始める人もいます。また、オフィスに2、3歩入ってきて、ぎこちなく立ちつくし、座る場所を指示されるのを待っている人もいます。オフィスの中を歩き回り、本の題名に目を通したり、装飾品を触ったりする人も何人かいました。ある女性は、不安を鎮めるために、10分か15分おきに椅子を変えていました。

第Ⅱ部　就職と職場定着のためのコーチングの方略

中には、持ちきれないほどたくさんのトートバッグを提げて
やってくる人もいます。彼らは、私に読ませるメモや報告書を探
すために、ファイルフォルダーの山を引っ掻き回します。何が重
要なのかわからないので、**何もかも**持ってくるのです。

　クライアントが話している間、彼が私を見ているか、私の顔の
表情に反応しているか、出来事のつじつまが合うように順番に話
しているかに注目します。話がそれているか？　あまりに細かい
ことを話して、私を困らせていないか？　心の理論にかかわる能
力が低ければ、私が知るはずのない人や、到底理解できない状況
について、突然口にするかもしれません。こだわりの強いタイプ
の人は、ある特定の論点に固執し、それを何度も繰り返します。

　私は、以下の点に注目して、彼の視点取得と問題解決能力につ
いての洞察を得ます。

　» 出来事を正しい文脈に位置づけているか？

　» 些細な事件を大げさに考えているか？

　» 極端で感情的な反応（職場で「拷問を受けている」とか「迫害され
　　ている」と説明するなど）をしているか？

　» 自分の行動が他者にどのような影響を与えるか、理解して
　　いるか？

　» 問題に合理的な方法で対処しようとしているか？

　アスペルガー症候群の人は、職場に非現実的な期待を抱いてい
ることがあります。1日中、仕事に十分な興味を持ち、完全に没
頭するべきだとか、あらゆる問題を解決する方法を知っていなけ
ればならないと考えていることがあるのです。同僚も、ときどき
退屈したり、いらいらしたり、不安や怒りを感じたりしているの
だと知って、驚いていたクライアントが何人もいました。同僚も
このような感情を持つが、普通、職場ではそれを表に出さないの
だ、と説明しました。

　ときには、現在起きている問題が、本当の問題ではないことが

第7章　職場への定着

209

明らかになります。一般にこれは、本人が自分の行動を迷惑だと自覚していないときに起こります。ある男性は、会議で特定のテーマを持ち出すのをやめるよう求められました。彼は、自分の言論の自由が侵害されていると宣言し、雇用主を訴えると脅しました。

・**最新の神経心理学的評価**：第6章で取り上げたように、最新の神経心理学的評価から、コミュニケーションと実行機能にかかわる職務遂行能力の問題について、洞察を得ることができます。例えば、ワーキングメモリの弱さが、同時処理作業の能力に影響を与えていると知ることは役に立ちます。これを補う方略を提案できるからです。

　どのような検査であれ、神経心理学的評価には限界があることを覚えておかなければなりません。検査は、あわただしいオフィスではなく、静かな検査室で行われます。検査ではそのような結果は出ていないのに、現実では、ある特定の職務の遂行がひどく難しい人がいるかもしれません。私は常に、クライアントが話してくれることを信じるようにしています。

・**配偶者、家族または専門家からの情報**：私は成人を対象にコーチングをしているので、通常、接触する相手はクライアントだけです。家族がかかわるのは、多くの場合、私のサービスについて知るために最初に連絡をしてくる若年成人の親です。ときには、複雑な、あるいは、混乱した状況についてはっきりさせるために、クライアントの家族と話す許可を、私の方から求めることもあります。

　家族がクライアントの能力と問題、あるいは現状について、非常に異なる視点を提供してくれる場合があります。小売業の仕事に就いていた若い男性は、問題は最小限だと語りました。しかし、母親は、彼が同時処理作業にひどく苦労し、レジの使い方が覚えられずに解雇されたと説明したのです。

ある男性の場合、職務経験についての話のつじつまがどうして
も合いませんでした。質問をしても、問題を明確にすることがで
きなかったのです。彼は、姉が職探しに手を貸そうとしてくれて
いると言いました。そこで私は、お姉さんと私で意見交換するた
めに、話ができるかと尋ねました。彼は同意し、私は彼女に電話
を入れました。クライアントの過去の仕事について知っているこ
とを、かいつまんで話し始めると、彼女はそれをさえぎり、こう
言いました。「その話はまったくのでっち上げです！」これが発
覚したことで、この男性と取り組みを進めていこうとする中で感
じていた多くの戸惑いの理由が明らかになりました。残念ながら、
彼には事実の歪曲を認める気はなく、コーチングを終わりにしな
ければなりませんでした。

　クライアントが、かかりつけの心理療法士など専門家と話して
ほしいと依頼してくることもあります。私も、彼のコーチングを
受ける能力に疑問がある場合、同じことを依頼します。また、職
場での配慮についてあまり詳しくない医師と協力することもあり
ます。

・**勤務評定**：以下の場合、1、2回分の勤務評定を見せてもらって
もかまわないかと尋ねます。

　　» 職務遂行能力が不足している理由や、その是正方法がわか
　　　らないとき

　　» 深刻な問題が起こっているのに気づいていないとき

　　» 失業を心配すべき根拠は何もないのに、心配しているとき

・**360度評価**：企業に勤めているクライアントの中には、360度
フィードバック（別名、多面評価）を受けたことがある人もいます。
360度評価では、従業員の同僚、部下、そして上司が、本人の職
務遂行能力のさまざまな側面を評価します。これは、本人の能力
と、改善が必要な領域に関する「多岐にわたる」評価を、さまざ

第7章　職場への定着

211

まな視点から提供することを目的としているのです。このような評価は、通常、従業員のキャリア開発の一環とされていますが、職務遂行能力の問題があるときにも使われます。企業側が従業員のコーチングのために私を雇った場合、私はしばしば独自の360度評価を実施します。

　同僚からのフィードバックは、普通はアンケートを通じて匿名で行われます。このような評価から、本人が同僚にどのように思われているのかが明らかになります。その結果は、自己認識がほとんどできていない人にとって、目からうろこが落ちるような内容と言えます。

・**上司との話**：すべてのクライアントの上司と話す機会が持てれば理想的です。残念ながら、このようなことは多くはありません。本人が打ち明けないと決めていることもありますし、状況が悪化することを心配したり、コーチングに上司を巻き込みたくないと考えたりするからです。

　クライアントが上司に、私と話をしてほしいと思い切って依頼すると、ほとんど全員が同意してくれます。拒否するのは、状況が手遅れになってしまっているときです。

　上司との会話によってもたらされる明らかなメリットは、改善しなければならないことについて、曖昧な点がまったくなくなることです。また、クライアントのことも、さらによくわかります。クライアントが言うには理不尽な暴君である上司が、極めて理性的で、配慮のある人だと判明したことが、何度もありました。このような会話は、クライアントの不可解な行動について説明し、コーチングで達成可能な現実的な目標を設定する機会も与えてくれます。

　従業員が、自分の意思で、また、自分の費用でコーチングを受けようと決心した場合、自ら変わろうと全力を尽くしていることを示しています。それを前向きに考えない上司には、まだ会ったことがありません。

ステップ2：引き金となった出来事を明らかにする

　次のステップは、職務遂行能力不足の原因を探り出すことです。その鍵となる質問が、「なぜ、今なのか？」です。答えは単純なものかもしれません。例えば、クライアントが職務を十分に素早く覚えたり遂行したりできないから、仕事に遅刻するから、間違いが多いから、指示に従わないから、上司や同僚とうまくやっていくことができないから、などです。

　クライアントが変化に適応できていないケースもあります。6週間のうちに3人の新しいクライアントを迎えたところ、どの人も10年以上同じ雇用主の所で働いていた、ということがあったのを思い出します。突然、彼らは期待に応えられなくなってしまったのです。1人は、会社が買収され、新しいシステムに対処できなかったケースで、ほかの2人は、上司が変わったことへの適応に苦労していました。

　アンの15年の長きにわたる勤務期間は、会社に新しい部長が加わったときに脅かされました。彼は、隙あればアンを見下したいと思っているようでした。ある日、彼が会議中にアンに反論したことから、アンはひどく腹を立ててカッとなり、彼に悪態をついてしまいました。

　私には証明できませんが、新しい部長は、アンには彼女自身の潜在能力を高めることができないと感じ取っていたのではないでしょうか。思うに、彼は早く昇進の道筋に乗りたかったのです。この事件のせいで、アンはもう少しで仕事を失うところでした。その会社は平等な雰囲気で、ほかの人に悪態をつくことは容認されなかったのです。アンが仕事を続ける条件の1つが、コーチとともにコミュニケーションスキルの向上に取り組むことでした。

　クライアントの私生活に、職場での生産性に影響を与えている状況があることも考えられます。以下に例をあげます。

　　・処方薬を服用していない、あるいは、新しい処方薬への適応がうまくいっていない
　　・配偶者やかけがえのない人、親や友人など、大事な人を亡くした
　　・引越しなど、大きな変化

第7章　職場への定着

クライアントの人物像

変化が大きすぎる

ビルの話は、変化に適応できない場合に起こることを教えてくれます。

ビルは43歳のときにアスペルガー症候群と診断されました。雑誌の記事を読み、自分自身に多くの症状が認められることから、検査を受けようと決心したのです。彼は、それが職場での苦労の原因ではないかと考えました。

ビルは16年間、今の雇用主の下で同じ仕事をしてきました。学術論文の内容を、科学に関心のある一般の人でも利用できるように編集する仕事です。ビルはこの仕事を楽しんでおり、昇進は望んでいませんでした。勤務評定は満足のいく内容で、「のんびり屋」の上司ともうまくやっていました。8ヶ月前にその上司が退職し、外部の会社からかわりの人が採用されるまでは、何もかも順調だったのです。

ビルの新しい上司、ジェインは、すぐに改革を始めました。ビルと同僚たちは、今や、論調、文章のスタイル、表現の明瞭さ、文法と書式など、これまで以上に多くの編集をするよう求められています。以前ビルが担当していたのは、ほとんどが文法関連とスタイルマニュアルに沿った編集でした。アスペルガー症候群のせいで、表現を明瞭にするための編集は、ビルには難しかったのです。彼には、読者にとって何が専門的すぎるのかが理解できませんでした。さらに、電話での会話はとても不安になるので、ビルは論文の修正について話し合うために、執筆者宛に長く詳細なメールを書いていました。

「ときどき、執筆者が論文を書くのに費やした時間よりも長い時間を、自分がメールを書くのに費やしていると思うことがあります」

執筆者がビルの編集に疑問を持った場合、通常、ビルの方が譲歩していました。しかし、今では、購読者にとって論文が専門的

第Ⅱ部　就職と職場定着のためのコーチングの方略

すぎると、ジェインが不満を漏らすようになったのです。

　ジェインのもう1つの優先事項は、効率性の向上でした。彼女は、コンピューター化された編集用ソフトウェアを導入しました。編集者はもう、原稿を読み合わせて校正することはしません。ビルはこのソフトウェアを使うのに苦労していました。「私が慣れている速さの3、4倍のスピードで読まなければなりません」と彼は言いました。「だから、ついていけないのです」

　「ジェインはストレスを糧にしています」と彼は続けました。「それでは、私は壊れてしまうのです。次から次へと質問を浴びせかけてくるので、私はシャットダウンするだけです。そうすると、私が返事をしないことに、彼女は怒ってしまいます」

　ビルは、ジェインの口頭での指示を、たびたび忘れました。彼女は、彼が答えを知っているはずの質問をあまりに数多くしてくると不満を訴えました。「彼女は私に、先を見越して、自分で答えを見つけてほしいと思っているのです」

　ジェインがビルの上司になってから3ヶ月後、彼女は彼の職務遂行能力について警告してきました。ビルは自分がアスペルガー症候群であることを打ち明け、以下の配慮を求めました。

　　　・自分の担当業務は、書面で受け取る。
　　　・仕事に関する指示は、書面で受け取る。
　　　・優先順位を確認するために、週2回ジェインと面談をする。
　　　・編集用ソフトウェアの使い方について、追加研修を受ける。

　会社側も応じてくれました。しかし、ジェインと8ヶ月間仕事をしてきた今、ビルは、90日間で職務遂行能力を改善しなければ解雇されると告げられてしまったのです。この警告によれば、ビルは繰り返し要求があったにもかかわらず、改善していないとのことです。ビルは、最近「台無しにしてしまった」1つの編集の仕事を除けば、自分ではうまくやっていると信じていました。彼は私に、ジェインからの改善を求める通告と警告を送ってきま

第7章　職場への定着

した。

「どちらの文書も、同じ懸念をあげていますね」と私は指摘しました。「警告の方には、配慮にもかかわらず、大きな変化が見られなかったと書いてあります」

「状況がそんなに深刻だとは思いませんでした」

警告によれば、ビルの仕事上のミスを修正するために、スタッフの時間がとられすぎているとのことでした。ビルが原稿であまりに多くのミスをしたので、一時はフリーランスの校正者を雇わなければならなかったというのです（ビルはこれを、彼が台無しにしてしまった唯一のプロジェクトだと認めました）。さらに、ジェインはビルに、準備をして会議に参加してほしいと考えていました。彼が何週間も前の、もう関係のない議題から取り組むことに、彼女はいらだちをあらわにしました。

ビルは、落ち込んでいて、ストレスを抱えていると言いました。彼は、心理療法士と精神科医の診察を受けていました。近所に家族はおらず、友人もいません。職場はアパートから95キロ以上離れています。

ビルはこれまで、ほかにはたった1つしか仕事をしたことがありませんでした。そのため、もし解雇されたらどこで仕事を見つけたらいいのか、とても心配していました。そして、複数の期限を守ることや、同時処理作業、執筆者や上司とのかかわりが難しいと語りました。1つ、明るい材料として、パムとの密接な関係があげられました。パムは、同僚の編集者で、編集とプロジェクト管理の豊富な経験があります。

私たちはやるべきことに取りかかりました。

「上司が、会議の準備をしなければならない、と言うのは、どういう意味だと思いますか？」

ビルはしばらく考えました。そして、「その週の議題を読んでおけばいいと思います」と答えました。「ジェインは、私がメモ用紙を持っていかないのは驚きだと言っています。でも、メモを取る必要があるとは、決して言いません」

第Ⅱ部　就職と職場定着のためのコーチングの方略

「彼女はあなたがメモ帳とペンを持って会議に来ることを期待しているのです。そうすれば、**もし**何か書き留める必要があったら、準備ができていることになりますから」と私は説明しました。「会議には、いつもメモ帳とペンを持っていく、というルールを作ってはいかがですか？」

ビルは同意してくれました。次に、私たちは彼の誤り率に取り組みました。ビルは、プロジェクトのチェックリストを活用し、週1回のペースでスケジュールを更新する必要があると認めました。そうしないと、重要な作業を忘れて期限に間に合わなくなり、それから大急ぎでするので、間違えてしまうからです。

「チェックリストの利用とスケジュールの更新ができない理由は何ですか？」

「やることが多すぎて、途方に暮れてしまうのです」とビルは答えました。「それに、気がつくと午前中がほとんど終わっているのに、やったことといえば、ジェインの質問に答えることとメールを読むことだけなのです」

私たちは定期的に行うことを新しく決めました。ビルは毎週月曜日の朝、プロジェクトのスケジュールを更新します。事前にチェックリストを印刷しておき、それを使うことを忘れないように、自分の掲示板に貼っておくのです。

さらに、ビルが同僚に助けを求めようとしないことについても取り組みました。彼の部署には、ほかに4人の編集者と3人の編集補佐がいました。

「その人たちが、編集用ソフトウェアの使い方を覚えるのに手を貸してくれるでしょう」と私は言いました。「それに、何か手っ取り早い方法も教えてくれるかもしれません」

ビルは、ほかのスタッフを巻き込むというアイディアには抵抗を示しました。しかし、パムに助けを求めることについては、素直に受け入れました。彼女は彼の編集技術の向上に手を貸してくれたり、プロジェクトの管理がしやすくなる手っ取り早い方法を提案してくれたりしました。

第7章　職場への定着

ビルは、執筆者と電話で話すことには、まだ大きな不安を抱いていました。そこで、最も一般的な問題について伝える、繰り返し使えるメールのテンプレートを作成しました。それは理想的な解決策ではありませんでしたが、ある程度の時間の節約にはなりました。

それから数週間後、ジェインはビルの努力に気づき、ミスが少なくなったとコメントしました。ビルは会議の議題を読み、話し合いに参加する準備をしていくようになりました。彼は、今後も生産性を高めていくことができるという希望に満ちているようです。パムとは週に1、2回、一緒に昼食をとるようになりました。

ステップ3：計画を立てる

クライアントの活動計画では、最も不利益をもたらしている行動にまず取り組むのが理想です。クライアントの上司と話すことで、そのような行動が明らかになるでしょう。あるいは、それについては勤務評定に書かれているかもしれません。このような情報源がない場合は、自分で判断することになります。私は、仕事の性質と、満足のいく評定に対する最大の障害は何かを考えます。

クリスティンは、忙しい開業医の下で看護師として働いていました。患者とのかかわりを楽しんでいましたが、職場のペースにストレスを感じていました。看護師には、それぞれの患者の診療に合わせて、一定の時間、仕事が割り当てられていました。最近、クリスティンは予定に遅れがちでした。彼女はこれを、健康上の問題をいくつも抱えている、お年寄りの患者たちのせいだと考えていました。クリスティンは患者に、好きなだけ長く話をさせていました。「中断するのは失礼だと、誰だって知っていますからね」

彼女は、患者に関するメモの作成でも遅れていました。

上司は彼女に、もっと効率よくしなければならないと告げました。

毎日、クリスティンは、1つでも診療が長引いたら解雇されるのではないかと心配していました。ある朝、彼女が大急ぎで待合室に行ったと

ころ、次の患者がちょうど病院に入ってきたのが見えました。そこで、クリスティンはこう叫びました。「遅刻ですよ！　早く早く！　予定の時間を過ぎてしまったら、私が面倒なことになるのですからね！」診察室の中でも、クリスティンはその患者に、持ち時間の厳守について文句を言い、自分の失業への不安を口にしました。

　患者は苦情を訴え、クリスティンは書面で警告を受けました。「私にはプロ意識が欠けていて、不適任だと言われました」と彼女は言い、こう続けました。「そして、今度は絶えず私のことを監視するつもりでいるのです！」

　患者に対するクリスティンの態度が最優先なのは明らかで、その次に来るのが、時間をもっとうまく管理することでした。私たちは、診療が予定より長引かないように、どうすれば患者の話を丁寧にさえぎることができるかを考えました。同僚の看護師は、彼女が患者のメモをもっと素早く書けるように、手を貸してくれました。

　クライアントの活動計画には、以下が必要となります。

- 本人が、何を、いつするかを、具体的に書き留める。
- 段階を踏んだ指示が必要な場合、これを含める。
- 可能であれば、完成品の見本や例を入れる。
- 必要に応じて、緊急事態への対策を含める。
- 毎日見える場所に置く。

　雇用主が迅速かつ持続的な改善を期待していることは、明確に説明しなければなりません。また、クライアントが失業の危機にあると考えられる場合は、私はその旨を告げます。

　ロンは、長い間、何度も失業してきましたが、今また、上司との対立で生計が脅かされています。状況が極めて緊迫したものとなったため、2人のやりとりは人事部長の監視の下で行われていました。ロンがそのストレスに対処するのは難しいことでした。彼は、自分がフィードバックに過剰反応してしまったと認めました。怒りにまかせて、ロンは上司を偏屈な奴だと呼び、相手を指さして、その言葉を強調したのです。

第7章　職場への定着

関係を修復し、将来同様な事件が起きないようにする方法を話し合う中で、ロンはこう言いました。「自分の行動については謝罪しました。上司はどうして、それをただ忘れることができないのでしょうか？」

「あなたは、カッとなりやすく、従順でないという評判を立ててしまいました」と私は説明しました。「上司があなたの仕事のミスを正したとき、プロらしく反応しなかったことが、ほかにもありましたね。私が思うに、こういうことがまた起きたら、あなたはクビになりますよ」

これを聞いて、ロンは驚きました。しかし、失業の脅威は、変化への強力な外的動機づけとなりました。私たちは、容認されない行動のリストを作成しました。カミングアウトの問題も浮上しました。私はロンに、配慮を求めるのもよいが、かんしゃくを抑えられるようになることは、彼の責任だと話しました。

ステップ４：行動を起こす

計画は、本人が最後まで行動し続けない限り、無意味です。最後までやり遂げる可能性を高めるために、以下を行います。

- **なぜ**その計画された活動が重要なのかを説明する。
- 本人が圧倒されていないか、確認する。（「やるべきこととしては、これが適切な量なのか、多すぎるのか、あるいは、足りないのか？」）
- 妨げとなる可能性があることは何か尋ね、緊急事態への対策計画を立てる。
- やらなければならないことを、どうやって覚えておくか尋ねる。
- 理解しているか確認する。（「履歴書を更新するためにやることを復習しましょう」）
- うまくいかなくても、それは、再度方略を練る必要があることを示しているだけだと説明する。

コミュニケーションを向上させる方法

ジョンと私は、電話での会話に対する恐怖について話し合っていまし

第Ⅱ部　就職と職場定着のためのコーチングの方略

た。

「家でも電話に出るのは好きではありません」と彼は言いました。「母は本を読んでいます、と言うと、母が怒り狂うのです」

「どういう意味ですか？」

「母の友人が電話をかけてきて、『お母さんはいらっしゃる？』と聞きます。母は、いないと言えと、首を横に振ります。そこで、『母は本を読んでいます』と言うと、母が僕に怒り狂うのです」

あら、まあ！　ソーシャルスキルを学ぶいい機会だわ、と私は思いました。そして、なぜジョンの母親がジョンの返答を喜ばなかったのかを、辛抱強く説明しました。

「電話をしてきた人が、お母さんは家にいるけれど、自分と話すよりも本を読んでいたいのだとわかったら、気分を害するでしょう」

私は心の中で、この考え方をこれほどたくみにわかりやすく説明した自分をたたえました。

「僕だったら傷つきませんよ」とジョンが口を挟んできました。「それに、母の友人に嘘をつくつもりはありません！」

語用論の授業はこれまでにしておきましょう。最終的には、誰もが納得すると思われる返答に落ち着きました。「母が電話に出られるかどうかわかりません。確認してきますね」

この話は、コミュニケーションの障害が、自閉スペクトラム症の人にどれだけ深刻な影響を与えるかを思い出させる、もう1つの例として紹介しました。電話に出るという基本的な活動でさえ、ややこしいのです。就労がこんなにも高いハードルとなってしまうのも、少しも不思議ではありません！

このセクションで取り上げる方法は、私がコーチングでよく使うものです。それらは、クライアントの職場でのコミュニケーションスキルの向上に役立ちました。しかし、このようなスキルを習得し、実際の場面で適用するには、多くの練習が必要です。このテクニックをマスターする能力は、クライアントによって差があります。進歩は、定型発達者の能力水準ではなく、本人がどれだけ向上したかに基づいて、評価しなければなりません。意欲のあるクライアントが著しい進歩を見せ、職場の

第7章　職場への定着

困難な状況を好転させるのを、私は目にしてきました。

クライアントと私は、以下の目的のために、人とのかかわりの場面を「詳細に分析」することに、多くの時間を費やします。

・かかわりの文脈を理解する。
・相手が知っていたこと、意図していたこと、期待していたことについて、知識や経験に基づいて推測する。
・知識、意図または期待を伝えていた非言語的な合図を解明する。
・クライアントの返答の効果を評価する。
・返答が相手にどう解釈されたかを判断する。
・今後のよりよい返答の仕方を学ぶ。

本人のニーズが、コーチングで達成できることを超えている場合、言語聴覚士や心理学者、その他の臨床家に紹介しなければなりません。

雑談と基本的なコミュニケーション

面接官と社交辞令を交わしたり、同僚とかかわったりする能力は、基本かつ必須のスキルです。アスペルガー症候群の人は雑談に苦労します。雑談を、人間関係を築き、維持する手段だとは思わないからです。彼らは、コミュニケーションを情報交換と考えるのです。クライアントは、天気に関するコメントをしたり、1度も見たことのないテレビ番組に興味があるふりをしたりしなければならない理由を、何度も私に尋ねてきます。

最初は、雑談について心配するなど些細なことのように思えるかもしれません。しかし、面接に来た応募者に会うと想像してみてください。握手をして自己紹介をします。それから、面接を行うオフィスに向かうので、ついてくるように言います。

シナリオその1：応募者に、「ここには問題なくたどりつけましたか？」と尋ねます。

彼は、「いいえ」と答えます。

「何か飲みますか？」

「いいえ」

オフィスへ向かう旅は、沈黙のまま続きます。オフィスに着いたら、あなたはこう言うでしょう。「おかけください」応募者は座り、石のように無表情のまま、あなたを見つめます。

シナリオその2：応募者に「ここには問題なくたどりつけましたか？」と尋ねます。

彼はこう答えます。「道に迷ってしまいました！ 御社のウェブサイトに載っている道案内はひどいですね！ 2番目の信号で右折してクレセント通りに入れとありますが、クレセントの標識なんてありませんよ。ルート101の終点まで運転し続けてしまい、それからUターンして、信号の所まで延々戻らなければなりませんでした。道を聞くためにアクメ・ミニ・マートに立ち寄りましたが、ほかに3人も並んでいたので、待たなければならなかったんですよ。店員に、クレセント通りはどこかと尋ねたら、通りの向かいを指さしました。それで10分遅刻したのです。私のせいではありません」

あなたは咳払いをして言います。「標識がないとは気づきませんでした。あなたが無事たどりつけてよかったです。何か飲みますか？」

「ええ、濃いクリームを少し入れた深炒りコーヒーを」

私が思うに、どちらのケースも、面接は約10分で終わるでしょう。

アスペルガー症候群の人は、多くの場合、雑談に不安を感じます。何を話したらよいのかわからないからです。あるいは、間違ったことを言って、相手を怒らせてしまうのではないかと心配なのです。中には、ほかの従業員の活動には何も関心がないのに、同僚に週末の予定を尋ねるなど馬鹿らしいと考えているだけの人もいます。

パトリシアはデータ入力担当者で、同僚ともっとよい関係を築きたいと考えていました。同じ部署の女性数人は、従業員ラウンジで午後の休憩を一緒にとっていました。これがパトリシアにとって友好的な会話を練習する機会になる、と私たちは判断しました。

第7章 職場への定着

会話に加わるときの基本については、既に練習済みでした。グループに近づき、こちらの存在を認めてくれるのを待つ。話に耳を傾け、話題に関係のある質問をしたり、意見を言ったりする、というものです。私たちは、相手にどれだけ近づいて立つか、笑い方、挨拶の仕方、話に加わることが歓迎されていないことを見分ける方法を練習しました。

　ある午後、パトリシアは同僚３人がラウンジでおしゃべりをしているのを見かけました。彼女は自分のお茶を入れ、グループの近くに陣取りました。視線を合わせると、１人の女性が尋ねてきました。「元気？」パトリシアは答えました。「ええ、元気よ」

　彼女は話に耳を傾け、加わるチャンスを待っていました。そのとき、思わず口にしてしまったのです。「どうして壁が均等じゃないの？」

　「え？」と同僚が尋ねました。「どういう意味？」

　「壁から１枚絵がなくなっているの」とパトリシアは説明しました。「それで、今、ほかの絵が均等に置かれていないように見えるのよ」

　パトリシアは気まずい沈黙に気づきました。同僚はこう言いました。「わからないわ」そして、女性たちはおしゃべりを再開しました。パトリシアは、のけ者にされたことに傷つきました。

　「なぜ同僚たちはそういう反応をしたのだと思いますか？」私は尋ねました。

　「いつも私を無視するのです」と彼女は答えました。「私のことが好きではないのだわ」

　「彼女たちは何について話していたのですか？」

　「ああ、壊れたコンピューターについて何か」と彼女は答えました。「誰かがしていた仕事が消えてしまって、またやらなければならない、と」

　「つまり、彼女たちは壊れたコンピューターについて話していたのに、あなたはなくなった絵のことを口にしたのですね」と私は言いました。「あなたの質問は、自分たちが話していたこととは何の関係もなかったので、戸惑ったと思いますよ。あなたが突然話題を変えたのですから」

　私が言ったことについて少し考えたのち、パトリシアは自分の過ちに気づきました。彼女はよくある難問に直面していたのです。職場で友人

第Ⅱ部　就職と職場定着のためのコーチングの方略

224

がほしいのだが、相手が話していることに、無理して関心を持たなければならない、という難問に。

　私はクライアントのために、雑談の基本について、次のように分析して示します。

・雑談とは、短い、行きつ戻りつするやりとりです。人は、天気やスポーツ、交通状況、全国的なニュースや誰かの週末の予定など、中立的な話題について、質問やコメントを交わします。その目的は、相手に興味があることを示すためであり、情報交換ではありません。通常、質問やコメントを3、4回交わします。

・ニュースを見たり、インターネットでニュースの要約を読んだりすることは、ほかの人になじみのある話題を見つける1つの手段です。

・自分のよく知らないテーマについて人が話している場合、それについてもっと知るための質問をすることで、参加できます（「高速道路での事故については聞いていないわ。何があったの？」など）。

・政治、宗教、セックスや、ほかの従業員の噂話など、物議をかもすような話題は避けます。

・人の体重、服装、髪型、癖や、その他の個人的な特質について口にすることは避けます。

　クライアントがこの種の会話への参加について、ひどく違和感を抱いている場合、私が練習相手になります。私は個人的な興味の対象を3つあげ、彼にそのうちの1つを選んで話すよう求めます。やりとりを始める前に、彼がどんな質問やコメントをするかを、きちんと考えておく必要があるかもしれません。次のセッションで練習できるように、私のほかの興味の対象のうち1つについて、質問かコメントを4つか5つ考えてくることが宿題になるでしょう。

　誰よりも不安そうに見えたクライアントが、次のコーチングセッションで、私のアクセサリーを褒めたり、趣味の1つについて尋ねたりして、驚かせてくれることはよくあります。

第7章　職場への定着

「現場」観察

職場の社会的規範について学ぶ、直接的かつ具体的な方法は、同僚の観察です。私はこれを、クライアントが静かに、かつ、邪魔にならないように、さまざまな場面でほかの人たちがどのようなかかわり方をしているかを観察する、「隠密の」任務と位置づけています。

外向的なイアンは、部屋の向こう側や廊下の端にいる同僚に、大声で挨拶するのはよくないことだと学びました。今、彼は、通りかかる人全員に静かに挨拶するのは容認されることなのかどうか、知りたがっています。そこで彼の宿題は、仕事仲間が通りかかるとき、同僚たちがどういう反応をしているのか、観察することとなりました。私たちは1日のうち忙しい時間帯を3つ選び、それぞれ10分間を観察時間として設定しました。イアンは自分の机にとどまり、今回は何が起きているのかをおもに耳で聞くことになります。

2、3日観察すると、イアンには、通りがかりの人への挨拶が習慣的な行動ではないことが、かなりはっきりしてきました。それは迷惑になると、はたと気づいたのです。その後数ヶ月間かけて、イアンは、周囲の人たちが会議や休憩、昼食のときなどに、どんなふうに行動しているのかを自発的に観察しました。そして、自分の行動を周囲に合わせ始めました。

タマラは会議中、あまりに多くの質問をしていました。

「私は恥ずかしいのです！」と彼女は叫びました。「昨日、会議中に上司に言われました。『ほかの人も質問があるのですよ』と」また、彼女は、同僚があるしぐさをしたのに気づいたものの、それが何なのか、何を意味しているのか、思い出せませんでした。

タマラは、会議中に気が散ってしまい、「そわそわ」としてくるのが、知りたがりになる原因だと説明してくれました。そこで、宿題の1つとして、会議中、同僚たちがどのように振舞っているかを、そっとメモしてくることにしました。特に、誰が質問をしたか、何回したか、どんなテーマについて、また、いつしたかを、観察することにしました。

また、次の2週間、タマラは1つの会議につき質問を2個までに制限するということで、私たちは合意しました。質問する前にその内容を書

第Ⅱ部　就職と職場定着のためのコーチングの方略

き留めておき、少なくとも2人の人が質問してから自分の質問をする、と。

　タマラはこれらの宿題について詳細なメモを用意し、会議に持っていく書類挟みの一番上に貼りました。

　観察から、いくつか重要なことがわかりました。皆、話し手がしゃべり終わるのを待ってから、質問をしています。ほとんどの場合、質問は1つで、3つ以上になることはありません。彼女は、話し手がしゃべり終わるのを待っていれば、大抵は、自分の質問の答えが出ていることに気づきました。また、このエクササイズのおかげで、会議中、これまで以上に注意を払わざるをえなくなったので、たくさんの質問をせずにはいられないという気持ちに駆られることもなくなりました。ある2つの会議では、彼女はまったく質問をしませんでした。

　現場観察は、職場での人と人とのかかわりを意識し、自分の行動を集団内で受け入れられるように適応させることを促します。

　現場観察を利用する際には、以下のことに気をつけます。

- ・本人が、何を、いつ、どこで、どのくらいの間観察するか、はっきりとわかっていること
- ・こっそりと観察すること。自分が観察されているということが相手にわからないように情報収集する方法を、具体的に話し合う。観察とは、隠れたり、立ち聞きしたり、人をつけ回したりすることではないということを、本人にきちんと理解させる
- ・無理のない観察期間を設定し、気づいたことを書き留めるための手立てを準備しておくこと

他者の認識への対処

　先に論じたように、アスペルガー症候群の人は、多くの場合、自分の行動と、それを他者がどう認識し、どう対処するかという因果関係に、ほとんど気づいていません。自分自身が他者の認識に影響を与える可能性があるのだ、とクライアントに説明すると、通常、かなり驚きます。

　このプロセスには、以下の3つの質問が含まれます。

第7章　職場への定着

・同僚／上司に、自分をどう認識してほしいですか？

・そのように認めてもらうために、何ができますか？

・やめなければならないことは何ですか？

　最初の質問は、クライアントが興奮しているとき、あるいは、自分の困難に固執しているときに、問題解決モードに移行させることができます。ベスは、基本的な質問を何度もするので、周囲の人をいらだたせていました。同僚たちに「もうそれには答えた」とか「調べなさい」とか「今さら聞かなければならないことではないだろう」などと言われ、ベスは動揺してしまいました。ほとんどの質問は、どう答えるべきか**確か**にわかっていたし、自力で答えを見つけることもできた、とベスは認めました。質問は、不安に対する彼女の衝動的な反応だったのです。

　同僚たちを困らせてしまった別の出来事と、それがどんなに彼女を動揺させたかについて話しながら、ベスは泣きそうになりました。そこで私は話をさえぎり、こう尋ねました。「周囲の人には、自分をどう見てほしいと思いますか？」

　ベスは何も答えませんでした。

　「あなたが同じ質問を何度もすると、同僚がどう思うかについては、もう話をしましたよね」と私は促しました。

　「私がきちんと聞いていないと思うでしょう」

　「そうですね。そして、それがうっとうしいのですよ」私は続けました。「そのかわりに、同僚には自分をどう見てほしいと思いますか？」

　「自分がしていることをわかっていると思ってもらいたいです」

　「わかりました。同僚に、あなたが有能なプロフェッショナルだと思ってもらうために、何のやり方を変えなければなりませんか？」

　「あまりにたくさんの質問をするのをやめて」とベスは答えました。「自分で調べます」

　自分の行動を変えることによって認識に対処するということは、ベスにとって目新しい考えで、彼女は意欲的に実行してくれました。これにはかなりの期間、首尾一貫した行動が必要となる、と私は説明しました。

　ベスは、進捗状況を記録し、数週間のうちに目立った改善が見られま

第Ⅱ部　就職と職場定着のためのコーチングの方略

した。また、職場では感情的にならないようにするなど、自分のプロ意識を示すことができるほかの方法にも気づきました。

　最近準学士号を取得したカイルの場合、このプロセスはもっと大変でした。ジョブコーチの支援を受けながら、彼はインターンシップを終えることができました。今は有給の仕事を見つけたいと考えています。

　4桁の24時間表示を使いたい（「0900時に始めます」など）というカイルの主張は、おそらくほかの人たちを混乱させたものと思われます。また、鳥が鳴くような声を思い出したように出す癖は、インターンシップ中、ひんしゅくを買っていました。

　私たちは職場にふさわしいエチケットについて話し合いましたが、うまくいきませんでした。カイルはやるべきことをわかっていましたが、自分を変えたくなかったのです。すると、彼の母親が、卒業以来、カイルは自分自身について、学生ではなく大人だと考えているのだと話してくれました。彼は、仕事を得てお金を稼ぎたい、と心から望んでいたのです。

　これは動機づけになると考え、私は重要な点を指摘しました。

　「カイル、あなたが大人だということを職場で見せる方法について、話さなければいけませんね」**大人**という言葉に、彼の全神経が向けられるのを意識しながら、私は告げました。

　「どういう意味ですか？」

　私はまず、鳥が鳴くような声から取り組むことに決めました。

　「大人は、職場で鳥が鳴くような声は出さないものですよ」

　「ワン」

　「犬のように吼えたりもしません」

　「ケロ」

　何とか笑いをこらえつつ、私は言いました。「鳥が鳴くような声も、犬の吼え声も、カエルの『ケロケロ』も、子どもが見るアニメを想像させます。一緒に働く人に、アニメを見ていると思われたいのですか？」

　カイルは長いこと私を見つめ、こう答えました。「ブウ」

　「本当ですか、カイル？」私は一番教師らしく聞こえる声で尋ねました。頼むから、「モー」と言わないでちょうだい。私は思いました。も

第7章　職場への定着

し言ったら、**私の負けだわ**。私はカイルを見守り、待ちました。

「大丈夫」彼はようやく答えました。「わかりました」

軍人が使う24時間表示から民間人の12時間表示への転換は、闘いとなりました。

「父が軍隊にいたのです。彼が24時間表示を教えてくれました」

「お父様が24時間表示を使っていたのはわかります。だって、彼がかかわる人は皆、同じことをしていたのですから」と私は言いました。「会社のオフィスで24時間表示を使うと、混乱を招きます。ほかの人には、あなたが言っていることの意味がわからないのですから」

「お昼を過ぎたら時刻に12を足せばいいだけですよ」

「でも、ほかの人たちはそのことを知りません」

「簡単ですよ！　2時だったら、12を足して、1400時になります」

「オフィスの人は12時間表示で言うのです。午後2時に会議がしたかったら、2.00pmと書きます」

「12を足すように言えば、1400時でしょ」と、カイルは言い張りました。

「多くの手間をかけて24時間表示に変えるよう、ほかの人に頼むことになるということがわかりますか？」

「難しいことではありません。12を足せばいいだけですから」と、彼は繰り返しました。

私が自分の額をひっぱたけば、堪忍袋の緒が切れそうだということをわかってくれるかしら。

「難しいことではないのはわかります」私は続けました。「でも、混乱を招くし、なぜあなたが皆に合わせようとしないのか、不思議に思われますよ。今からずっと、コーチングの予約を設定するときには、標準時で言ってくれなければ聞きませんからね」

カイルは数週間、繰り返し挑んできましたが、私は一歩も引きませんでした。彼は少なくとも私の前では、24時間表示を使うのをやめました。ワン！

『行動変容ワークシート』（ワークシート7.1）は、職場での認識を変えるプロセスを、最初から最後まで導いてくれます。質問への回答に支援

第Ⅱ部　就職と職場定着のためのコーチングの方略

が必要なクライアントもいるでしょう。

経営に関する本を読むことを宿題にする

　初め、これは下手な宿題のように聞こえるかもしれません。しかし、企業で働くクライアントや、医師や弁護士などの専門職のクライアントには、上級のコミュニケーションスキルを活用することが求められます。これには、交渉、感化、譲歩、説得などが含まれます。

　このようなクライアントに対して、私は、経営者向けに書かれた本を使い、ミニカリキュラムを開発しています。クライアントが本の一部を読み、その後、どのテクニックを実行するかを2人で決めるのです。以下の本が、この目的に役立つことがわかりました。

- *Successful Executive's Handbook, Development Suggestions for Today's Executives*（ePredix 1999）
- *Successful Manager's Handbook*（PreVisor and Personnel Decisions 2010）
- *Skills for New Managers*（Stettner 2000）
- *Working with Emotional Intelligence*（Goleman 1998）（邦訳『ビジネスEQ——感情コンピテンスを仕事に生かす』ダニエル・ゴールマン著　梅津祐良訳 東洋経済新報社 2000年）

第7章　職場への定着

ワークシート 7.1

行動変容ワークシート

　あなたの行動は、あなたが職場でどう認識されるかに影響を与えます。上司や同僚は、あなたの行動の仕方を基に、あなたのイメージを作り上げます。そして、そのイメージに基づいて、あなたを扱うのです。例えば、人の話を中断する人は失礼だと認識され、ほかの人はその人と一緒に働くことを避けるようになるでしょう。

　職場でのあなたの目標は、プロ意識があり、礼儀正しいと認識されるように行動することです。問題行動がいかに同僚に影響を与えるか、また、あなたに対するイメージを変えるために何ができるかについて、意識を高めるために、このワークシートを使ってください。

1.　　問題行動について、簡潔に説明してください。

　　　_____

2.　　あなたがこの行動をすると、ほかの人たちはどのような反応をしますか？

　　　_____

3.　　その結果、彼らはあなたをどう扱いますか？

　　　_____

4.　　あなたについて、ほかの人にどう認識してほしいですか？

　　　_____

5.　　あなたがプラスのイメージを持たれるようになるには、あなたの行動をどのように変更する必要がありますか？

　　　_____

6.　　ほかの人によい印象を与えると、職業生活はどのように改善されるでしょうか？

　　　_____

第Ⅱ部　就職と職場定着のためのコーチングの方略

感情反応のコントロール

　いらだち、怒り、不安または悲しみの表現をコントロールするのに問題がある人は、仕事を失う危険があります。感情の爆発は迷惑なことで、同僚を動揺させます。このような人は、未熟で、精神的に不安定、あるいは、危険であるとさえ判断されるかもしれません。大半の会社では、この種の行動はほとんど、あるいは、まったく容認されません。

　アスペルガー症候群の人は、感情の程度を言葉で区別できないことがあります。いらだちと腹立たしさ、怒りと激怒を区別する方法がわからないことがあるのです。尺度（「ボリューム調節装置」や「感情の温度計」など）を使うことで、感情喚起の程度を視覚的にランクづけできるようになります（Attwood 2007, p.135）。

　尺度を使うと、自分が出来事に過剰反応していること、また、どのようにすれば適切な方法で対応できるかがわかります。これを行う1つの方法として、状況の深刻度とそれに対する反応を対比させることがあげられます（Crooke and Winner 2011, p.40）。私は、まず単純な10点評価の尺度を作り、それをさらに細かく分けています。些細な状況は、1点から3点の範囲に該当するでしょう。中程度の状況は、4点から6点まで、深刻な状況は7点か8点になります。9点と10点は、大惨事に該当します。

　クライアントには、現状をこの尺度でランクづけするよう求めます。本人の選択を批判することはしません。その後、私たちはさまざまな点数に該当する例を探します。同僚との対立があり、クライアントがこれをレベル5と評価したとしましょう。私は彼に、レベル1から3に該当する対立の例をあげるよう求めます。レベル7から8、9から10の対立についても、同様に例をあげてもらいます。この段階を最後まで終えるには、しばらく時間がかかるかもしれません。クライアントは、このプロセスを終えたのち、現在の出来事について、当初のランクづけを見直そうと決心するかもしれません。

　状況の深刻度がはっきりしたら、それに対する自分の反応をランクづけします。このランクづけは、実際にどう対応したか、あるいは、どう対応するつもりかに基づいて行うことができます。その後、彼の反応が、

第7章　職場への定着

出来事の深刻度に見合ったものかどうかを評価します。

　このプロセスがどのように機能するか、1つ例をあげましょう。

　スコットは、自分のアイディアに同僚が異議を唱えたので怒ってしまいました。相手の質問や意見の不一致を、個人的な攻撃と解釈したのです。同僚は彼の反応を「爆発的」だと表現しました。ときどき、スコットは会議中怒って飛び出していってしまうことがあります。上司は、スコットが怒りをコントロールできないのなら解雇する、とはっきり告げました。

　コーチングセッションの際に、私たちは10点評価尺度を用いて、スコットが異議を唱えられたというさまざまな状況の深刻度をランクづけしました。例えば、

- 彼が考えたプロセスの実行可能性について、ほかの人たちが疑問を抱いた：6（中の上程度）
- チームのメンバーが期限を守らなかった：7（深刻）
- 矢継ぎ早にいくつも質問された：8（非常に深刻）
- その日に送ったメールに同僚が返信してこない：3（些細なこと）

　次に、スコットがそれぞれの出来事にどう反応したかを検討しました。彼が送ったメールの1通が「無視された」とき、スコットは、なぜ返信してくれないのかと尋ねるメッセージをもう1通送りました。もし廊下で偶然相手に会っていたら、「僕のメールを読まなかったのか？」と尋ねたでしょう。

　多くの話し合いを経て、彼はこの対応を、「レベル3の問題に対するレベル6の反応」と評価しました。

　「レベル3の反応は、どのようなものでしょうか？」と私は尋ねました。

　スコットは、「1、2日待ってから、催促のメールを送ります。緊急の場合なら、相手に電話をかけます」

　スコットが言うところの「質問の連射」に対する反応は、アスペルガー症候群の人に典型的なものでした。彼は、矢継ぎ早にたくさんの質

問をされても対応できませんでした。こうなると不安が高まり、シャットダウンしてしまうのです。そして、同僚が返答を迫ると、自制心を失って「爆発する」のです。

　スコットは、状況がレベル8のように感じられても、レベル5かそれ以下の反応をしなければならないと知りました。何度か実験し、スコットは、このような状況を和らげられることがわかりました。同僚に、質問をメールで送るよう頼んだり、考えなければならないので、あとで返事をすると言ったりするのです。

　評価尺度は、ステファニーが職場での不安に対処するのに役立ちました。彼女は、些細な出来事を大げさに考える傾向があることを認めました（〔例：〕「かかりつけのセラピストは、私がいつもそうすると言っています」）。このような動揺した状態のとき、彼女は仕事のプロジェクトに対しても、同僚に対しても、すぐに我慢できなくなってしまいました。

　私たちはステファニーが不安を感じたり、パニックになったりする状況をリストにしました。

　　・何をしたらいいのかわからない
　　・いらだち
　　・退屈
　　・悪いことが起こるという予測
　　・気を散らす原因となる騒音
　　・ほかの人がすぐ近くにいる
　　・オフィスの中が寒すぎる
　　・解雇されるのではないかという不安
　　・お腹がすいている
　　・意欲がわかない

　次に、ステファニーは、これらを深刻度によって1から10の尺度でランクづけしました。その結果は、次のようになりました。

第7章　職場への定着

235

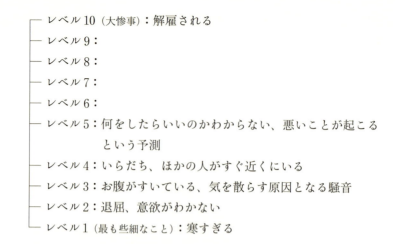

├─ レベル10（大惨事）：解雇される
├─ レベル9：
├─ レベル8：
├─ レベル7：
├─ レベル6：
├─ レベル5：何をしたらいいのかわからない、悪いことが起こる
│   という予測
├─ レベル4：いらだち、ほかの人がすぐ近くにいる
├─ レベル3：お腹がすいている、気を散らす原因となる騒音
├─ レベル2：退屈、意欲がわかない
└─ レベル1（最も些細なこと）：寒すぎる

　ステファニーはこの尺度を見て驚きました。
「ほとんどが、あまり深刻ではないわ」
「あなたの話からすると、些細な状況や、たまに退屈するというような普通の経験に、パニックを起こしているようですね」
　ステファニーは、解雇される可能性は低いと確認できました。勤続5年間、好ましい勤務評定、2回の昇進という、それとは反対のことを示す証拠があまりに多く見つかったからです。
「次はどの状況に取り組みたいですか？」
「毎日お腹がすいているのが嫌です」と彼女は答えました。「それで、我慢ができなくなるのです」
　ステファニーは、昼休みを午後2時15分にとるので、お腹がすいてしまうのでした。
「昼休みが終わると、あと2時間しか仕事ができませんし」
　私たちは、この方略のメリットとデメリットを検討し、1日の労働時間をもっとうまく管理できるような代替案をいくつか考えました。彼女は1週間、毎日昼休みを12時15分から1時15分までとってみることにしました。その後、毎日午後3時15分に休憩をとるのです（理由は最後までわかりませんでしたが、彼女は休みを15分からとるのが好きでした）。
　この調子で一気に攻め込もうと、私はステファニーに、次はオフィス

が寒いことに取り組みたくはないかと尋ねました。それは些細な悩みでしたし、簡単に解決できます。そう私は思っていました。

「あなたのスペースがエアコンのせいで寒すぎるとき、暖かくするために何ができるでしょうか？」

「冬のセーターを1枚着ればいいでしょう」と彼女は答えました。「でも、ウールだと腕がかゆくなります。夏のブラウスは皆半袖なので」

「夏用に綿のセーターを買ったらいかがですか？」

「セーターを着たらいいのですが、もし暑くなりすぎたらどうするのですか？」

「脱げばいいでしょう」

「でも、そうすると腕が寒くなります」

「職場で半袖のブラウスを着ると腕が寒くなるという問題は、どうやったら解決できますか？」

ステファニーや、ほかのクライアントの何人かとこういう議論をするのは、初めてではありませんでした。

「長袖のブラウスを買えばいいわ」とステファニーは言いました。「でも、そうすると、デパートに行かなくてはならないのに、私は買い物が嫌いなんです！」

「毎日職場でもっと快適に過ごすための買い物に2、3時間を費やすことには、どれだけの価値があるでしょうね？」私は疑問を口にしました。

ステファニーは私を見て微笑みました。

「私は抵抗してばかりいますよね？」

「ええ」私は同意しました。「それは、あなたがもう一杯一杯だと感じ始めているからかしら？」

翌週ステファニーがするべきこととしては、昼休みの時間変更だけで十分でした。

セーターと長袖ブラウスの問題は、2度と話題に上りませんでした。しかし、その後数ヶ月間で、ステファニーはほかのことを改善しました。自分の作業スペースで、ホワイトノイズマシン〔訳注：雑音を出して、騒音を聞こえなくする装置〕を使う許可を得、職務の遂行方法がわからないと

第7章　職場への定着

きには助けを求めるようになったのです。

　また、自分の感情反応について、以前よりもうまく把握できるようになりました。同僚たちもさまざまな感情を抱くことがありますが、それを見せたり、それについて話したりはしないということが、それまで彼女には思い浮かばなかったのです。

レポーターの質問を利用した視点取得

　「5W〔訳注：What＝何、Who＝誰、Why＝なぜ、Where＝どこで、When＝いつ、を尋ねる質問〕」というレポーターがする質問は、人とのやりとりを予測し、それに対処する方法を準備するための枠組を示してくれるものです。以下に、質問がどのように使えるか、例をあげます。

- **集まりの目的は何か**：会社の会議、部の公式な会議、非公式なスタッフ昼食会、休日のパーティー？
- **誰が出席するか**：社内の全員、上司、同僚、CEO？
- **なぜそこにいるのか**：全社に向けた告知、プロジェクトの最新状況の報告、社交？
- **イベントはどこで行われるのか**：オフィス内、レストラン、上司のオフィス、会議室？
- **いつ行われるのか**：勤務時間中、昼休み、夕方、週末、1日中、2時間？

　レスリーの会社では、再編の結果、何人かが解雇され、新しい部長が任命されました。レスリーは、次の休日パーティーで、「実際に会って話をする時間」を持たなければならないとわかっていました。そのようなイベントでは、彼女は極端に居心地が悪くなってしまうのです。そこで、「5W」を使って次のような戦略を立てました。

- 同じ部署の人たちと一緒に会場に行く。
- 30〜45分間、会場にとどまる。
- ソフトドリンクと何か食べる物をいただく。

第Ⅱ部　就職と職場定着のためのコーチングの方略

・ずっと同僚たちの近くにいる。会話に興味があるふりをする。
・上司と新しい部長に挨拶をする。

　ダニエルと私は、「5W」を使って、同僚の誕生日会に備えました。私たちは、次のことをはっきりさせました。

・集まりは短時間で、およそ30分間である。
・ケーキとソフトドリンクが出される。おそらく、ほかにもスナック類が出されるだろう。
・プレゼントは持っていかなくてよい。
・参加者はパーティー用の帽子はかぶらない。
・ケーキは1切れだけいただく。
・残り物を持ち帰らせてほしいとは頼まない。
・お祝いであっても、職場のルールが適用される（「ふざけすぎてはいけない」）。
・いつも職場に着ていく服装でよい。

　次のコーチングセッションで、ダニエルは、自分がパーティーを牛耳ることはなく、ケーキのおかわりを出されたので2切れ目を食べ、「私に腹を立てる人は誰もいませんでした」と報告してくれました。

メンターや「職場のバディ」

　どの組織にも、職場でほかの従業員からしか学べない、独自の手続きや方針、報告制度があります。メンターや「職場のバディ〔訳注：職場での友人・理解者〕」を見つけることは、アスペルガー症候群の人にとって、とても役に立ちます。これは、メンターとして任命された、あるいは、単に友好的な同僚（上司や人事部長ではありません）のことです。
　バディは、本当の優先事項が何か、上司は情報をどのようにして受け取ることを好むか、誰が信頼できて、誰が信頼できないかなど、職場の暗黙のルールを翻訳することができます。そして、常にとらえどころのない社内の駆け引きについても説明できます。メンターやバディは、次

第7章　職場への定着

のことも行えます。

- もっと効率よく職務を遂行する方法について、アドバイスを提供する。
- 「真偽の確認」をする。（例えば、上司は誰に対しても批判的なのか、それとも、彼だけに批判的なのか？　ほかの人は新しいソフトウェアに戸惑っているのか？　誰もが仕事を抱えすぎているのか？）

　アスペルガー症候群の人は、この種の関係を自力で築くことができないかもしれません。メンターによる指導は、配慮として要求してもよいでしょう（カミングアウトと配慮に関する情報は、第8章を参照）。
　知識が豊富で意欲的な同僚の導きのおかげで、職務遂行能力を大幅に向上できたクライアントの事例を、私はこれまで多数見てきました。

実行機能を向上させる方法

　アスペルガー症候群の人の中には、とても几帳面な人もいます。しかし、ほとんどの人は、情報の管理と職務の効率的な遂行に苦労しています。組織化や時間の管理の方法をいくつか慎重に選ぶことで、問題を解決できるかもしれません。あるいは、実行機能に対する要求が少ない仕事を探す必要があるかもしれません。
　私は自分の経験に基づき、実行機能の問題を以下のように分類しています。

- 求められていることを理解する（何をしなければならないのか？）
    - » 職務の目的
    - » 完成品がどのようになればよいのか
    - » 取りかかることと、意欲を持ち続けること
- 計画する（どうやってやるのか？）
    - » 手順を決める
    - » スケジュールを作成する

・効率的に時間を管理する（期限はいつか？）

　　» 職務にどのくらいの時間がかかるのか／かけるべきか推定
　　　する

　　» 優先順位をつける

　　» 横道にそれずに続ける

・問題解決する（どんな問題が起こりうるか？）

　　» 柔軟に対応する

　　» 選択肢を見つける

　　» 常に落ち着く

　　» 助けを求める

　　» 最後までやり遂げる（どんな行動をとらなければならないか？）

クライアントの人物像

カレンが見た実行機能の悪夢

　カレンは、大規模な学術機関で、アーキビスト補佐として3年以上働いていました。彼女の仕事は、写真と文書をスキャンして電子データベースにすることと、さまざまな部署からの情報請求に対応することでした。カレンが勤めていた大学は、膨大な量の歴史データだけでなく、学生、教授陣と事務職員の記録も保存できる、さらに洗練されたアーカイブシステムの開発に取り組んでいました。このプロジェクトは完成まで数年間かかる見込みです。

　大学に就職する前、30代前半のカレンは、いくつかの仕事を経験しましたが、特に面白いともやりがいがあるとも思いませんでした。受付の仕事は、顧客に笑顔を見せなかったので辞めさせられました。小売の仕事は、客とのかかわりがあまりにストレスのたまるものだったので、自分から辞めました。それから数年間、小さな診療所で事務補佐を勤めましたが、そこにいる間に、アーキビズムについて学ぶため、資格認定プログラムに登録したのです。指導者の1人が、大学での仕事に就けるよう援助してくれました。

　カレンは最近、管理職に昇格されました。データをアーカイブ

第7章　職場への定着

241

に入れるための複雑なデータベースの作成を手伝うことが、彼女の新しい役割です。このプロセスに不可欠なのが、多くの種類の文書を分類し、そのファイル方法を記載した、巨大なスプレッドシートの保守でした。この情報を用いて、情報技術グループの従業員が、アーカイブシステムを構築していたのです。

しかし、昇格からたった3ヶ月で、カレンは処分を受け、仮昇格となってしまいました。上司は彼女について、ミスが多すぎるうえ、重要な職務を期限までに仕上げられないと不満を訴えました。上司によれば、カレンは「職務の20パーセント」しか遂行していなかったのです。カレンはこのことにショックを受け、混乱してしまいました。

カレンが私に連絡をくれたとき、彼女の目標は仕事を続けることでした。具体的には、上司の懸念に対処し、仮昇格の状態に終止符を打ちたいと考えていたのです。また、今後必要となる職場での配慮を考える手助けも必要としていました。

カレンは大学時代にアスペルガー症候群と診断されています。彼女は、生涯にわたって、組織化と課題の完了に困難を抱えてきたと語りました。具体的には、次のような困難がありました。

・優先順位をつけること
・プロジェクトにどのくらいの時間がかかるかを判断すること
・曖昧な課題を解き明かすこと
・期限を守ること
・多種多様な人とかかわること

大学で働くようになってからすぐに、カレンはアスペルガー症候群のことを人事部長と上司に打ち明けました。

私はカレンに、今の仕事のよい所と悪い所をリストにするよう求めました。すると、次のようになりました。

よい所

第Ⅱ部　就職と職場定着のためのコーチングの方略

- 仕事にやりがいがある。自分の知性を活かせる。
- 1日中退屈しない。
- ほとんどの同僚を気に入っている。
- スケジュールが決まっていない：好きなときに休憩や昼休みをとれる。

悪い所

- 上司が熱心で、仕事に駆り立てられている。
- 結果を出さなければならないというプレッシャーがある。
- ほかの部署がアーカイブシステムをどのように使うのかがわからない。
- ある特定の職務の目的がわからない。
- どの職務が重要なのかわからない。
- 時間の管理が難しい。
- 職務にどれくらい時間がかかるかわからない。
- 優先順位がよくわからない。
- メールが2ヶ月分たまっている。
- 助けを求めるのが不安だ。

　私はよい所と悪い所のバランスの悪さに気づきました。また、カレンが、特に昼休みの時間を選ぶ自由など、柔軟性のあるスケジュールをこれほど重視していることにも、興味をそそられました。セッションの際にも、彼女は何度かこのことを口にしていました。悪い所に書かれた多くの項目は、彼女の仕事に不可欠な部分のように思えました。

　ほかにも、警告がありました。

　管理職として、カレンは週に5、6件のスタッフ会議に出席していました。ほかの人と一緒にいると、彼女は不安になります。聞きながら書くことに問題があるので、彼女はメモを取りませんでした。そのため、聞いたことを忘れてしまい、何をするよう求められているのかよくわからないまま、会議をあとにしました。また、何を準備したらよいのかがわからなかったので、質問され

第7章　職場への定着

243

るとうろたえてしまいました。上司から、あるスプレッドシート
がアーカイブプロジェクトの重要な要素だと知らされて、カレン
は当惑しました。「何をしなければならないのか、なぜそれが重
要なのか、わからないのです」

　カレンはスケジュール通りに仕事をすることをしませんでした。
そのため、仕事を忘れたり、最後の瞬間に気がついたりするので、
期限に間に合わなくなります。同僚たちは、彼女が同じ質問を何
度もすると苦情を訴えました。カレンは、答えを忘れてしまうか
らだと説明しました。

　カレンは昇格され、実行機能の悪夢に陥ってしまったのです。
それでも、彼女は何かを修正すれば、期待されている成果を上げ
られるものと信じていました。そして、上司と人事部長に、以下
の配慮を求める要求を提出しました。

・優先事項や、職務への最善の対処方法、効率を上げる方法
　を話し合うために、上司と週に2回のミーティングをする。
・特定の職務について、なぜそれを行うのか、説明を受ける。
・自分の担当業務に関する指示は、口頭ではなく書面で受け
　る。
・同僚が取った会議メモを見直すことができる。
・ファイルと作業スペースの整理に、同僚の助けを借りる。

　カレンは、上記のミーティングの最中、上司はあまり発言して
くれなかったと報告してきました。

　さらに、カレンはいくつかのことをすると同意してくれました。
1ヶ月のプロジェクトスケジュールと、1週間のやることリスト
を作成し、上司と一緒に見直すのです。また、複数のステップが
必要な作業については、手順のチェックリストを作成します。

　配慮の要求から3週間後、カレンの上司は、彼女にはこの仕事
の中核となる責任をうまく果たすことはできないと判断しました。
「管理職レベルになると」と上司は説明しました。「これらの職務

第Ⅱ部　就職と職場定着のためのコーチングの方略

の大半を1人でこなさなければなりません」カレンは、以前のアーキビスト補佐の仕事に降格されました。

当然のことですが、カレンはこの知らせに動揺しました。満足のいく仕事ができるように、彼女は最善を尽くしていたのですから。上司はもっと辛抱強く、自分のことをそれまで以上に助けてくれるべきだったのだと、彼女は考えました。

「面白くて、やりがいのある仕事を手に入れるチャンスだったのに、台無しにしてしまいました」

「あなたがとてもいい仕事をしているから、昇格されたのですよ」と私は言いました。「今回は、あなたが得意なことではなく、あなたにとって難しい職務を重視する仕事を与えられてしまったのです」

その仕事には何が含まれるのか、本当の意味で理解しないままカレンが引き受けてしまったのは、不運なことでした。前任の管理者（この人も昇格されました）のシャドウイングができていたら、その仕事が合わないと気づけたかもしれません。あるいは、最初から配慮を求めることができたでしょう。

カレンは、実行機能の障害があるどの人にとっても極端に扱いが難しい、以下のことを伴う仕事に、いつの間にか就いてしまっていたのです。

- 複雑で、長期にわたるプロジェクト
- 計画、優先順位づけ、監視を同時に行わなければならない多数の職務
- 厳しい期限
- かなりの量の、人とのかかわり
- 全体像を見る戦略的な決定と、細かい作業の実行との切り替え

今、カレンの優先事項は、もっと楽しめる職業を見つけることです。

第7章　職場への定着

カレンがSDS（第5章を参照）を受けたところ、「企業的」カテゴリーは0点でした。一方、「芸術的」と「慣習的」のカテゴリーを強く好むことがわかりました。カレンは、プロジェクトの立ち上げ、アイディアの擁護、ほかの人たちを主導することを伴う仕事は、したくないと認めました。1人で仕事をすることを好み、書くことが楽しいと考えたのです。自分の文才を活かしてくれて、自分に必要な仕事の段取りを示してくれる職業はあるのだろうかと、彼女は思いました。

カレンは、職業選択の重要な基準と理想的な職場環境についても、自己アセスメントをしました。すると、以下を提供してくれる仕事を望んでいることがわかりました。

・多くの構造化
・毎日決まった仕事
・秩序だった、緩やかなペース
・最小限の人とのかかわり
・事実と情報を扱う仕事
・少ないストレス

アセスメントは、カレンの視点を変えることに役立ちました。管理職の仕事は自分に適していないとわかり、それがうまくいかなかったことについて、もう動揺しなくなったのです。「アーキビスト補佐として、何をしなければならないかはわかっています」と彼女は言いました。「仕事の段取りは決まっているし、プレッシャーも多くはありません。管理職のときは、毎日残業して、あらゆるストレスから疲労困憊して家に帰ったものです」

自分には選択肢があり、もっと自分に合った仕事が見つけられると、彼女にはわかったのです。カレンは、別の仕事を探す間、大学にとどまることにしました。

第Ⅱ部　就職と職場定着のためのコーチングの方略

求められていることを理解する

アスペルガー症候群の人は、求められていることを察し、「数字を出して」などの抽象的な指示を翻訳することに苦労します。私のワークショップでは、専門家と雇用主に対して、アスペルガー症候群の人には、「わかりきっていること」を明確にしてやらなければならない、と説明します。

これを行うために、「何をするべきかわかっていますか?」と尋ねるのはいけません。アスペルガー症候群の人は、むきになって反発したり、本当はそうではないのに、自分は進め方をわかっていると思い込んで「はい」と答えたりします。そこで、そう尋ねるかわりに、求めることを次のような方法で明確にしなければなりません。

・職務やプロジェクトの目的を説明する。
・明確な出発点と終点を示す。
・完成品の見本や例を示す。
・テンプレートを与える。
・プロジェクトが新規または複雑な場合は、大まかな内容やサンプルを提出させる。
・段階ごとに作業の振り返りをする。
・可能な限り常に、生産性要件を数値で示す。
・期限を設ける。
・優先順位を伝える。

アスペルガー症候群の人には、何を求められているのかがよくわからない場合、質問をするよう伝えておかなければなりません。

計画を立てる

クライアントは、プロジェクトや職務の完了に必要な手順を決める際、支援を必要とすることがあります。そうしないと、いらだち、途方に暮れてしまって、何もしなくなるのです。手順だけでなく、必要に応じて期限も、書き留めておかなければなりません。

第 7 章　職場への定着

具体的な活動の計画に加えて、優先順位づけや、日々のさまざまな職務の計画のためのシステムも必要となるかもしれません。気がつけば、クライアントには、紙のスケジュール帳を使って1週間の仕事の予定を立てるよう勧めることが増えてきました。電子手帳と異なり、スケジュール帳は、その週にやるべきことをはっきりと視覚的に示してくれるからです。

私は、実行可能な予定の立て方など当然わかるだろう、とは考えないことにしています。トレーシーは、自分の仕事のスケジュールを、子どもの放課後の活動予定と調整しようとしていました。最初の計画では、2冊のスケジュール帳を買うつもりでした。1冊は仕事用、もう1冊はプライベート用です。そこで、2冊の別々のスケジュール帳への書き込みを、どのように調整するか話し合ったところ、トレーシーは、そのシステムは複雑だと気づきました。スケジュール帳は1冊にして、仕事と家族との約束ごととで違う色のインクを使うという私の提案を、彼女は喜んでくれました。

アスペルガー症候群の人は忘れっぽいことで知られているため、自分のスケジュールを見ることを忘れない方法も決めておかなければなりません。総合的な計画を立てたものの、結局そのことをすっかり忘れてしまった、というクライアントも何人かいます！

人によっては、予定を立てる際に、予期せぬ複雑な事態が発生することもあります。

ジャックは面接のスキルを練習していました。小売の仕事に飽きたので、オフィスで働きたいと考えたのです。彼は、データ入力担当者の求人に応募しようと、何通か履歴書を送りました。私たちは、予想される質問のリストを作成し、ブレインストーミングをして、回答の仕方を考えました。ジャックは回答の練習に熱心に取り組み、ロールプレイではうまくやっていました。

彼が心配していたのは、面接を予定に組み入れることでした。

「仕事のスケジュールが毎週変わるので、面接を何件も入れることはできません」

小売店の従業員は、翌週の勤務予定を金曜日の午後に受け取ります。

第Ⅱ部　就職と職場定着のためのコーチングの方略

ジャックは、データ入力の求人の件で彼との面接を求めている雇用主と交わした会話に、混乱していました。

「先方は、次の水曜日に面接に来られるかと聞いてきました」

「あなたは何と答えたのですか？」

「わかりません、と」

彼はそれしか言わなかったのです。雇用主は再度、水曜日に来られるかと尋ねてきました。

「金曜日にならないと勤務予定がわからないと話しました。そして、また電話してくださいと言ったのです」

再び電話がなかったことに、彼は驚いていました。

私たちは、緊急事態への対策計画を練りました。もし、ジャックが金曜日前に面接の件で連絡を受けたら、こう言います。「翌週のスケジュールは金曜日にわかります。そのときにこちらからお電話して、面接の日を決めていただくことはできますか？」

数週間後、ジャックは保険会社のデータ入力の仕事に採用されました。

時間を効率的に管理する

クライアントが業務の管理と期限の厳守に苦労しているときには、短時間でできる自己アセスメントをするよう求めます。私は彼が、以下のことをしているかどうか知りたいのです。

・完璧を求めて、プロジェクトに必要以上に時間をかけている。

・問題を自力で解決しようとして、長い時間を費やしている。

・ほかの人が手っ取り早い方法を提案してくれているのに、ある特定の方法で物事をすると主張する。

・すべてのプロジェクトをゼロから始める。

・職務にかかる時間を、常に少なく見積もっている。

・優先順位の低い職務に多くの時間をかけすぎている。

ほとんどの場合、アスペルガー症候群の人は、生産性にとっては命取りになるこのようなことを、少なくとも１つはしています。しかし、大

抵は、自分が1日の時間をどう使っているのか、わかっていません。時間の使い方を改善したいという意欲はほとんどなく、たとえあっても、その方法がわからないのです。

このため、私はクライアントに、簡単な記録用紙（ワークシート7.2を参照）を使って、自分がどんなふうに時間を使っているのかを突き止めるよう求めます。1、2週間かけて、さまざまな活動にどれだけの時間を費やしているかを記録するわけです。また、その重要性を、C＝必須（今日しなければならなかったこと）、I＝重要（明確な期限が決まっていること）、L＝優先順位が低いもの（時間があるときにやること）という記号を使って評価します。

クライアントは、自分の記録を見直すと、大抵驚きます。あまりに多くの時間が、必要不可欠ではない活動や、間違った優先事項に費やされていることに気づくからです。ときには、記録をつけることさえ大きなプロジェクトになります。最近では、1日の勤務について**1分ごとに説明**する必要はないし、時間を正確に記録する必要もない（「13分間は15分間に切り上げていいですよ」）とクライアントに言って、安心させるようになりました。

リアンは5日分の記録用紙を握りしめてコーチングセッションにやってきました。そして、腰も下ろさないうちから、問題点について話し出しました。

「月曜日に電話が鳴ったとき、私はメールの返事を書いているところでした」と彼女は言いました。「メールと電話にどれだけの時間を費やしたか、注意を払っていなかったので、何と書いたらいいのかわかりませんでした」

「大丈夫ですよ」と私は答えました。「正確でなくてもいいのです。両方するのにどれだけかかったか、あなたが考えて一番もっともらしいのは、どのくらいですか？」

「だいたい20分くらいですね」と、トートバッグからペンを取り出し、彼女は記録を書き換えました。そして私を見上げて、こう言いました。「記録は15分ごとになっていますね。どうすればいいのですか？」

「これの目的は、あなたがどんなふうに時間を使っているか、だいた

いのイメージをつかむことです」と私は伝えました。「**メールと電話、**と15分の欄1つに書いてもよいのですよ」

「火曜日の午後はとても忙しくて、表に記入する暇がありませんでした」と、リアンは続けました。「上司が水曜日から金曜日まで出張だったので、その間の記録は、あまり正確ではありません。彼がいるときは、もっとたくさんの会議に呼ばれますから」

「わかりました。私たちはパターンを見つけようとしているのです。どんな2週間も、同じにはなりませんよ」

次は、「必須」と「重要」の線引きをしました。

「この項目は、どう評価したらいいのかわかりません」と彼女は言いました。「プロジェクトには必須でした。でも、木曜日に**しなければならない**というわけではなかったのです」

記録の報告という経験を通じて、リアンが自分の仕事をこなすのにこれほど苦労している理由について、多くのことがわかりました。

「自分の時間の費やし方について、あなたがどんなパターンに気づいたか、興味があるのですが」と私は問いかけました。

リアンは、時間を無駄にしている1つのことを**確か**に確認できました。同じ部署の人たちと交わす、数え切れないほど多くの詳細なメールです。複雑な問題について話し合うときには、同僚に電話をかけるよう努力する、と彼女が同意するまで、私たちは15分間、言葉で闘いました。

自分が時間を無駄にしていると気づくことは重要です。私は、どの問題に取り組みたいか、本人に決めてもらいます。1日の活動の記録用紙の見本を、次にあげておきます。

ワークシート 7.2

1 日の活動記録

　これは、1 日の活動の記録用紙の見本で、通常は午前 8 時から午後 6 時まで記録します。

　記録のとり方：今後 1、2 週間、各営業日に 1 部ずつ使用するものとして、この用紙をコピーしてください。1 日の活動を、15 分ごとに記録します。活動が 15 分以上続く場合は、縦に矢印を描いて、その長さを示してください。「優先度」と書かれた欄に、それぞれの活動の緊急度を、C＝必須、I＝重要、L＝優先順位は低い、で示してください。

時刻	活動	優先度
午前8:00-8:15	メールの返信	I
午前8:15–8:30		
午前8:30–8:45		
午前8:45–9:00		
午前9:00–9:15		
午前9:15–9:30		
午前9:30–9:45		
午前9:45–10:00		
午前10:00 –10:15		

第Ⅱ部　就職と職場定着のためのコーチングの方略

もう1つ、予定通りに進めることの妨げとなるのが、職務やプロジェクトにどのくらい時間がかかるのか、少なく見積もってしまうことです。何年も同じ種類の仕事をしていても、正確な予測を立てられないことがあるのです。次にあげるのは、全体像に基づいて一般化する能力が低いことを示す、もう1つの例です。

　テリーは20年近く技術マニュアルを書いてきました。これまでの雇用主たちは、彼女の仕事の質がとても高いと認めてくれていました。問題は、仕事があまりに遅いことでした。別の技術会社に採用されたとき、彼女は成功したいと決心し、私と一緒に取り組み始めました。

　「上司は、マニュアルを3週間で完成させなければならないと言っています」と彼女はまず言いました。「でも、その期限を守れるかどうか、私にはわからないのです」

　テリーは過去の同様なプロジェクトを振り返り、そのときの情報を使って、現状について妥当な推測をすることができませんでした。そのかわりに、スケジュールの見当をつけるため、恐ろしく非効率的な手順を使い始めたのです。どれだけの図表とページを文書に含めることになるかを正確に把握しようと、苦労して製品の仕様を調べることに、何時間もが費やされました。彼女は私に、詳細なスプレッドシートを見せてくれました。あらゆるデータにもかかわらず、それは、マニュアルが何ページになるか、という彼女の根本的な疑問に答えるものではありませんでした。

　また、彼女は、会社がマニュアルのフォーマットに使用しているソフトウェアプログラムに時間をとられていました。

　「このシステムを覚えるのには時間がかかりそうです」と彼女は言いました。「これまでの仕事で使っていたプログラムは使いやすかったのですが。それならマニュアルをもっと早く仕上げることができるのに」

　さらに何時間かが、2つのソフトウェアプログラムを比較することに捧げられました。テリーは自分の好みのソフトウェア製造業者に、値段の交渉をするために電話までしました。新しい会社に、そのソフトウェアを購入するよう勧める提案を書くつもりでいたのです。

　「それは、お金がかかるでしょうね」と私は意見しました。「そうなる

第7章　職場への定着

と、ほかのライターは、その使い方について研修を受けなければならなくなるでしょう。会社側がそれを購入したいと考える可能性は、どの程度でしょうか?」

「私の調査によれば、皆の時間がこれで節約できるのです」

「そうかもしれませんね。でも、上司が変更したいと考えても、そのソフトウェアがインストールされるまでに何ヶ月もかかるでしょう。あなたの仕事の期限は3週間後なのですよ。これは本当に優先するべきことですか?」

「違うと思います」と、テリーは結論を出しました。

テリーがスケジュールを作成しようとして採用した、長く、非効率的なシステムを目の当たりにして、私は自分がマーケティング担当部長だった頃のことを思い出しました。販売用パンフレット、広告、ダイレクトメール一式の制作を1年間経験し、私はそれぞれにかかる時間がどのくらいか、感覚的にわかるようになりました。そのおかげで、プロジェクトの正確なスケジュールが、最小限の労力で立てられたのです。これは、私に次のことができたからです。

- 過去の経験を利用して、同じようなマーケティング資料を作ること
- コピーライト、グラフィックデザインおよび印刷プロセスの知識を合体させること
- 現在取引している業者の納期に合わせて、スケジュールを調整すること
- ほかの関係者の好みや仕事のスタイルを考慮すること（プロジェクトを迅速に承認してくれたのは誰か、いつも修正を求めてきたのは誰かを覚えておく）

それぞれの文書が**正確**には同じではないことや、違う供給業者が関与していることは、関係ありませんでした。私は自分の知識と経験を一般化したわけです。

テリーに、『職務の完了に必要な時間の推定と測定』ワークシート

（ワークシート7.3）を見せたところ、この方法を試してみることに同意してくれました。彼女は、マニュアルの作成に伴う手順を1つずつ書き出しました。その後、それぞれの手順にどのくらいの時間がかかるか、自分が考える最も妥当な数字を考えました。次は、手順の1つに取り組み、進捗状況をモニタリングしなければなりません。推定所要時間が半分過ぎた時点で、自分の推測が正しいかどうかチェックします。例えば、テリーが1章書くのに2時間かかると推定したのなら、1時間後にはおよそ50パーセントを終えていなければなりません。

　この方法でやってみたところ、テリーはすぐに、あるパターンに気づきました。推定所要時間が半分過ぎた時点で、手順の約4分の1しか終えていないということが繰り返されたのです。彼女は、自分が必要な時間を50パーセント少なく見積もっていたことに気づきました。

　テリーはこのテンプレートを利用し、また、職場で親切な1人の同僚の助けを得ながら、自分の執筆速度について、より現実的な推定を行い、それに従ってスケジュールを立てました。

　クライアントが、どうやって時間を合理的に推定したらよいのかわからない場合、私は上司や同僚にアドバイスを求めるよう提案します。

問題を解決する（どんな問題が起こりうるか？）

　問題解決の能力は、多種多様な仕事で使われるスキルです。問題解決のためには、従業員が柔軟性を持ち、新規の状況に対処できることが必要となります。

　問題解決には、数多くのさまざまなスキルが関係しています。まず、問題を正確に特定し、定義しなければなりません。次に、それを解決する方略を開発しなければなりません。これを行うために、従業員は、最善の解決策の決定に役立つ関連情報を集め、整理する必要があります。

ワークシート 7.3

職務の完了に必要な時間の推定と測定

1. 職務： _____

    _____

2. 期限： _____

3. 手順と**推定**所要時間

    手順1： _____

    推定所要時間： _____

    手順2： _____

    推定所要時間： _____

    手順3： _____

    推定所要時間： _____

    手順4： _____

    推定所要時間： _____

    手順5： _____

    推定所要時間： _____

    合計時間： _____

4. 職務開始時刻 _____ (時)

    職務終了時刻 _____ (時)

5. 推定所要時間が半分過ぎた時点で、以下の仕事を終えていることが目標です。

    _____

6. それぞれの手順の**実際の**所要時間

    手順1： _____

    実際の所要時間 _____

    手順2： _____

    実際の所要時間 _____

    手順3： _____

    実際の所要時間 _____

    手順4： _____

第Ⅱ部　就職と職場定着のためのコーチングの方略

実際の所要時間 　　　　　　　　　

手順5：　　　　　　　　　　　　　　　　　　　　　　

実際の所要時間 　　　　　　　　　

合計時間：　　　　　　　　

7. 手順／職務の実際の所要時間が推定所要時間より長かった場合：

a. 予測していなかった問題があった場合、それは何ですか？

b. 次回、これまでとは異なるどのような方法で、この職務に取り組んだらよいですか？

第7章　職場への定着

257

問題解決の試みに、どれだけの時間と資金、労力を費やすべきか、決定を下せるように、問題の深刻度に応じて優先順位をつける必要があります。解決策を実行したら、その進捗状況をモニタリングしなければなりませんし、調整が必要となる場合もあります。最後に、結果を評価し、その解決策が最適であったかどうかを判断します（Cherry 2014b）。

　アスペルガー症候群の人は、通常、職場で遭遇する問題を解決するための現実的な計画を立てるのに苦労します。これにはいくつか理由があります。本人が、次のような問題を抱えているのかもしれません。

　　・本当の問題が何かを誤認している。
　　・問題の深刻度を見誤っている（深刻度を重く、または、軽く見積もっている）。
　　・些細な問題に多くの時間を費やしすぎている、あるいは、その逆。
　　・問題を解決するために集めた情報が、間違っているか、少なすぎる、あるいは、多すぎる。
　　・物事を独自の方法ですることを主張する。アドバイスや社会通念を無視する。
　　・選択肢に気づかないため、過去にうまくいかなかったことを繰り返す。
　　・過去に使用した方略を現在の状況に適用することができない。
　　・選択肢の評価と、起こりうる結果の推測が苦手である。
　　・全か無かで状況を判断する。妥協することや例外を設けることができない。
　　・パニックを起こし、衝動的に行動したり、状況を無視したりする。
　　・全体像を見失い、間違ったデータに基づいて決定を下す。

　『問題解決のための活動計画』ワークシート（ワークシート7.4）は、テリーが雇用主を説得して新しいソフトウェアを購入してもらうのは不可能だということを理解する助けとなりました。本当の問題は、自分のプロジェクトに十分な時間を割り当てることだったのです。

　このようなツールは、確かに役に立ちます。しかし、本人が自分に

第Ⅱ部　就職と職場定着のためのコーチングの方略

合った仕事に就いているかどうかを評価することも重要です。通常、構造化が少ない仕事ほど、より多くの問題解決が必要となります。

第 7 章　職場への定着

ワークシート 7.4

問題解決のための活動計画

1.　問題について説明してください（簡潔に）：＿＿＿＿＿＿＿

　　＿＿＿＿＿＿＿＿＿＿＿＿＿＿＿＿＿＿＿＿＿＿＿＿＿＿＿＿

2.　目標を設定してください（望ましい結果）：＿＿＿＿＿＿＿

　　＿＿＿＿＿＿＿＿＿＿＿＿＿＿＿＿＿＿＿＿＿＿＿＿＿＿＿＿

3.　目標達成の妨げとなっていることを明確にしてください：＿＿＿

　　＿＿＿＿＿＿＿＿＿＿＿＿＿＿＿＿＿＿＿＿＿＿＿＿＿＿＿＿

　　＿＿＿＿＿＿＿＿＿＿＿＿＿＿＿＿＿＿＿＿＿＿＿＿＿＿＿＿

4.　それぞれの妨げの解決策として考えられること、また、その解決策の
　　メリットとデメリットをリストにしてください。その後、以下の尺度
　　を用いて、成功の可能性を評価してください。

　　1.　可能性は低い　　2.　わからない　　3.　やや可能性あり
　　4.　可能性は高い

　　その後、以下の尺度を用いて、それぞれの解決策の実施に必要な費用
　　や労力を評価してください。

　　1.　莫大な費用／労力　　2.　ほどほどの費用／労力
　　3.　少しの費用／労力　　4.　費用／労力なし

　　解決策A：＿＿＿＿＿＿＿＿＿＿＿＿＿＿＿＿＿＿＿＿＿＿
　　メリット：＿＿＿＿＿＿＿＿＿＿＿＿＿＿＿＿＿＿＿＿＿＿
　　デメリット：＿＿＿＿＿＿＿＿＿＿＿＿＿＿＿＿＿＿＿＿＿
　　成功の可能性：＿＿＿＿＿　実施に必要な費用／労力：＿＿＿＿
　　解決策B：＿＿＿＿＿＿＿＿＿＿＿＿＿＿＿＿＿＿＿＿＿＿
　　メリット：＿＿＿＿＿＿＿＿＿＿＿＿＿＿＿＿＿＿＿＿＿＿
　　デメリット：＿＿＿＿＿＿＿＿＿＿＿＿＿＿＿＿＿＿＿＿＿
　　成功の可能性：＿＿＿＿＿　実施に必要な費用／労力：＿＿＿＿

第Ⅱ部　就職と職場定着のためのコーチングの方略

解決策C：　_____

メリット：　_____

デメリット：　_____

成功の可能性：　_____　実施に必要な費用／労力：　_____

5.　どの解決策を試すことに全力を注ぎますか？　_____

　　_____

6.　解決策をどのようにして実行しますか？　_____

　　_____

7.　進捗状況をどのようにして追跡しますか？　_____

　　_____

私がコーチングをしてきたアスペルガー症候群の人すべてに認められる特徴が、1つあります。

　アスペルガー症候群の人は、なかなか助けを求めようとしません。

　これにはいくつかの理由があります。

- ・「馬鹿だ」と思われるのではないかという不安
- ・採用されたからには、その仕事について何でも知っているものと期待されている、という思い込み
- ・「間違った」質問をして解雇される恐怖
- ・誰に、どうやって助けを求めたらよいのかがわからない
- ・自力で解決策を考える方を好む

　私はクライアントに、適切な方法で、適切な時点で助けを求めるのは、賢明なことだと強調します。そして、優れた重役の特徴の1つは、「自分がわかっていないことをわかって」おり、その答えを持っている人を見つけることなのだと説明します。

　クライアントには、誰に尋ねるか、どうやって質問するかを決めるのに、特別な支援が必要かもしれません。彼の質問の中には、雑談の仕方や、適切なアイコンタクトなど、職場で尋ねるには適切でないものもあります。もし、あまりに多くの質問をしているようなら、もっと研修が必要だということを意味しているのかもしれません。同じ質問を何度も繰り返すときは、不安が原因なのかもしれませんし、あるいは、するべきことを覚えておくために、メモを取る必要があるということかもしれません。

　誰に、どうやって、いつ尋ねるかというルールを設けることは、口で言うほど簡単ではありません。ジョンは通常よりも複雑なプロジェクトを与えられました。彼はストレスを感じ、不安になり、ある職務について混乱してしまいました。

　「上司に、そのプロセスについて説明するようお願いする必要がある

第Ⅱ部　就職と職場定着のためのコーチングの方略

ようですね」

「それはできません」とジョンは答えました。「彼は私に、質問が多すぎる、自分で答えを見つけなければならない、と言ったのですから」

「でも、それはあなたが緊張してしまって、基本的な質問をしたときのことですよね。今回は違います。このプロジェクトには、まったく新しい面がありますからね」

ジョンは言葉を文字通りに解釈するため、常に自力で答えを見つけようとしなければならないのだと思ったのです。彼にとっては、決まりきったことについて衝動的に尋ねることと、正当な質問をすることの違いを理解するのは、非常に難しかったわけです。

ときには、クライアントがでしゃばって、トラブルに巻き込まれることがあります。アスペルガー症候群の人は、ほかの人の文法的な間違いや事実の誤認を、しばしば指摘します。ある男性は、同僚が任された職務を、自分の方がうまくやれると思い込んで、始めてしまいました！

ベンは小売店の店員でした。彼は、非効率的だと思われることに気づき、上司とほかの店員たちに、手順について異議を唱え始めました。「もっといいやり方を知れば、皆喜ぶと考えたのです」1ヶ月もしないうちに、彼は解雇されました。

最後までやり遂げる （行動を起こす）

職務を首尾よく完了するのを妨げる障壁の1つが、しなければならないことを覚えておくということです。アスペルガー症候群の人は、多くの場合、短期記憶とワーキングメモリが弱く、職務や指示、期限をすぐに忘れてしまう可能性があります

以下にあげるのは、忘れっぽい人に役立つ秘訣です（一部、仕事で配慮してもらってもよいでしょう）。

・中断されることが少ない、静かな作業スペースを見つける。重要な職務に取り組んでいるときは、自分のスペースの扉を閉めるか、「邪魔しないでください」と書いた貼紙を外に貼っておく。
・1日に2、3回、時間を決めて、ボイスメールや電子メールを

第7章　職場への定着

チェックする。コンピューターのメール通知機能をオフにする。

・音で気が散る場合は、消音ヘッドフォンをつけたり、ホワイトノイズマシンを使ったりする。

・記憶に頼るかわりに、日課を作る。

・チェックリストを使う。

・すぐに書き留める。そのために、小さなメモ帳を持ち歩く。

・電子手帳を利用する。

・記憶を呼び起こすために、記憶術を使う（韻を踏む言葉や、頭字語など）。

・個々の情報を1つのまとまりにする。

クライアントには、不安やストレス、疲労があると、集中したり、情報を覚えたりすることが難しくなることを思い出させます。1日に2、3回短い休憩をとることで、職務遂行能力を大きく改善することができます。定期的な運動も有効です。

その週、あるいは、特定のプロジェクトの目標と活動のステップを計画することは、意識を集中させ、最後までやり遂げるよう後押しすることに役立ちます。クライアントが『1週間の目標と活動項目』ワークシート（ワークシート7.5）を使用する場合、毎日見られるように、どこに掲示したらよいかを考えます。また、クライアントには、自分の進捗状況に対する満足度を評価するよう求めます。それによって、結果を監視する必要性がさらに強く意識されるからです。

ワークシート 7.5

1 週間の目標と活動項目

_____日から始まる週の目標と活動項目

目標 1 : _____

　　　　この目標に向けた具体的な活動のステップ :

　　　　　a. _____

　　　　　b. _____

　　　　　c. _____

　　　　　d. _____

目標 2 : _____

　　　　この目標に向けた具体的な活動のステップ :

　　　　　a. _____

　　　　　b. _____

　　　　　c. _____

　　　　　d. _____

目標 3 : _____

　　　　この目標に向けた具体的な活動のステップ :

　　　　　a. _____

　　　　　b. _____

　　　　　c. _____

　　　　　d. _____

第 7 章　職場への定着

進捗状況

目標	活動の ステップは 達成されたか？	結果
1:	a. 達成された 　／達成され 　　なかった	_____ _____ _____ _____ _____
2:	a. 達成された 　／達成され 　　なかった	_____ _____ _____ _____
3:	a. 達成された 　／達成され 　　なかった	_____ _____ _____ _____

今週の進捗状況に対する満足度：

☐　非常に満足　　　☐　やや満足　　　☐　不満

第Ⅱ部　就職と職場定着のためのコーチングの方略

第 **8** 章

カミングアウトと職場での配慮

　障害のあるアメリカ人法（ADA）と他国の同様な反差別法に基づいて
提供される保護が、職場への定着と失業の分かれ目になる可能性がありま
す。ADAでは、雇用主が障害のある人を差別することを禁じていま
す。そして、企業に合理的配慮を義務づけています。これは、面接のプ
ロセスへの参加や職務の遂行を可能にするための変更のことです。

　本章の情報は、アスペルガー症候群の人がカミングアウトするべきか
否か、いつ、何を打ち明けるか、また、どのように合意的配慮を求める
かを決定する際の支援に役立つでしょう。ここでは、ADAの基本的な
内容について、カミングアウトの方略を考える際に必ず知っておかなけ
ればならない点も含めて紹介します。

　ほとんどすべてのケースにおいて、カミングアウトの決定は本人が行
います。これが適切な選択肢か否かの判断は、仕事の性質、本人の問題
と全般的な職務遂行能力、そして、障害を打ち明けることで得られる安
心感によって決まります。

　カミングアウトにはリスクが伴います。本当の理由を告げられること
なく、採用通知が撤回されたり、昇進が認められなかったり、失業した
りする可能性があるからです。差別の証明は困難で、高額な費用と長い
時間がかかる可能性があります。

　「はじめに」で述べたように、アスペルガー症候群がもはやDSMの

診断名ではないという事実は、中間管理職や専門職の人たちの間で、特に懸念を引き起こしています。クライアントの中には、自閉スペクトラム症だと打ち明けることで、キャリアにマイナスの影響を与える可能性があるのではないかと心配している人もいます。多くの企業は、従業員に医学的診断という証拠を示すよう義務づけています。臨床家が高機能の人を指して「アスペルガー症候群（自閉スペクトラム症)」などの用語を使い続けるかどうか見極めることは、興味深いでしょう。

ADAでは、**適格な**人たちに対して、雇用のサイクルのあらゆる段階において平等な機会を提供することを、雇用主に義務づけています。これには、採用、解雇、昇進、賃金、研修と手当が含まれます。適格な人とは、必要な教育を受け、スキル、経験、そして能力を備えている人です。雇用主は、障害のある従業員に対して、質や生産性の基準を下げる必要はありません。すべてのデータ入力担当者が1時間に60件記録を入力することを求められているのに、アスペルガー症候群のスーザンが47件しか入力できないのなら、彼女はこの仕事をする資格がないと見なされるのです。

障害を打ち明ける目的は、合理的配慮を求めることにあります。配慮とは、面接のプロセスに参加したり、自分の仕事に必須な職務を果たしたりできるようにするための変更です。ADAでは雇用主に対し、障害のある、適格な人に合理的配慮を提供するよう定めています。

変更は現実的でなければならず、雇用主に過度の負担をもたらすものであってはなりません。何が合理的かという定義は、会社や仕事によって異なります。データ入力担当者のスーザンにとっては、書面での指示が合理的でした。しかし、金融アナリストとして働いていたケンの場合、仕事で判断が求められるので、想定されるあらゆる状況への対処方法を書面で指示することは不可能でした。

莫大な費用がかかる変更や、事業面に混乱を生じさせる変更は、雇用主の過度な負担と見なされます。しかし、従業員25人の会社にとっての過度の負担は、従業員1万人の会社では、そうと見なされないでしょう。

障害のある従業員でも、自分の仕事に必須な職務を果たせなければな

りません。さもなければ、解雇される可能性があるのです。**必須な職務**とは、その人がそのために採用された、中核となる職務と責務のことです。経理担当者の場合は、標準的な会計ソフトを使用することが必須な職務と見なされるでしょう。視空間処理に問題がある従業員は、スプレッドシートを使えないので、この仕事をする資格はないと見なされます。

　ADAは、必須ではない職務をほかの従業員に任せることを、配慮に含められると明記しています。1年に1度しか予算を作成しないコピーライターの場合、スプレッドシートの使用は必須な職務とは見なされません。

　配慮を求める人は、自分の雇用主と交渉するのだということを認識しておかなければなりません。雇用主が提供しなければならない配慮の公式なリストはないのです。配慮は、ケースバイケースで決められます。さらに、雇用主は特別な要求を黙って受け入れる必要はなく、かわりに別の配慮を提供してもよいのです。

　ADAは、障害のある人と組織の両方の利益を守るために作られました。このプロセスにけんか腰で臨む人は、通常、好ましい成果を得られないでしょう。法的手段に訴えるとして雇用主を脅すことは、何としても避けなければなりません。

解決策を重視したカミングアウト

　よくある間違いは、問題のリストを提示し、雇用主に解決策を見つけてもらおうと期待することです。大半の上司や人事部長は、アスペルガー症候群について、ほとんど何も知りません。「私はアスペルガー症候群で、同時処理作業ができません」などという発言は、何が必要かを誰よりもわかっていない人に、配慮という重荷を背負わせることになるのです。合理的な解決策を積極的に提案することで、それらが実施される可能性を大いに高めることができるでしょう。

　私は、以下の3段階のプロセスに従って、クライアントがカミングアウトの方略を計画できるように支援します。

第8章　カミングアウトと職場での配慮

1. **何を打ち明けるかを決める。**
2. **どのように打ち明けるかを決める。**
3. **いつ打ち明けるかを選ぶ。**

　何を打ち明けるかを決める際には、クライアントに、仕事や応募書類の提出／面接で直面している問題を、すべてリストにするよう求めます。これによって、配慮のニーズだけでなく、本人自身が改善しなければならない、あるいは、習得しなければならない領域がすべて明らかになります。

　次に、それぞれの問題がクライアントの職務遂行能力にどのような影響を与えているのか、どのような配慮があれば期待に応えられるようになると考えるか、話し合います。例をあげましょう。

問　題	影　響	配　慮
・優先順位づけ	・重要ではない職務に 　時間をかけすぎる。 ・期限を守れない。	・毎日／毎週、上司と見直す。

　次の段階では、どのように打ち明けるか、計画を立てます。多くの場合、クライアントはこの段階に関して支援が必要となります。何を言ったらよいのか、ひどく神経質になってしまう人もいます。そして、アスペルガー症候群の歴史と、現在進められている原因や症状の研究について、長々と細かい説明をしようと計画するかもしれません。ある男性は、新しい上司のために、『精神疾患の診断・統計マニュアル』からの引用を盛り込んだ、2ページに及ぶ手紙を書きました。それには、職場に関係のない細かいことが多く書かれていただけでなく、「限定された反復的な、また、固定観念にとらわれた行動様式」など、上司がまったく理解できそうにない用語も使われていたのです。

　カミングアウトは、直接対面して行い、人事部長にも立ち会ってもらうべきです。管理職がADAや従業員への配慮の仕方を理解しているという思い込みは間違っています。人事部の職員はADAについて研修を受けており、配慮の要求を文書で記録する責任があります。

第Ⅱ部　就職と職場定着のためのコーチングの方略

上司にのみ打ち明けると、正当な配慮の要求が無視される可能性があります。私のクライアントの1人は、「あなたの障害について知ることは、私の責任ではありません」と告げられました。幸い、人事部が関与するようになり、その上司にそれが管理職の責任であることを知らせてくれました。

　従業員は、自分の障害について、社内の誰に知らせてよいかを決めます。彼には、人事部や上司に、ほかの誰にも障害のことを言わないよう求める権利があります。あるいは、この情報を共有したい人の名前をあげることもできます。

　カミングアウトの内容は、レスリーの言葉のように、簡潔で、要領を得たものでなければなりません。彼女はこう説明しました。「私はアスペルガー症候群です。神経学的な疾患で、そのせいで口頭での指示を覚えるのが苦手です。研修中は、メモを取ったり、さまざまな手順を順番に練習したりしなければなりません」口頭での要求は、いずれもあとで文書にしなければなりません。アスペルガー症候群に関する**簡潔な**記事を、そのような要求に添えてもいいでしょう。

　クライアントが配慮の要求をどのように書くかは、時間をかけて慎重に計画します。「低いソーシャルスキル」などの語句は使わないように言います。これはひどく曖昧で、配慮するのが難しいからです。また、マナーの悪さや、ほかの人とのかかわりに興味がないこと、あるいは、人格上の問題を意味することもあります。具体的に書きましょう。自分は言葉を文字通りに受け取ってしまうと説明すれば、明確な指示という配慮が受けられます。

　このプロセスの最終段階は、いつ打ち明けるかを選ぶことです。就労のサイクルのどの段階で打ち明けても、メリットとデメリットがあります。本人がどのような人物か、また、その状況も、タイミングに影響を与えるでしょう。

　以下にあげるのは、検討すべきメリットとデメリットです。

求人への応募書類を提出するとき、添え状の中で打ち明けること
　有効なのは：本人が応募書類の記入や面接のプロセスへの参加に援助

第8章　カミングアウトと職場での配慮

を必要としている場合。あるいは、例えば自閉症協会での仕事への応募など、アスペルガー症候群であることが明白な利益をもたらす場合。ただし、その場合でも、本人のスキルと経験が重視されます。

避けるべきなのは：特別な援助が必要ない場合。早い段階でのカミングアウトは、応募者としての資格よりも、起こりうる問題に注目を集めてしまいます。多くの雇用主は、障害のある人の採用に懸念を持っています。過度の研修や監督が必要となること、あるいは、費用のかかる配慮[1]が必要となることを恐れているのです。もう1つの懸念が、従業員を職務遂行能力の必要要件を満たさないという理由で解雇した場合に、訴えられることです。この通説は、雇用主にはそのような従業員を解雇する権利があるとADAで明確に規定されていても、いまだに根強く残っています。

就職面接で打ち明けること

有効なのは：問題がとても目立つため、あるいは、問題のコントロールが難しいため、説明をしておかなければ採用対象としてふさわしくないと思われてしまう場合。処理速度が非常に遅い、あるいは、適切なアイコンタクトができないことは、認知障害、無関心、準備不足と見られる可能性があります。簡潔な説明をするべきでしょう。

避けるべきなのは：障害が明白でない場合。可能な限り常に、面接の焦点は、応募者の限界や起こりうる問題ではなく、その能力に絞られなければなりません。

採用されてから打ち明けること

有効なのは：すぐに重大な配慮が必要となる場合。アメリカ合衆国では、雇用主は障害の公表を理由に採用を撤回することができません。初出勤日まで重大な配慮のニーズを明かさずにいることは、不信感を生み

---

1 ジョブ・アコモデーション・ネットワークの調査（*Workplace accommodations: Low cost, high impact*）によれば、配慮の半分以上は費用がかからず、残りも500ドル以下の費用で済みます。

第Ⅱ部　就職と職場定着のためのコーチングの方略

ます。

　避けるべきなのは：本人がその仕事を満足に遂行できると信じている場合。将来的には、配慮が必要となった場合、カミングアウトの選択肢が常にあります。

仕事を始めてから打ち明けること

　有効なのは：職務遂行能力に重大な問題がある場合。私のクライアントの大半がこの段階で打ち明けます。引き金となる出来事は、通常、上司からのマイナスのフィードバック、同僚との対立、懲戒処分、業績改善計画（PIP）の対象となったこと、2週間以内の改善を通告されたこと（ほとんどの場合、解雇が差し迫っていることを意味します）などです。カミングアウトにより、雇用主に合理的配慮の提供に努めるよう迫り、本人は、必要に応じて専門的なサービスを求める時間を得るわけです。

　避けるべきなのは：職務遂行能力の問題や配慮のニーズがない場合。

秘訣とアドバイス

必要なのは、配慮を求めることではないかもしれない

　数年前、私はホテルの室内清掃をしているある男性から連絡を受けました。彼は上司にアスペルガー症候群であることを打ち明けたいと考えていました。「彼女はいつも私に怒鳴るのです」と彼は言いました。「私があまりに遅いと言って。そこで、ほかの人と同じ速さで仕事をすることはできないし、1日のうちに同じ部屋数を掃除することもできないと話しました」

　この男性は、明確に定められた生産性要件を満たすことができなかったのです。彼に必要だったのは、配慮を求めることではありませんでした。彼は、別の仕事を探さなければならなかったのです。

　クライアントと雇用主の関係が、和解の望みがまったくなくなるほど悪化してしまったケースもあります。このような状況は、とてつもないストレスをもたらします。どちらの側も、文書のミスや職務遂行能力の不足、素行不良、法律違反の可能性で頭がいっぱいになってしまうので

す。このような状況で配慮を受けることはできません。社内の別の部署に異動することができない限り、私は別の会社を探すよう勧めます。

配慮と基本的な職業レディネスのスキルとを混同してはいけません。時間の管理に問題があるからと言って、雇用主に勤務時間の調整を求めても、それは職業レディネスの問題です。一方、診察に行かなければならないので調整を求めるのは、配慮です。

ほとんどの職場で、脅しや嫌がらせと解釈できる行動は、いかなるものでも一切容認されません。ADAでは、自分たち自身あるいは他者の健康や安全に直接的な脅威を与える従業員、もしくは、深刻な不正行為にかかわっている従業員に対して、雇用主は配慮を提供する必要はないと明記しています。職場でカッとなることは、直接的な脅威と見なされる可能性があります。激情的な爆発を容認することを、また、容認すべきだと、会社側に求めるのは合理的ではありません。このような感情をコントロールできない従業員は、専門家のサービスを求めなければなりません。

必要なのは、カミングアウトではないかもしれない

障害を打ち明けることなく、問題を解決できるかもしれません。予期せぬ行動を「中和」し、誤解を解くには、説明の言葉で十分かもしれないのです。クライアントの中には、騒音に過敏であるとか、記憶力が悪いとか、集中しているときは怒っているように見える傾向があると説明して、うまくいった人もいます。

医学的な情報の公表は様子を見ながら行うべき

通常、従業員は、カミングアウトしたのち、医療提供者に記入してもらう用紙をわたされます。そして、診断の証拠と、障害が職務遂行能力にどのような影響を与えるか、説明するよう求められます。雇用主にどの情報を提供するかは、本人が管理できますし、管理しなければなりません。神経心理学的評価の結果や病歴をすべて提出する必要はありませんし、それは望ましいことではありません。読者が臨床家なら、クライアントの**現在の仕事**に影響を与える情報に焦点を絞ってください。本人

第Ⅱ部　就職と職場定着のためのコーチングの方略

とかかわりのある、ほかのサービス提供者が、配慮に関する提案をして
もよいでしょう。

配慮の多くは、無料または低コスト

配慮が雇用主にとって費用のかかるものだとは思いません。多くの場
合、その逆なのです。以下に、私のクライアントが要求し、認められた、
職場での配慮の例をあげます。

- ・会議中、メモを取るためのノートパソコンの使用
- ・同僚に会議のメモを取ってもらうこと
- ・求められていることを明らかにし、優先順位を確認するための、
  週に1度の上司との面談
- ・職務や手順に関する書面での指示
- ・シフト中、ロビーのテレビを消すこと（受付係の場合）
- ・重要ではない予定を立てる仕事を、同僚に任せること
- ・ストレスを感じたとき、休憩をとってもよいという許可
- ・スタッフからの要求を書面で提出してもらうこと
- ・面接での質問を事前に提示してもらうこと
- ・管理職から技術職への転換
- ・静かな仕事場への移動
- ・騒音をさえぎるためのヘッドフォンの使用

コーチや言語聴覚士、その他の専門家と、困難への対処に取り組んで
いる場合は、そのことを雇用主に伝えなければなりません。それは、従
業員が仕事で成功するために全力を傾けていることを示すからです。一
部の会社は、外部のコーチングにかかった費用を、従業員に払い戻して
くれます。私がコーチングをしたある男性の上司は、彼の進歩にとても
喜び、彼にコーチングの費用を払い戻す手配を特別にしてくれました。

ワークシート8.1は、カミングアウトがクライアントにとって利益と
なるかどうかを判断する助けとして、私が使っている評価尺度です。

第8章　カミングアウトと職場での配慮

ワークシート 8.1

カミングアウトの必要性と行動の評価尺度

問題はどのくらい深刻ですか？	考えられる活動のステップ
レベル3：即行動が必要 ☐公式な懲戒処分、謹慎処分、または、2週間以内に改善することを求める通告 ☐職務遂行能力の問題に関する上司との公式な面談、書面での警告、業績改善計画の対象となった	☐カミングアウトと配慮の正式な要求 ☐自分のかわりに介入してもらう専門家を雇う ☐その他：
レベル2：行動の是正が必要 ☐職務遂行能力に関して、同じ問題を3回以上指摘されたことがある ☐常に業務をやり直している ☐日頃から業務に遅れが出ている	☐カミングアウトと配慮の正式な要求 ☐困難について上司に話す。公式なカミングアウトはせずに、解決策を提案する ☐職務遂行能力を向上させるアイディアを同僚に求める ☐これが自分に合っている仕事または職業かどうか、評価する ☐その他：
レベル1：注意が必要 ☐非常に長時間働いている ☐求められていることがわからない ☐絶えず仕事を再確認している、手順を忘れる ☐質問が多すぎる／もう何をするべきかわかっているはずだと言われる ☐職務遂行能力に不安があり、自信がない	☐職務遂行能力を向上させるアイディアを同僚に求める ☐優先順位と求められていることを明らかにするために、定期的に上司と面談する ☐チェックリストを使う、メモを取る、追加の研修を求める ☐ストレスと不安に対処する方法を見つける ☐その他：

第Ⅱ部　就職と職場定着のためのコーチングの方略

最後に伝えたいこと

　アスペルガー症候群の人のコーチングは、これまで私が経験した中で最も困難な仕事です。ですが、それは最も満足感の得られる仕事でもあります。10年前、将来自分がマーケティング戦略や販売予測ではなく、語用論や実行機能に重点的に取り組むことになるとは、夢にも思いませんでした。興味深く、やりがいのある、そして、ほかの人の役に立てる第二の職業を見つけることができて、私はとても嬉しく思っています。また、これは、自分の力不足に気づかされる仕事でもあります。アスペルガー症候群の人の大多数は、仕事を見つけ、それを維持するために悪戦苦闘しているからです。

　しかし、自閉スペクトラム症と確認された人の数が非常に多いことから、状況は変わり始めていると私は信じています。このような人たちとかかわりのある、大学のキャリアカウンセラーや職業リハビリテーション専門家に役立つリソースは、ますます増えています。第3章で紹介した組織や、それと似たような組織は、このような人でも対処可能な、生計を立てられる仕事を創出しています。さらに、これらがプラスのパブリシティ効果を生み、コミュニティ内で行動を起こそうという意欲を刺激しているのです。

　最近、雇用主からの問い合わせの数が増えてきました。彼らはアスペルガー症候群だと打ち明けてきた従業員の支援と、人事部長や採用責任

者の研修に関心を持っているのです。このことから私は、これまで以上に多くの会社が、自閉スペクトラム症の人が有能な労働力だと気づきつつあるのだと考えています。

　読者が親であれ、専門家であれ、企業関係者であれ、本書が職場にいるアスペルガー症候群の成人に関する新たな洞察をもたらすものであることを願っています。私は、分野の異なるさまざまな人たちのコーチングをすることができて幸運でした。本書では、ユーモラスな話も含めて、現実の人たちが現実の状況にどのように対処しているのかを示す話を共有することを意図してきました。アスペルガー症候群の人は、定型発達者と違う点は多々ありますが、定型発達者と同じことを求めています。それは、自立、コミュニティでの居場所、そして、自分のスキルを有意義な方法で活かして貢献する機会です。

　どのクライアントも自分が夢見ていた仕事を見つけました、と言うことができたなら、あるいは、私の発見した、障壁をすべて取り除く秘密のシステムを読者に教えることができたならよかったのですが、残念ながら、魔法も簡単な答えもありません。ですが、ほとんどのクライアントは、目標に向かって大きく前進しています。一部の人にとって、コーチングは整然と進んでいきます。職業の選択肢を模索し、面接のスキルを練習し、職務遂行能力の問題に取り組み、配慮を決めると、数週間でコーチングは終了します。しかし、コーチングの関係がもっと長く、より熱の入ったものとなる人もいます。何ヶ月、いや、何年もかけるうちに、私は相手のことをよく知るようになります。上司、同僚、そのほか重要な人たちや、生活の中での出来事についても、よくわかるようになります。さまざまな問題に遭遇し、それを解決しながら、寄り添っていくのです。

　よいときもあれば、悪いときもあります。成人したのに仕事を見つけられない自閉スペクトラム症の若者たちは、年々増加しつつありますし、自閉スペクトラム症の人の雇用状況を説明する際には、「危機」という言葉が使われます。しかし、このような人たちに対する理解と賞賛も増えているのです。親、専門家、そしてビジネスリーダーは、「もし…だったらどうなるのか」と問いかけながら、アスペルガー症候群の人を

はじめ、自閉スペクトラム症の人たちの才能から、すべての人が恩恵を受けられる機会を生み出しています。

　本書がささやかながらこのような取り組みに貢献し、アスペルガー症候群の人がそのスキルを自分自身のために、そして、私たちのために活用できるようになることを、願っています。

監修者あとがき

　アスペルガー症候群は、現在ASD（Autism Spectrum Disorder：自閉スペクトラム症、自閉症スペクトラム障害）の一種で、知的に高い自閉症といったニュアンスでとらえられています。

　その自閉症という用語は、1943年にアメリカの児童精神科医であるレオ・カナー博士が、いくつかの特徴的な行動を示した11人の子どもたちについて「情緒的接触の自閉的障害」と題して報告し、翌年の論文で「早期幼児自閉症」と命名したのが始まりです。

　アスペルガー症候群は、カナー博士の論文の1年後の1944年に同じような症例4人を報告したハンス・アスペルガーというオーストリアの小児科医の名前から名付けられた診断名です。アスペルガー博士は1944年に「小児期の自閉的精神病質」というタイトルでカナー博士の症例と似たような子どもについての論文を報告しましたが、当時は第二次世界大戦の真最中で、敗戦国に属していたオーストリアにおいてドイツ語で書かれた論文は日の目を見ませんでした。それから35年後の1981年にイギリスの精神科医ローナ・ウィング博士がアスペルガー博士の論文を英語に訳してから世界中に広がりました。

　その結果、知的な障害を伴うASDはカナータイプ、知的に高いASDは高機能自閉症あるいはアスペルガー症候群と言われるようになりました。

　アスペルガー症候群を含むASDの人は、基本的に「社会性」「コミュニケーション」「想像力」に困難を抱えており、現在は知的に重いカナータイプも知的に高いアスペルガー症候群も連続帯（スペクトラム）としてつながっていると考えられ、ASD（自閉スペクトラム症）という表現が使われるようになりました。

　社会性では、「人とのかかわり方が困難であり、目を見て話すことができない。コミュニケーションでは、まったく話し言葉のない者から、

しゃべることはできても、会話のキャッチボールができずに一方的に自分のことだけをしゃべり続ける者までいる。また、想像力に限界があるため、興味や関心が偏ってしまい、こだわりが強く変化を許容できない」などの特性が見られます。

アスペルガー症候群の人は知的に高い人が多いため、大学を卒業し、素晴らしい能力を発揮することも多いのですが、その半面、社会参加、とりわけ就労で困難を示す人も数多く存在します。それは、アスペルガー症候群の人がその能力にマッチした適職に就けなかったこと、また彼らの感覚過敏（あるいは鈍磨）などの問題で仕事そのものが構造化されていなかったこと、そして一緒に働く同僚や上司がアスペルガー症候群を理解していないために対人関係（コミュニケーションを含む）に支障を来すことなどが原因だと多くの研究で報告されています。

逆に、適切なジョブマッチングが図られ、仕事が構造化され、職場の同僚・上司がアスペルガー症候群の特性を理解していれば、就職も可能となるのです。

ASD当事者であり、コロラド大学教授でもあるテンプル・グランディン氏は、アスペルガー症候群の人に適した職種として航空機整備士、芸術家、大学教員、コンピューター・プログラマー、製図・設計士、獣医補助、冷暖房機の空調技術者などをあげています。これらの職種は、対人関係がそれほど多くなく、1人で行える専門職です。このように適切なジョブマッチングが行われれば、アスペルガー症候群の人たちも能力を発揮できる可能性があると言えます。

本書の著者であるバーバラ・ビソネットさんは精神科医でもなく、心理学者でもありませんでした。ただ、キャリア開発コーチやコンサルタントとして多くのアスペルガー症候群の人たちと出会い、就労支援を行う中で、彼らが抱える困難を把握し、どのような支援を行えば適切な職に就くことができるかを1人ひとりの事例から臨床的にまとめられました。

第5章以降示されてくるさまざまなワークシートは、アスペルガー症候群の人の能力の評価から行うのではなく、ニーズアセスメントから始めています。

このような試みは従来の発達障害者の職業リハビリテーションでは見られなかった手法です。しかも、本書の英文タイトルが"Get & Stay Hired"とあるように、就職すればいいというのではなく、就職後の職場定着を果たすためには、仕事に対する興味・関心などのニーズアセスメントが極めて重要な要素となりえます。

　わが国では、ハローワーク、地域障害者職業センター、障害者就業・生活支援センター、就労移行支援事業所、発達障害者支援センター等の障害者の就労支援機関はもとより、企業や教育機関である高校、大学においても、アスペルガー症候群の人の就労支援やキャリア支援のニーズが高まってきています。しかしながら、その専門家は多いとは言えない状況です。

　本書によって、従来の就労支援では十分とは言えなかったアスペルガー症候群に特化した新しい就労支援の試みが広がっていくこと、就労支援機関や大学等でアレンジされて、その地域に特化したアスペルガー症候群の人の就労、そして職場定着がなされていくのを期待しています。

2016年6月　早稲田大学近くのカフェにて　　　　　　　梅 永　雄 二

監修者あとがき

参考文献

American Medical Association (2014) "ICD-10 Code Set to Replace ICD-9." http://www.amaassn.org/ama/pub/physician-resources/solutions-managing-your-practice/coding-billinginsurance/hipaahealth-insurance-portability-account-ability-act/transaction-code-setstandards/icd10-code-set.page, 2014 年 9 月 27 日アクセス

American Psychiatric Association (APA) (2013) *Diagnostic and Statistical Manual of Mental Disorders, Fifth Edition.* Arlington, VA: American Psychiatric Association.
『DSM-5 精神疾患の診断・統計マニュアル』日本語版用語監修：日本精神神経学会　髙橋三郎　大野裕監訳　染矢俊幸　神庭重信　尾崎紀夫　三村將　村井俊哉訳　医学書院　2014 年

Attwood, T. (2007) *The Complete Guide to Asperger's Syndrome.* London and Philadelphia, PA: Jessica Kingsley Publishers.

Barkley, R. (2011) *Barkley Deficits in Executive Functioning Scale (BDEFS).* New York: The Guilford Press.

Baron-Cohen, S. (2011) "Simon-Baron Cohen Replies to Rachel Cohen-Rottenberg." Autism Blogs Directory. http://autismblogsdirectory.blogspot.com/2011/09/simon-baroncohen-replies-to-rachel.html, 2014 年 6 月 23 日アクセス

Berger, J.G and Fitzgerald, C. (2002) *Executive Coaching, Practices and perspectives.* Mountain View, CA: Davies-Black Publishing.
『エグゼクティブ・コーチング』日本能率協会コンサルティング訳　日本能率協会マネジメントセンター　2005 年

Briers, S. (2012) *Brilliant Cognitive Behavioural Therapy*, 2nd edn. Harlow: Pearson Education.

Burns, D. (1999) *Feeling Good, The New Mood Therapy.* New York: HarperCollins.
『いやな気分よ、さようなら――自分で学ぶ「抑うつ」克服法』デビッド・D・バーンズ著　野村総一郎　夏苅郁子　山岡功一　小池梨花　佐藤美奈子　林建郎訳　星和書店　2004 年

Centers for Disease Control and Prevention (2014) "CDC estimates 1 in 68 children has been identified with autism spectrum disorder." www.cdc.gov/media/releases/2014/p0327-autism-spectrum-disorder.html のプレスリリース。2014 年 6

月24日アクセス

Cherry, K. (2013) "The Milgram Obedience Experiment, the Perils of Obedience." About.com. http://psychology.about.com/od/historyofpsychology/a/milgram. htm, 2014年6月24日アクセス

Cherry, K. (2014a) "What is Top-Down Processing?" About.com. http://psychology. about.com/od/tindex/g/top-down-processing.htm, 2014年6月24日アクセス

Cherry, K. (2014b) "What Is Problem-Solving?" About.com. http://psychology. about.com/od/problemsolving/f/problem-solving-steps.htm, 2014年6月24日アクセス

Cohen, M.R. (2011) *Social Literacy, A Social Skills Seminar for Young Adults with ASDs, NLDs, and Social Anxiety.* Baltimore, MD: Paul H. Brooks Publishing.

De Haan, E. (2006) "Coaching and Mentoring: Three Millennia of One-to-One Learning," *Coach & Mentor*, Spring. www.ashridge.org.uk/website/IC.nsf/ wFARATT/Coaching+and+Mentoring:+three+millennia+of+one-to-one+ learning?OpenDocument, 2014年6月24日アクセス

Dingfelder, S. (2006) "Postgrad Growth Area: Executive Coaching." *gradPSYCH* magazine, American Psychological Association. www.apa.org/gradpsych/ 2006/11/coaching.aspx, 2014年6月24日アクセス

Eikleberry, C. (2007) *The Career Guide for Creative and Unconventional People*, 3rd edn. New York: Ten Speed Press.

ePredix (1999) *Successful Executive' s Handbook, Development Suggestions for Today's Executives.* Minneapolis, MN: EPredix and Personnel Decisions International.

Equip for Equality (2005) "The ADA and Personality Testing by Employers, Karracker v. Rent-ACenter." Fact Sheet. www.equipforequality.org/?s=MMPI+ and+Rent+a+Center, 2014年6月24日アクセス

Fast, Y. (2004) *Employment for Individuals with Asperger Syndrome or Non-Verbal Learning Disability.* London and Philadelphia, PA: Jessica Kingsley Publishers.

Fein, D. (ed.) (2011) *The Neuropsychology of Autism.* New York: Oxford University Press.

Finch, D. (2012) *The Journal of Best Practices, A Memoir of Marriage, Asperger Syndrome, and One Man's Quest to Be a Better Husband.* New York: Scribner.

Fogle, P.T. (2013) *Essentials of Communication Sciences and Disorders.* Clifton Park, NY: Cengage Learning Inc.

Frith, U. (2003) *Autism, Explaining the Enigma*, 2nd edn. Malden, MA: Blackwell Publishing.『新訂 自閉症の謎を解き明かす』ウタ・フリス著 冨田真紀 清水

康夫　鈴木玲子訳　東京書籍　2009年

Frith, U. (2008) *Autism, A Very Short Introduction.* New York: Oxford University Press, Inc.『ウタ・フリスの自閉症入門　その世界を理解するために』ウタ・フリス著　神尾陽子監訳　華園力訳　中央法規出版　2012年

Fritscher, L. (2014) "Information Processing." http://phobias.about.com/od/glossary/g/Information-Processing.htm About.com, 2014年6月24日アクセス

Gabor, D. (2001) *How to Start a Conversation and Make Friends.* New York: Fireside.『なぜか友達ができる話し方』ドン・ガボール著　田中敦子訳　PHP研究所　2006年

Gathercole, S.E. and Alloway, T.P. (2008) *Working Memory & Learning.* London: Sage Publications.『ワーキングメモリと学習指導──教師のための実践ガイド』S.E.ギャザコール　T.P.アロウェイ著　湯澤正通　湯澤美紀訳　北大路書房　2009年

Gaus, V. (2007) *Cognitive-Behavioral Therapy for Adult Asperger Syndrome.* New York: Guilford Press.『成人アスペルガー症候群の認知行動療法』ヴァレリー・L・ガウス著　伊藤絵美監訳　吉村由未　荒井まゆみ訳　星和書店　2012年

Gaus, V. (2011) *Living Well on the Spectrum.* New York: Guilford Press.

Goleman, D. (1998) *Working with Emotional Intelligence.* New York: Bantam Books.『ビジネスEQ──感情コンピテンスを仕事に生かす』ダニエル・ゴールマン著　梅津祐良訳　東洋経済新報社　2000年

Grandin, T. (2006) *Thinking in Pictures, My Life with Autism.* New York: Vintage Books.『自閉症の才能開発　自閉症と天才をつなぐ環』テンプル・グランディン著　カニングハム久子訳　学習研究社　1997年

International Coach Federation (2012) "2012 ICF Global Coaching Study, Data Appendix." http://icf.files.cms-plus.com/includes/media/docs/ICF-Region-NORTH-AMERICA.pdf, 2014年6月24日アクセス

Job Accommodation Network (2010) "Accommodation and Compliance Series, Testing Accommodations." http://askjan.org/media/downloads/TestingAccomm.pdf,　2014年6月24日アクセス

Leonard, T. (n.d.) "About Thomas Leonard." http://thomasleonardphotos.wordpress.com/about/, 2014年6月24日アクセス

Leonard, T. (2003) "Thomas Leonard Bio." www.thomasleonard.com/bio.html. 2014年6月24日アクセス

Lewis, M. (2011) *The Big Short: Inside the Doomsday Machine.* New York: W.W. Norton & Company.『世紀の空売り　世界経済の破綻に賭けた男たち』マイケル・ルイス著　東江一紀訳　文藝春秋　2010年）

Mamen, M. (2007) *Understanding Nonverbal Learning Disabilities.* London and Philadelphia, PA: Jessica Kingsley Publishers.

McLeod, S. (2007) "Psychodynamic Approach." www.simplypsychology.org/psy-chodynamic.html, 2014 年 6 月 24 日アクセス

Mehrabian, A. (1981) *Silent Messages: Implicit Communication of Emotions and Attitudes.* Belmont, CA:Wadsworth（現在は Albert Mehrabian, am@kaaj.com が配信）.『非言語コミュニケーション』A. マレービアン著　西田司ほか訳　聖文社 1986 年

Meltzer, L. (2010) *Promoting Executive Function in the Classroom.* New York: Guilford Press.

Mottron, L. (2011) "Changing Perceptions: The Power of Autism." Nature 479, 33-35.

Myles, B.S., Tapscott Cook, K., Miller, N.E., Rinner, L. and Robbins, L.A. (2000) *Asperger Syndrome and Sensory Issues, Practical Solutions for Making Sense of the World.* Shawnee Mission, KS: Autism Asperger Publishing Company.『アスペルガー症候群と感覚敏感性への対処法』マイルズ　クック　ミラー　リナー　ロビンズ著　萩原拓訳　東京書籍　2004 年

Peltier, B. (2001) *The Psychology of Executive Coaching, Theory and Application.* New York: Brunner-Routledge.

Previsor and Personnel Decisions (2010) *Successful Manager's Handbook,* 8th edn. Roswell, GA: PreVisor Inc. and Minneapolis, MN: Personnel Decisions International.

Rock, D. (2006) *Quiet Leadership.* New York: HarperCollins.

Skedgell, K.E. (2012) "History of the Coach." Writer of Historical and the Fantastic, blog. http://keskedgell.blogspot.com/2012/07/history-of-coach.html, 2014 年 6 月 24 日アクセス

Standifer, W.S. (2011) "Fact Sheet on Autism Employment." University of Missouri, Disability Policy & Studies. http://dps.missouri.edu/Autism/AutismFactSheet2011.pdf, 2014 年 6 月 24 日アクセス

Stettner, M. (2000) *Skills for New Managers.* Madison, WI: McGraw-Hill.

Thompson, S. (1997) *The Source® for Nonverbal Learning Disorders.* East Moline, IL: LinguiSystem, Inc.

Vermeulen, P. (2012) *Autism as Context Blindness.* Shawnee Mission, KS: Autism Asperger Publishing Company.

Winner, M.G. (2005) *Worksheets! for Teaching Social Thinking and Related Skills.* San Jose, CA: Michelle Garcia Winner, SLP.

Winner, M.G. and Crooke, P. (2011) *Social Thinking at Work, Why Should I Care?* San Jose, CA: Think Social Publishing Inc.

〈著者紹介〉

バーバラ・ビソネット（Barbara Bissonnette）

公認コーチ、フォワード・モーション・コーチング所長。アスペルガー症候群及び非言語性学習障害の成人を対象としたキャリア開発コーチングが専門。雇用主向けの研修とコンサルティングも実施。

20年以上企業に勤務し、出版社のマーケティング・販売担当副社長を辞した後に現職。マサチューセッツ臨床心理大学院で管理職向けのコーチングの準修士号、インスティテュート・フォー・プロフェッショナル・エクセレンス・イン・コーチング（iPEC）でコーチの資格を取得。

著書に *The Complete Guide to Getting a Job for People with Asperger's Syndrome*、*Asperger's Syndrome Workplace Survival Guide*（いずれも Jessica Kingsley Publishers）。マサチューセッツ州ストウ在住。

〈監修者略歴〉

梅永 雄二（うめなが　ゆうじ）

早稲田大学 教育・総合科学学術院教育心理学専修、教授。博士（教育学）。臨床心理士、自閉症スペクトラム支援士Expert、特別支援教育士SV。

1983年、慶応義塾大学卒業後、障害者職業カウンセラーとして、地域障害者職業センターに勤務。障害者職業総合センター研究員を経て1998年、明星大学人文学部専任講師、2000年助教授。2003年宇都宮大学教育学部教授。2015年4月より現職。

主な著作として、『自立をかなえる！〈特別支援教育〉ライフスキルトレーニングスタートブック』（明治図書出版）、『大人のアスペルガーがわかる』（朝日新聞出版）、『発達障害者の雇用支援ノート』（金剛出版）、『アスペルガー症候群・高機能自閉症の人のハローワーク』（明石書店）、『仕事がしたい！　発達障害がある人の就労相談』（明石書店）など多数。

〈訳者略歴〉

石川 ミカ（いしかわ　みか）

国際基督教大学教養学部人文科学科卒業。外資系銀行勤務を経て、2002年より、公益財団法人日本障害者リハビリテーション協会等の依頼を受け、障害・福祉・リハビリテーション分野の翻訳に従事。

主な訳書として、マルチメディアDAISY図書『賢者の贈りもの』（オー・ヘンリー著、公益財団法人日本障害者リハビリテーション協会、2007年）、『玄天　第一巻　白虎』（カイリー・チャン著、バベルプレス、2012年）、『世界障害報告書』（アラナ・オフィサー、アレクサンドラ・ポサラック編、明石書店、2013年）、『大人のADHDのアセスメントと治療プログラム——当事者の生活に即した心理教育的アプローチ』（スーザン・ヤング、ジェシカ・ブランハム著、明石書店、2015年）など。

アスペルガー症候群の人の就労・職場定着ガイドブック
──適切なニーズアセスメントによるコーチング

2016 年 8 月 25 日　初版第 1 刷発行
2018 年 2 月 28 日　初版第 2 刷発行

　　　　　　　　　著　者　　バーバラ・ビソネット
　　　　　　　　　監修者　　梅　永　雄　二
　　　　　　　　　訳　者　　石　川　ミ　カ
　　　　　　　　　発行者　　大　江　道　雅
　　　　　　　　　発行所　　株式会社明石書店
　　　　　　〒 101-0021 東京都千代田区外神田 6-9-5
　　　　　　　　　　　電　話　03（5818）1171
　　　　　　　　　　　ＦＡＸ　03（5818）1174
　　　　　　　　　　　振　替　00100-7-24505
　　　　　　　　　　　http://www.akashi.co.jp
　　　　　　　組版 / 装丁　　明石書店デザイン室
　　　　　　　印刷 / 製本　　モリモト印刷株式会社

　　　　　　　　　ISBN978-4-7503-4388-4
Printed in Japan　　（定価はカバーに表示してあります）

アスペルガー症候群・高機能自閉症の人の ハローワーク

能力を伸ばし最適の仕事を見つけるための職業ガイダンス

テンプル・グランディン、ケイト・ダフィー著
梅永雄二監修　柳沢圭子訳

〈A5判／並製〉
◎1800円

自閉症スペクトラムの人にマッチする16の職種を紹介。能力を活かしながらジョブマッチングを図るための仕事の考え方や障害のとらえ方を解説した好著。保護者や進路担当教師、ハローワーク職員、障害者職業カウンセラー、ジョブコーチなどにも役立つガイダンス。

●内容構成
第1章　自閉症スペクトラム障害と職場で表れる影響
第2章　職場に適応するには
第3章　仕事で成功するためのルール
第4章　好きな仕事を見つけるには
第5章　理想の仕事を探すには
第6章　一番得意なことを仕事にしましょう
第7章　自閉症スペクトラムの人に最適の仕事

Developing Talents

アスペルガー症候群の人の 仕事観

障害特性を生かした就労支援

サラ・ヘンドリックス著
梅永雄二監訳　西川美樹訳

〈A5判／並製〉
◎1800円

アスペルガー症候群の人の仕事観を理解し、共感することによって、本人の障害特性を生かした、より適切な就労支援につなぐことができる。本人・家族・支援者・企業・大学関係者など、アスペルガー症候群の人の就労に関わるすべての人に気づきを与える好著。

●内容構成
第1章　アスペルガー症候群は就労や日常生活にどう影響するか
第2章　仕事がうまくいかないとき
第3章　アスペルガー症候群と就労
第4章　子ども時代の経験とプライベートの生活環境——うまくいく場合とその理由
第5章　仕事を見つけるには
第6章　指導と訓練——個人や支援機関に対する専門家の支援
第7章　仕事を成功させる秘訣

〈価格は本体価格です〉

仕事がしたい！発達障害がある人の就労相談

梅永雄二　編著

A5判／並製　◎1800円

高機能自閉症やアスペルガー症候群、LDやADHDのよ
うな発達障害をかかえる人は就労のどこでつまずくのか。
継続的な就労を実現するために必要な支援と考え方とは？
経験豊富な支援者と当事者の視点から本当に必要で効果
が期待できる支援の枠組みを示す。

構成

第1章　発達障害の特性と生きづらさの理解
　第1節　発達障害の特性
　第2節　発達障害と社会的問題
第2章　発達障害がある人の就労を取り巻く課題
　第1節　就労に向けた教育の課題
　第2節　就労を支える制度と企業の課題
第3章　発達障害がある人の就労支援のポイント
　第1節　早期からの職業教育
　第2節　就労支援のポイント
　第3節　医療との関係
　第4節　ソーシャルスキルの再検討
　【支援者の立場から】

内容

支援者・当事者からみた就労支援の実際
　【支援者の立場から】／【当事者の立場から】

書き込み式 アスペルガー症候群の人の

就労ハンドブック

ロジャー・N・メイヤー　著　梅永雄二　監訳

A5判／並製／360頁　◎2200円

アスペルガー症候群である著者自身と200人以上の就労体験をベースに、
ワークブック形式で、アスペルガー症候群の読者が自分の職業生活における
問題を解決し、改善するための道筋を提示した自己支援マニュアル。

内容構成

第1部　大人のアスペルガー症候群が抱える諸問題
3つの仕事／診断、開示、自己擁護／社会的スキル／学習スタイルと
仕事のスタイル／興味、スキル、才能／私の仕事とアスペルガー症候群
／個人的なツールと方略／私の望みリスト

第2部　就労ワークブックの作成方法
3つの仕事／社会的スキル／学習スタイルと仕事のスタイル／興味、
スキル、才能／私の仕事とアスペルガー症候群／個人的ツールと方略
／診断、開示、自己擁護／私の希望リスト

第3部　ワークブック
3つの仕事 私の仕事のすべて／3つの仕事 第1期〈問1〜問73〉／社会
的スキル 第1期〈問74〉／3つの仕事 第2期〈問1〜問73〉／社会的ス
キル 第2期〈問74〉／3つの仕事 第3期〈問1〜問73〉／社会的スキル
才能〈マスターリスト、書き込み式〉／私の仕事とアスペルガー症候群
第3期〈問74〉／学習スタイルと仕事のスタイル〈問13〉／興味、スキル、
才能〈書き込み式〉／個人的なツールと方略〈マスターリスト／
書き込み式〉／私の仕事とアスペルガー症候群〈問1〜問73〉／社会
的スキル 第3期〈問74〉／3つの仕事 第2期〈問1〜問73〉／社会的
スキル 第3期〈問74〉／学習スタイルと仕事のスタイル〈問13〉／興味、スキル、
才能〈書き込み式〉／個人的ツールと方略〈マスターリスト、書き込み式〉／
診断、開示、自己擁護〈問75〜問101〉／私の希望リスト〈書き込み式〉

〈価格は本体価格です〉

自閉症スペクトラム障害のある人が才能をいかすための人間関係10のルール
テンプル・グランディン、ショーン・バロン著
門脇陽子訳
●2800円

ドナ・ウィリアムズの自閉症の豊かな世界
ドナ・ウィリアムズ著　門脇陽子、森田由美訳
●2500円

Q&A 大学生のアスペルガー症候群
理解と支援を進めるためのガイドブック
福田真也
●2000円

発達障害がある子のための「暗黙のルール」
〈場面別〉マナーと決まりがわかる本
BSマイルズ、MLトラウトマン、RLシェルヴァン著
萩原拓監修　西川美樹訳
●1400円

アスペルガー症候群と思春期
実社会へ旅立つ準備を支援するために
テレサ・ボーリック著　田中康雄監修　丸山敬子訳
●2400円

写真で教えるソーシャル・スキル・アルバム
自閉症のある子どもに教えるコミュニケーション、遊び、感情表現
ジェド・ベイカー著　門眞一郎、禮子・カーシェルズ訳
●2000円

写真で教えるソーシャル・スキル・アルバム〈青年期編〉
自閉症のある人に教えるコミュニケーション、交友関係、学校、職場への対応
ジェド・ベイカー著　門眞一郎、佐々木欣子訳
●2000円

学校や家庭で教えるソーシャルスキル実践トレーニングバイブル
子どもの行動を変えるための指導プログラムガイド
MGモアギ、JCティロン、DDブラット著　竹田契一監修　西岡有香訳
●2800円

パワーカード アスペルガー症候群や自閉症の子どもの意欲を高める視覚的支援法
アイリーサ・ギャニオン著　ペニー・チルズ絵　門眞一郎訳
●1200円

レベル5は違法行為！自閉症スペクトラムの青少年が対人境界と暗黙のルールを理解するための視覚的支援法
カーリ・ダン・ブロン著　門眞一郎訳
●1600円

自閉症スペクトラムの青少年ソーシャルスキル実践プログラム
社会的自立に向けた療育・支援ツール
ジャネット・マカフィー著　萩原拓監修　古賀祥子訳
●2800円

自閉症のある子の「良いところ」を伸ばす20の方法
コミュニケーション、マナーから学習スキルまで
ポーラ・クルス・パトリック・シュウォーツ著　竹迫仁子訳
●1800円

Q&A 家族のための自閉症ガイドブック
専門医による診断・特性理解・支援の相談室
服部陵子
●2000円

自閉症スペクトラム 家族が語るわが子の成長と生きづらさ
診断と支援にどう向き合うか　服部陵子
●2000円

ワークブック アトウッド博士の〈感情を見つけにいこう〉①怒りのコントロール
アスペルガー症候群のある子どものための認知行動療法プログラム
トニー・アトウッド著　辻井正次監訳　東海明子訳
●1200円

ワークブック アトウッド博士の〈感情を見つけにいこう〉②不安のコントロール
アスペルガー症候群のある子どものための認知行動療法プログラム
トニー・アトウッド著　辻井正次監訳　東海明子訳
●1200円

〈価格は本体価格です〉

毎日が天国 自閉症だったわたしへ
ドナ・ウィリアムズ著　河野万里子訳
●2000円

私と娘、家族の中のアスペルガー ほがらかにくらすための私たちのやりかた
リアン・ホリデー・ウィリー著　ニキ・リンコ訳
●2000円

先生がアスペルガーって本当ですか？
現役教師の僕が見つけた幸せの法則　ゴトウサンパチ
●1600円

ADHD・アスペ系ママ　へんちゃんのポジティブライフ
発達障害を個性に変えて　笹森理絵
●1500円

自閉症スペクトラム "ありのまま"の生活 自分らしく楽しく生きるために
小道モコ、高岡健
●1800円

自閉症の人の死別経験とソーシャルワーク
親なきあとの生活を支えるために　佐藤繭美
●3800円

大人のADHDのアセスメントと治療プログラム
当事者の生活に即した心理教育的アプローチ
スーザン・ヤング、ジェシカ・ブランハム著　田中康雄監修　石川ミカ訳
●3800円

ADHDコーチング 大学生活を成功に導く援助技法
パトリシア・O・クイン、ナンシー・A・レイティ、テレサ・L・メイトランド著
篠田晴男、高橋知音監訳　ハリス淳子訳
●2000円

イマ イキテル　自閉症兄弟の物語 知ろうとするより、感じてほしい
増田幸弘
●1600円

診断・対応のためのADHD評価スケール ADHD-RS【DSM準拠】 チェックリスト、標準値とその臨床的解釈
ジョージ・J・デュポールほか著　市川宏伸、田中康雄監修　坂本律訳
●3000円

読んで学べるADHDのペアレントトレーニング むずかしい子にやさしい子育て
C・ウィッタム著　上林靖子、中田洋二郎、藤井和子、井澗知美、北道子訳
●1800円

きっぱりNO！でやさしい子育て 続・読んで学べるADHDのペアレントトレーニング
シンシア・ウィッタム著　上林靖子、藤井和子監修　門脇陽子訳
●1800円

ペアレントトレーニング 診断から薬・食生活、ソーシャルスキルトレーニングまで
ヴィンセント・J・モナストラ著　小川真弓訳
●1800円

おこりんぼうさんのペアレント・トレーニング 子どもの問題行動をコントロールする方法
ジェド・ベイカー著　竹迫仁子訳
●1800円

感情を爆発させる子どもへの接し方 家庭と学校ですぐに役立つDBT（弁証法的行動療法）スキルで感情と攻撃性をコントロールする方法
バット・ハーヴェイ、ジェイソン・A・ペンゾ著　石井朝子監訳　小川真弓訳
●2500円

ADHD・LD・アスペルガー症候群かな？と思ったら…
安原昭博
●1400円

〈価格は本体価格です〉

孫がASD〈自閉スペクトラム症〉って言われたら?!
おじいちゃん・おばあちゃんだからできること
ナンシー・ムクロー著　梅永雄二監修　上田勢子訳
●1800円

LD・ADHD・高機能自閉症のある子の友だちづくり
ソーシャルスキルを育む教育・生活サポートガイド
リチャード・ラヴォイ著　竹田契一監修　門脇陽子訳
●2600円

まんが発達障害のある子の世界　トビオはADHD
大橋ケン著　林寧哲監修
●1600円

まんが発達障害のある子の世界　ごもっくんはASD〈自閉症スペクトラム障害〉
大橋ケン著　林寧哲・宮尾増知監修
●1600円

発達が気になる子のステキを伸ばす「ことばがけ」
一番伝わりやすいコミュニケーション手段、それがその子の"母国語"です
加藤潔著
●1600円

学習障がいのある児童・生徒のための外国語教育
その基本概念、指導方法、アセスメント、関連機関との連携
ジュディット・コーミエほか著　竹田契一監修
●2800円

教室の困っている発達障害をもつ子どもの理解と認知的アプローチ
非行少年の支援から学ぶ学校支援
宮口幸治著
●1800円

ADHD 医学モデルへの挑戦
しなやかな子どもの成長のために
R・S・ネーブン、V・アンダーソン、T・ゴッドバー著　田中康雄監修　森田由美訳
●1800円

医療・保健・福祉・心理専門職のためのアセスメント技術を深めるハンドブック
精神力動的な視点を実践に活かすために
近藤直司著
●2000円

医療・保健・福祉・心理専門職のためのケースレポートの方法からケース検討会議の技術まで
ケースレポートの方法からケース検討会議の技術まで
近藤直司著
●2000円

発達相談と新版K式発達検査
子ども・家族支援に役立つ知恵と工夫
大島剛、川畑隆、伏見真里子、笹川宏樹、梁川惠、衣斐哲臣、菅野道英、宮井研治、大谷多加志、井口絹世、長嶋宏美著
●2400円

神経発達症〈発達障害〉と思春期・青年期
[受容と共感]から[傾聴と共有]へ
古荘純一、磯崎祐介著
●2200円

発達障害と思春期・青年期　生きにくさへの理解と支援
橋本和明編著
●2200円

自閉症百科事典
ジョン・T・ネイスワース、パメラ・S・ウルフ編　萩原拓監修　小川真人、徳永優子、吉田美樹訳
●5500円

LD・学習障害事典
キャロル・ターキントン、ジョセフ・R・ハリス著　竹田契一監修　小野次朗、太田信子、西岡有香監訳
●7500円

発達障害事典
パスカル・J・アカルド、バーバラ・Y・ホイットマン編　上林靖子、加我牧子監修
●9800円

〈価格は本体価格です〉